कला-मन

कला-मन

(वैचारिक निबंध)

डॉ. राजेश कुमार व्यास

प्रकाशक
प्रभात प्रकाशन प्रा. लि.
4/19 आसफ अली रोड, नई दिल्ली–110002
फोन : 011–23289777 • हेल्पलाइन नं. : 7827007777
इ–मेल : prabhatbooks@gmail.com ❖ वेब ठिकाना : www.prabhatbooks.com

संस्करण
2025

आवरण
आकाश शर्मा

पेपरबैक मूल्य
चार सौ रुपए

मुद्रक
आर–टेक ऑफसेट प्रिंटर्स, दिल्ली

★

KALA-MANN (Essays)
by Dr. Rajesh Kumar Vyas

Published by **PRABHAT PRAKASHAN PVT. LTD.**
4/19 Asaf Ali Road, New Delhi-110002

ISBN 978-93-5521-294-8

₹ 400.00 (PB)

माता श्रीमती शांति व्यास को निवेदित

जिनके कारण ही बाल्यकाल से कलाओं से अनुराग हुआ,
पढ़ने-लिखने के संस्कार मिले।

पुरोवाक्

समकालीन विमर्श में भारतीय कलाएँ उपेक्षितप्राय: हैं। शायद इसलिए कि हमने हमारी कलाओं को भारतीय आँख से देखने की बजाय सदा ही पश्चिम की आँख से देखने का प्रयास किया है। अंग्रेजी शिक्षा-दीक्षा ने सौंदर्य संबंधी हमारी धारणाओं को इस कदर प्रभावित किया है कि कलाओं की विलक्षणता पर भी हमारा ध्यान नहीं जाता। पश्चिम की सौंदर्य-दृष्टि सामंजस्य, आनुपातिकता और शरीर-विज्ञानशास्त्र से जुड़ी हुई है, जबकि हमारे यहाँ कलाओं में लय, ताल और आकार-प्रकार की भाव-व्यंजना के साथ संवेदनाओं पर जोर है। यह ऐसी है, जिसमें कलाकृति देखने के समय ही नहीं, देखने के बाद भी मन में निरंतर रस की सृष्टि करती है।

अंग्रेजी लेखन और दृष्टि ने सदा इस बात को स्थापित करने का प्रयास किया है कि भारत में अपनी कोई मौलिक कला-अवधारणा रही ही नहीं है। यह भी कि यहाँ कलाएँ धर्म से अनुप्राणित रूढ़ दृष्टि की संवाहक रही हैं। यह सच है, भारतीय कला धर्म और आस्था से आरंभ से ही जुड़ी रही है, परंतु इतना ही सच यह भी है कि प्रत्यक्ष-परोक्ष तात्त्विक आशयों की गहरी दृष्टि कहीं है तो वह भारतीय कलाओं में ही है। देवी-देवताओं के विग्रहों, पौराणिक आख्यानों, शिल्प शास्त्र, विष्णुधर्मोत्तर पुराण, शुक्र नीति आदि में निहित कला-सिद्धांतों की गहराई में जाएँगे तो पाएँगे, भारतीय कलाओं में जीवन का आलोक यत्र-तत्र-सर्वत्र बिखरा पड़ा है। आनंद कुमार स्वामी ने कला-मूल्यांकन की अपनी गहरी दृष्टि में कभी यह स्थापित किया था कि विश्व को बचाना है तो भारत की संस्कृति और उसकी कला-संपदा के अंतर्निहित में जाना होगा।

कुछ समय पहले भारतीय लेखक प्रतिनिधिमंडल के सदस्य के नाते पेरिस जाना हुआ था। वहाँ स्थित विश्वविख्यात लूव संग्रहालय में भी तब जाना हुआ। दुनिया के विशालतम उस संग्रहालय में योरोप की कला का भव्य प्रदर्शन तो है परंतु एकरसता भी इस कदर है कि थोड़े समय में ही कलाकृतियों से ऊब होने लगती है। माइकल एंजेलो की कलाकृतियों को ही लें। वहाँ मांसपेशियाँ दिखाई देंगी, पर भारतीय लघु चित्रों में अकेले श्रीकृष्ण की छवियों को ही देखेंगे तो पाएँगे, वहाँ केवल वही नहीं हैं, उनके साथ धेनु है, बाँकपन है, बाँसुरी की तान है, मोर-मुकुट है, कदंब के पेड़ हैं। माने पूरा एक परिवेश है। जीवन किसी एक अर्थ में नहीं, सर्वांग में वहाँ है।

'कला-मन' पुस्तक का मूल इसी भारतीय कलादृष्टि का एक तरह से वैचारिक गान है। भारतीय दृश्य-श्रव्य कलाओं, हमारे पर्व, संस्कृति और आस्था-विश्वास से जुड़ी विविधता की छटाओं को देख-सुनकर भाव संवेदनाओं का जो आकाश मन में बना है, उसे ही इस पुस्तक में गुना और बुना है।

आपकी प्रतिक्रियाओं की अपेक्षा रहेगी।

—डॉ. राजेश कुमार व्यास

महाशिवरात्रि
1 मार्च, 2022

अनुक्रम

कलाओं का संसार

कलाओं की वैदिक कालीन संज्ञा हमारे यहाँ शिल्प है। शिल्प माने संगीत, नृत्य, नाट्य, वास्तु, चित्र आदि सभी कलाएँ। पर विचार करता हूँ कि इन सभी कलाओं का मूल आधार 'देखना' है। राजा रवि वर्मा भोर में उठते। यह वह समय होता, जब अंधकार विदा ले रहा होता और भोर का उजाला छा रहा होता था। कहते हैं, रवि वर्मा ने प्रकृति के उन रंगों को ही अपनी कला-कृतियों में सदा के लिए उकेर दिया। इटली की मूर्तिकार एलिस बोनर ने ज्यूरिख में नृत्य सम्राट् उदय शंकर का नृत्य देखा और बस देखती ही रह गई। उनकी कला में रमते, फिर वह भारत आकर यहाँ की कलाओं में ही रच-बस जाती है।

याद है, जयपुर के रविंद्र मंच पर कुछ वर्ष पहले पणिक्कर नाट्य समारोह हुआ था। पणिक्करजी ने तब कहा था—'मेरे नाटकों को मन से देखें।' एक रोज उनका 'कर्णभारम्' नाटक देखा तो इसे जैसे गहरे से अनुभूत किया। पणिक्करजी के साथ ही तब मंच के करीब बैठा हुआ था। घटोत्कच की भूमिका निभा रहे अभिनेता ने पहाड़ उठाने का अभिनय किया। घटोत्कच की भार उठाती मुद्राएँ देख एकबारगी तो सिहर उठा। अनुभूत हुआ, कहीं किसी चूक से पहाड़ हम पर न गिर जाए! जबकि असल में वहाँ पहाड़ था ही नहीं, बस उसे उठाने का अभिनय भर था, तभी यह समझ आया कि बड़ा सत्य वह नहीं होता, जो दिख रहा होता है, वह होता है, जो दिखने के बाद मन में घट रहा होता है। सच्ची कलाएँ यही कराती हैं। आपको उस स्थान पर ले जाती हैं, जहाँ आप पहले कभी नहीं गए हों। उस अनुभूति से साक्षात् कराती हैं, जो पहले आपने कभी न की हो। मुझे लगता है कि कलाएँ इसी तरह देखने का अपना समय गढ़ती हैं।

हरेक कला में छंद, गति, विराम और लय का अपना गुणधर्म होता है। कालिदास के 'मेघदूत' को पढ़ेंगे तो लगेगा पृथ्वी की विस्तारमयी छटाओं का विरल लोक जैसे उन्होंने सिरजा है। यह उनका ऊर्ध्व-आकाशीय देखना ही तो है, जिसमें गतिमयता के सूक्ष्म बिंब उद्घाटित हुए हैं। अज्ञेय की 'असाध्य वीणा' को याद करें। राजदरबार में वज्रकीर्ति निर्मित वीणा को कोई कलावंत बजा नहीं सका। आखिरकार प्रियंवद आता है और वीणा को गोद में लेकर बैठ जाता है। आँखें मूँदकर वह देखना प्रारंभ करता है। वृक्ष से वीणा के बनने, वन्य प्राणियों के वहाँ से गुजरने, साँझ के तारों की तरल कँपकँपी के स्पर्शहीन झरने आदि के कितने-कितने दृश्य प्रियंवद समाधिस्थ देख लेता है और फिर जब औचक वीणा से संगीत झरता है तो राजदरबार में बैठा हर सुननेवाला अपनी भावनाओं के अनुरूप उसे मन में देखने लगता है।

कलाएँ इसी तरह बाहर से व्यक्ति को भीतर से देखने के लिए प्रेरित करती हैं। बौद्ध दर्शन में यही प्रक्रिया 'तथता' है। देखकर ही तो अंतर्मन के सच को पाया जा सकता है।

इसीलिए कहता हूँ, अनुभूत किए को लिखे गए शब्दों में, उकेरे किसी चित्र में, संगीत के सुरों में यदि मन के किसी दृश्य में उद्घाटित करने की क्षमता नहीं होगी तो वहाँ कला भी नहीं होगी। चिड़िया गाती है, तो उसका कलरव हमें सुहाता है, पर यह कला नहीं है। जब अनेक स्वरों में विशेष सामंजस्यपूर्ण ढंग से मन की आँखों से देखते किसी छंद में गूँथ उसे रागिनी में सिरज दिया जाता है, वह कला हो जाएगी। प्रकृति की धुनों को सुनने भर से नहीं, देखने से कला का भव बनता है। स्वाति मुनि ने जलाशय में खिले कमल के पत्तों पर वर्षा की बूँदों के गिरने को देखा। अनुभूत किया कि भिन्न-भिन्न प्रकार के बड़े, मध्यम, छोटे पत्तों पर गिरनेवाली वर्षा बूँदों के स्वर गंभीर, मधुर, हृदयस्पर्शी आदि अलग-अलग ध्वनियाँ में हैं। उन्होंने इन्हें मन में गुना और मृदंग और अन्य वाद्यों का आविष्कार हो गया। देखे को मन में गुनते ऐसे ही तो सिरजा जाता है, कलाओं का संसार!

□

मेघ-मोर और सावन

सावन माने मेघों से घिरा आकाश, झमा-झम बरखा और केकाध्वनि! मोर की पुकार कोयल सी मीठी नहीं होती, पर बरखा के इस मौसम में काँसे जैसे बजनेवाली उसकी ध्वनि मुग्ध करती है। केकाध्वनि संग ही अनुभूत होता है—मेघों से घिरा आकाश, घने वनों में छानेवाली छाया और विरह-वेदना सरीखा अंधकार-उजास!

बारिश की बूँदें असल में मन को गढ़ती हैं—कुछ रचने के लिए। आसमान से टप-टप गिरती बूँदें जैसे हमें जगाती हैं—कुछ करने के लिए। बारिश को देखें ही नहीं, उसे सुनें और गुनें भी तो लगेगा प्रकृति आपके भीतर गा रही है। मन का यह जो गान है, वही अनाहत नाद है। साहित्य, संगीत और कलाओं का हमारे भीतर का अग्रज नाद! अंतर्ध्वनि का प्रतीक यह सधे हुए वाद्य वृंद की भाँति बजता है। असल में यह बजाया नहीं जाता, फिर भी परमानंद के रूप में बज पड़ता है। अनाहत नाद का मूल स्रोत हमारी अनुभूति है। प्रकृति को महसूस करने की हमारी दृष्टि है। भावात्मक होने से यह अव्यक्त, यानी अविगत है। सूरदास का पद है—'अविगत गति कछु कहति न आवै।…' दृष्टि की यह सृष्टि ऐसी ही है—अवर्णनीय!

संगीत के इतिहास लेखक सांबमूर्ति कहते हैं—'अनाहत नाद को हमें महत्त्व देना चाहिए। नाद से ही यह समस्त विश्व निनादित है।' सच ही कहते हैं सांब! बारिश जब होती है तो मोर बोलते हैं। कोयल गाती है। चिड़ियाँ चहचहाती हैं। प्रकृति मौन में भी अनूठे संगीत का आस्वाद कराने लगती है। कलाकृति प्रकृति के इन गुणों से ही नहीं निकलती क्या?

वर्षा के इस मौसम में मन के भीतर के नाद को सुनें तो लगेगा, आप वह

नहीं हैं, जो हैं। अपने भीतर छुपे कलाकार को तब आप पहचानने लग जाएँगे। लगेगा, आप भी कुछ रच सकते हैं। संगीत, नृत्य, चित्रकलाओं का जन्म भीतर के इस कलाकार से ही तो होता है। मन प्रकृति से ही तो प्रेरणा ग्रहण करता है। इसीलिए तो हमारे यहाँ कहा गया है, कलाएँ केवल शरण्य ही नहीं हैं, आश्रय भी हैं। इनमें अपने आपको अभिव्यक्त कर बहा जा सकता है। तैरा जा सकता है। सच्ची कला आपको वहाँ ले जाती है, जहाँ आप पहले कभी न गए हों।''' भले कई बार वह जानी-पहचानी जगह पर भी ले जाती है, परंतु तब उस स्थान को अप्रत्याशित ढंग से देखने के लिए वह आपको प्रेरित भी करती है। बारिश की बूँदें परंपराओं के भान में स्मृतियों का गान कराती हैं।

आइए, इस बार बरखा को देखें। उसे सुनें और फिर गुनें। इस सुनने के सुकून को अनुभूत करें। प्रकृति के इस अनाहत नाद में बचेगा वही, जो रचेगा। तो क्यों न हम बारिश की बूँदों को अपने भीतर रचें। सँजो लें सृष्टि के इस अनुभव को सदा के लिए। लगेगा कि प्रकृति कितना कुछ हमें दे रही है। हम क्या उससे उतना ले रहे हैं!

□

नए वर्ष का उजास

अज्ञेय को पढ़ रहा था। शब्दों में वह कला का अद्‌भुत लोक रचते हैं, आपकी–हम सबकी सुप्त अनुभूतियों और संवेदनाओं को स्वर देते हुए। भीतर की नींद से जगाते। थोड़े में बहुत कुछ कहते। काव्य कला के चरम को उनके लिखे में अनुभूत किया जा सकता है—'उड़ गई चिड़िया/कॉपी, फिर/थिर/हो गई पत्ती।' मुझे लगता है, यह अज्ञेय ही हैं, जो शब्दों के भीतर के मौन को भी स्वर देते हैं। समय और उसकी चेतना से साक्षात् कराते वह जड़ की बात करते हैं। जड़ की बात कौन सी? जो आज है, वह कल नहीं होगा। तब क्या यह जो आज है, वह क्या हमारी परंपरा नहीं बन जाएगा? मन इस परंपरा में ही है—अज्ञेय की काव्य कला की परंपरा में, चित्रकारों की चित्रकृतियों की परंपरा में, नृत्य की, नाट्य की, संगीत की हमारी परंपरा में। हम जितना उन परंपराओं में जाते हैं, उतना ही नवीन होते हैं। अंदर का हमारा जो रीता है, वह भरता है। यह परंपरा ही है, जो अतीत को वर्तमान और वर्तमान को भविष्य से जोड़ती है। सामाजिक जीवन को इसी से तो निरंतरता मिलती है।

सोचता हूँ, वर्ष आज बीत रहा है। कल नया सूर्य उगेगा। कैलेंडर बदल जाएगा। कैलेंडर बदलने की परंपरा को जीवित रखते हुए नया साल प्रारंभ हो जाएगा। एमिली डिकिंसन की बेहद खूबसूरत सी एक कविता याद आ रही है, 'दिस इज माई लेटर टू दी वर्ल्ड···'। वह कहती हैं, मैं कविता नहीं कर रही। यह तो बहुत जरूरी, निहायत जरूरी चिट्‌ठी है मेरी—दुनिया के नाम··· जिसे लिखे बिना मैं रह नहीं सकती—'भले दुनिया उसे समझे न समझे, भले दुनिया को उसे पढ़ने की फुरसत हो, न हो।' एमिली कुछ नहीं कहते हुए भी बहुत कुछ कह रही है। वह कह क्या रही है, हममें जैसे प्रवेश कर रही है।

यही तो संप्रेषण की उसकी कला है। सच्ची कला कल्पना और अनुभूति का ही तो संयोजन है। एक तरह से कल्पनाप्रवण भावुकता के दौर में आए एक संवेदनशील मस्तिष्क की स्वत:स्फूर्त अभिव्यक्ति। कवि, चित्रकार, अभिनेता, नर्तक जब कलाकर्म कर रहा होता है तो बहुत से स्तरों पर हमसे संवाद ही तो कर रहा होता है। आत्मीयता का अहसास कराते हुए हमें लगता है, वह जो संवाद कर रहा है, वही तो हमारा अपना सच है। हम भाव-विभोर हो उठते हैं। गलगलापन हो जाता है। लगता है, बस केवल और केवल हमारे लिए ही है शब्द—कलाकृति। यही तो है कला की हमारी परंपरा! जीवन की एक प्रकार से पुनर्रचना। हम अपने होने को सदा कलाओं में ही ढूँढ़ते हैं। बार-बार यह याद करते—ईश्वर की रची कला ही तो है यह संपूर्ण सृष्टि।

इस मूल्यमूढ़ समय में अनुभव संवेदन की हमारी क्षमता के अंतर्गत यह कलाएँ ही हैं, जो हमें बचाए हुए हैं। नए माध्यमों में हमारी अपनी पहचान और भीतर की खोज का उन्मेष जगाती समयातीत हैं हमारी तमाम कलाएँ, उनकी परंपराएँ। यह कलाएँ ही हैं, जिनके सरोकार उत्तरोतर विराट् और व्यापक होने की सामर्थ्य रखते हैं। परंपरा के पोषण और परस्परता में वे निरंतर उगती रहती हैं सामंजस्य-भाव पैदा करते। विग्रह के लिए वहाँ कोई अवकाश नहीं है। आत्म को व्यक्त करने का माध्यम हैं कलाएँ।

आइए, बीते वक्त की तमाम कड़वाहटों को भुलाते, अच्छाइयों को याद करते साहित्य, संगीत, नृत्य और चित्र कृतियों की कलाओं में रमें। उन्हें अपने भीतर की उर्वर रचनात्मकता से भरें। हर दिन नया आसमान छूएँ। अपना नया आकाश बनाएँ। यह आकाश ही तो है, जिसमें कुछ नहीं रहता और सब भरा रहता है।

□

कलाओं की भारतीय दृष्टि

कला मूल्यांकन की पश्चिम की दृष्टि हमारे यहाँ इस कदर हावी है कि हमारा अपना मूल प्रायः गौण हो जाता है। इसी वजह से विलियम आर्चर ने कभी भारतीय संस्कृति के परिप्रेक्ष्य में मूर्तिकला, चित्र, संगीत और नृत्य को अवर्णनीय बर्बरता का घृणास्पद स्तूप से अभिहित किया था; हालाँकि, विख्यात विद्वान् जान उडफ ने इसके जवाब में 'इज इंडिया सिविलाइज्ड ?' शीर्षक से तब महत्त्वपूर्ण पुस्तक लिख भारतीयों को ऐसे अज्ञानपूर्ण आक्रमण की उपेक्षा नहीं किए जाने के लिए प्रस्तावित किया था। महर्षि अरविंद ने इसी संदर्भ में 'द फाउंडेशंस ऑफ इंडियन कल्चर' लिखी। केंद्रीय ललित कला अकादेमी की पत्रिका 'समकालीन कला' के एक अंक का जब संपादन कर रहा था, तब अरविंद की इस पुस्तक से ही भारतीय कलाओं को गुना और बुना था। 'महर्षि अरविंद की कला दृष्टि' शीर्षक से अपने संपादित अंक की आवरण कथा भी दी थी, पर सोचता हूँ, कला मूल्यांकन में अभी भी भारतीय दृष्टि का अभाव है।

असल में अंग्रेजी शिक्षा-दीक्षा और प्रभाव ने सौंदर्य संबंधी हमारी धारणाओं को यूरोप के दर्पण में देखने की ऐसी प्रवृत्ति विकसित की है कि हमारी अपनी कलाओं की विलक्षणता पर हमारा ध्यान ही नहीं जाता। पर यह भी सच है कि अपनी मौलिक दृष्टि से किसी ने विश्व भर में भारतीय कलाओं को स्थापित करने का कार्य किया तो वह अंग्रेजी शिक्षा-दीक्षा में पले-बढ़े विश्वविख्यात कला समीक्षक आनंद केंटिश कुमार स्वामी ही थे। पहले-पहल उन्होंने ही यह स्थापित किया कि विश्व को बचाना है तो भारत की संस्कृति और उसकी कला-संपदा के अंर्तनिहित में जाना होगा। आनंद कुमारस्वामी

ने इस महत्त्वपूर्ण पक्ष की ओर भी विश्व भर का ध्यान आकृष्ट किया कि भारतीय कला धर्म और आस्था से ही नहीं जुड़ी है, बल्कि प्रत्यक्ष-परोक्ष तात्त्विक आशयों से भी गहरी दृष्टि लिये हुए है। देवी-देवताओं के विग्रहों के पौराणिक आख्यानों, शिल्प शास्त्र, विष्णुधर्मोत्तर पुराण, शुक्र नीति आदि में निहित कला-सिद्धांतों के आलोक में आनंद कुमार स्वामी ने भारतीय कला का अर्थान्वेषण किया। पश्चिम की सौंदर्य दृष्टि-सामंजस्य, आनुपातिकता और शरीर-विज्ञानशास्त्र की बजाय मूर्तियों और चित्रों की भाव-भंगिमाओं में निहित रस-सृष्टि का संधान उन्होंने ही किया। शिव की नटराज मूर्ति, विष्णु के चतुर्भुज स्वरूप, बाँसुरी बजाते कृष्ण के बाँकपन की सूक्ष्म व्याख्या में उन्होंने भारतीय कला के तात्त्विक रहस्यों को समझाते कला समीक्षा की भी सर्वथा नवीन नींव स्थापित की।

आनंद कुमारस्वामी ने भारतीय कलाकारों के सिरजे में लय, ताल और आकार-प्रकार की भाव व्यंजना करते मुगल और राजपूत कला की भी अर्थगर्भित व्याख्या की। भारतीय कला पर 1911 में उनके लिखे एक लेख को बाँचकर इंग्लैंड की महारानी अवनींद्रनाथ ठाकुर की कला से इतनी प्रभावित हुईं कि उनकी कलाकृति 'तिष्यरक्षिता' को अपने लिए मँगवाया था। यह आनंदकुमार स्वामी ही थे, जिन्होंने स्थापित किया कि मुगल चित्रकला का धर्म से कोई संबंध नहीं है। भारतीय लघु चित्रकला ही राजपूत, राजस्थानी, मुगल और पहाड़ी चित्रकला है। अजंता और जैन हस्तलिखित पुस्तकों में चित्रित तसवीरों के आधार पर उन्होंने मेवाड़, उदयपुर, मालवा, जोधपुर, बीकानेर, जयपुर और किशनगढ़ आदि राजपूत और राजस्थानी चित्रकला को शुद्ध भारतीय कला बताते स्पष्ट किया कि इनमें ईरानी, चीनी और पाश्चात्य कला का प्रभाव नहीं है।

बहरहाल, आनंद कुमार स्वामी भारतीय कला दृष्टि के अद्भुत विवेचक थे। पश्चिम से आक्रांत भाव-भव के दौर में विश्व भर को भारतीय कला दर्शन और उससे जुड़े मर्म से जोड़नेवाले। उनके लिखे के आलोक में भारतीय कलाओं का सौंदर्य संधान आज की भी बड़ी जरूरत है।

□

कला और उसकी व्याख्या

संगीत, नृत्य, नाट्य और चित्रकला आदि कलाएँ संस्कृति की जीवंतता हैं। इनकी प्रस्तुतियों पर हमारे यहाँ सूचनात्मक दृष्टि तो है, पर विचार प्रायः गौण हैं। कलाएँ मन को रंजित ही नहीं करतीं, उनमें रचते-बसते ही हम अपने होने की तलाश कर सकते हैं। पर कला प्रस्तुतियों का जितना महत्त्व है, उतना ही उन पर सूक्ष्म दृष्टि से लिखे, व्याख्यायित किए जाने का भी है। यह लिखा खाली सूचनाप्रद, समाचार रूप में ही होगा तो उसकी कोई सार्थकता नहीं है। सोचिए, क्योंकर हम फिर कलाओं के निकट जाने के लिए प्रेरित होंगे! पं. विष्णु दिगंबर पलुस्कर ने कभी कहा था, "हमें तानसेन नहीं कानसेन बनाने हैं।" यह उन्होंने इसीलिए कहा था कि तानसेन जैसे गुणी संगीतकारों को सुनने के लिए ध्यान से उन्हें सुननेवालों की भी जरूरत है।

आनंद कुमार स्वामी ने पहले-पहल जब श्रीकृष्ण के बाँसुरी बजाते बाँकपन स्वरूप, शंख, चक्र, गदा, हस्त के विष्णु, शिव के नटराज स्वरूप को देखा तो चकित रह गए। मानव स्वरूप से इतर इन विग्रहों के निहितार्थ में वह वेद, पुराणों में लिखी व्याख्याओं पर गए। भारतीय कलाओं पर उनकी सूक्ष्म आलोचना दृष्टि से ही कला-कृतियों को वृहद् स्तर पर हम सँजो सके, सहेज पाए।

पं. रविशंकर का सितार जगचावा हुआ, पर उनकी लोकप्रियता शास्त्रीय रागों के मधुर वादन भर से ही नहीं हुई। अपनी आत्मकथा में उन्होंने स्वीकार किया है, 'दूसरे देशों में मेरे सितार को आरंभ में स्वीकार ही नहीं किया गया। पर जब मैंने अपने रागों, उनकी मधुरता के अंतर्निहित की व्याख्या, समीक्षाओं का सहारा लिया तो तेजी से मुझे और मेरे संगीत को प्रसिद्धि मिली।' पं. शिव

कुमार शर्मा ने संतूर की अपनी पहली प्रस्तुति जब दी तो समीक्षकों ने संतूर को शास्त्रीय वाद्ययंत्र मानने से ही इनकार कर दिया। पंडितजी ने समीक्षाओं को अपने लिए चुनौती रूप में लिया और सूफी गायन संग बजनेवाले संतूर की सीमाओं को समाप्त करते हुए उसे तकनीकी रूप में परिष्कृत कर गायकी अंग में कुछ इस तरह से बढ़त की कि स्वयं वह बाद में संतूर के पर्याय बन गए।

माखन लाल चतुर्वेदी के लिखे में शब्दों की पुनरावृत्ति होती थी। हरिशंकर परसाई ने एक दफा इस पर करारा व्यंग्य किया। चतुर्वेदीजी ने बुरा नहीं माना। अपने अध्ययन कक्ष की टेबल के पास इस लिखे को टाँग लिया। जब कभी वह कुछ नया लिखते, परसाईजी के लिखे को देखते और इस तरह से उनके लिखे में शब्दों का पुनरावृत्ति दोष समाप्त हो गया। संगीत, नृत्य, नाट्य, चित्र आदि सभी कलाओं के प्रति समाज में रसिकता भी तभी जगती है, जब सूक्ष्म दृष्टि से उनकी व्याख्या हो। पर इधर गूगल ने एकरसता का इस कदर प्रसार किया है कि पं. शिव कुमार शर्मा जैसे विरल संगीतकार के अवसान पर उनके संतूर वादन के अंतर्निहित में जाने के बजाय वही प्रकाशित-प्रसारित हुआ, जो गूगल ने सबको बताया था।

बहरहाल, कलाओं पर लिखे की सार्थकता तभी है, जब समय संदर्भों के साथ कला और कलाकार की विधा विशेष के अंतर्निहित को छुआ जाए। दृश्य-श्रव्य कला में दिख रहे, सुने जा रहे संसार के परे भी भाव संवेदनाओं का आकाश बनता है। यह आकाश कलाकृति में रमते-बसते ही सिरजा जा सकता है। समीक्षा को हमारे यहाँ रचना के समानांतर और बहुत से स्तरों पर तो रचना से भी बड़ा इसीलिए माना गया है कि वह कलाओं से हमें प्रेम करना सिखाती है। कलाओं के समग्र परिवेश को समझने की प्रक्रिया से भी आगे यह जीवन से जुड़े व्यापक और उदात्त दृष्टिकोण से भी हमें जोड़ती हैं। इससे ही तो बनता है, कलाओं का रसिक संसार।

□

छायांकन की शिल्प सर्जना

छायांकन अर्थ की अनंत संभावनाओं की कला है। कला क्या है? अमूर्त को सार्थक मूर्त देना ही तो! छायांकन कला में देखे हुए यथार्थ के रूप को उसके किसी खास आशय, विरलता को स्वतंत्र रूप में छायाकार जब उभारता है तो वह कलात्मक हो जाता है। माने यथार्थ के प्रगटन में भी छायांकन में 'वास्तव' का अर्थगर्भित कुछ हो तभी उसकी सार्थकता है। इसीलिए कहें, छायांकन ही नहीं, तमाम कलाओं का मूल 'वास्तव' के उस अंतर्निहित की खोज है, जिसे अनुकरण की बजाय संवेदना की साधना से अर्जित किया जाता है।

मुझे लगता है, छायांकन कला जो कुछ दिखता है, उसको और अधिक जानने की चाह और समझने-समझाने की राह है। सघन कलात्मक अनुभव छायांकन में सदा ही सोच को नया आयाम देता है। समझ में बढ़त करता है। संसार के प्रति, देखने के प्रति हमारे दृष्टिकोण को पूरी तरह से बदल देता है। छायाकार बहुतेरी बार कैमरेरूपी माध्यम से विस्मय का स्थापत्य रचता है। अविश्वनीय, अद्वितीय को उसकी नजर औचक पकड़ती है और सहज उसे जीवंत करने का कार्य छायाकार कर देता है। कहते हैं, समय कहीं नहीं ठहरता, किसी के लिए भी नहीं रुकता, परंतु छायांकन में वह ठहरता है—समा जाता है। इसीलिए बीत गए की कलात्मक परिणति में उसे देखा जा सकता है। माने छायांकन काल के ठहरने के विस्मय का भी एक तरह से स्थापत्य है तो स्मृति को समृद्ध-संपन्न करने की भी अनूठी कला है।

देखने का सौंदर्यपरक अनुभव कला में कहीं रूपांतरित होता है तो वह छायांकन कला ही है। देखते सभी हैं, परंतु जब किसी स्थान, वस्तु, व्यक्ति

या प्रकृति से जुड़े किसी क्षण का आँख सौंदर्यान्वेषण करती है तो वहाँ कैमरा कला को साधने का कला माध्यम बन जाता है। मूल कैमरा नहीं उसे बरतने की वह आँख है, जो दृश्य को कलात्मक या कहें, कला के किए रूप में रूपांतरित होती है। इसलिए मुझे यह भी लगता है, छायांकन संवाद है—प्रकृति से, उसके मौन से और जगत् के भूगोल से भी। व्यक्ति और जीवन से जुड़े सरोकारों से तो छायाकार सहज अपनी इस कला से संवाद करता है। निर्जीव चीजों, पाषाण की कठोरता, उजाड़ के साथ उदासी से भी सौंदर्यपरक संवाद छायांकन में बहुतेरी बार छायांकन करता है और अद्‌भुत रच देता है। पर जरूरी है, दृश्यों के लिए छायाकार का रसिक मन हो। रस-सिक्तता के बगैर छायाकार दृश्य बहुलता के भाँति-भाँति के कोण, छवियों का मनोहर नहीं रच सकता।

छायांकन या दूसरी किसी भी कला में यथार्थ का हू-ब-हू वैसा ही अंकन नहीं होता। छायाकार जो देखता है—उस यथार्थ को वैसे ही कैमरे से प्रदर्शित कर देता है तो वह कला नहीं है। कला संवेदना की, अनुभूति की सघनता की साधना है, नकल नहीं। छायाकार जब देखे गए यथार्थ के रूप को, उसके किसी खास आशय को, उसमें निहित विरलता को स्वतंत्र रूप में मौलिक दृष्टि से उभारता है तो वह कार्य कलात्मक हो जाता है, जैसा दिख रहा है, वैसा-का-वैसा छायाचित्र में आ जाना भी कला की दृष्टि से गलत नहीं है, बशर्ते सादृश्य में उस 'वास्तव' का प्रगटन हो। माने देखनेवाला उसमें छायाचित्र के जरिए यथार्थ के अर्थ को पाने की चेष्टा करे या उसके निकट पहुँच जाए। इसीलिए कहूँ, छायांकन में यदि सबीह भी है तो वह कलात्मक तभी कही जाएगी, जब छायाकार दिख रहे के अनुभव का कैमरे से रूपांतरण करे। कोई भी अनुभव मूर्त नहीं, अमूर्त ही होता है। भावनाएँ, सुख-दुःख, विश्वास, उत्साह, उमंग, उदासी, राग-विराग आदि विभिन्न अंत:मन भावों की व्यंजना को पकड़ते छायाकार जब पोट्रेट सिरजता है तो वह बहुतेरी बार अनूठा, अद्वितीय हो जाता है। छायांकन कला में इसीलिए तो छायाकार व्यक्ति के चेहरे को नहीं, उसके मन को पकड़ता है। उसके अंतरंग से देखनेवाले का साक्षात्कार करा देता है। भीषण सूखे में किसी कंकालनुमा बच्चे की ली

गई तसवीर, किले-महलों में रावण हत्था बजाते कलाकार की त्वचा और भावों का चित्र, किसी प्रतियोगिता में विजय होने पर या हारने पर खिलाड़ी की अचरज भरी, विशेष भाव के छायाचित्र या फिर क्षण विशेष में किसी के चेहरे पर आए औचक भावों की तसवीरों को याद करेंगे तो लगेगा, वहाँ छायाकार ने कला की अपनी साधना को गहरे से जिया है। किसी ऐसे क्षण जिसमें व्यक्ति का, स्थान का अंतर उद्‌घाटित हो रहा है और छायाकार ने उसे पकड़ लिया है तो वह कलात्मक होगा, सिरजे का अद्‌भुत होगा।

सौंदर्य क्या है, आकार और रूप का किसी विशेष क्षण में किया गया सामंजस्य ही तो! भावनाएँ अमूर्त होती हैं। कलाकार उस अमूर्त को ही तो अपने सिरजे में मूर्त करता है। बुद्ध को किसने देखा है, पर उनके करुणा के भावों को कलाकारों ने अपनी-अपनी दीठ से निरंतर सिरजा और उनका यह रूप सर्वमान्य होता आज भी हम सभी के लिए स्तुत्य है। छायांकन में भी ऐसा ही होता है—स्थान, व्यक्ति और जीवन से जुड़े सजीव-निर्जीव का संवेदना चक्षुओं से प्रकटन किया जाता है। व्यक्ति, विषय के भीतर को, सादृश्य को भूलकर स्वतंत्र, मूर्त में साधा जाता है। इधर छायांकन में एब्सट्रैक्ट का भी बहुत से स्तरों पर बोलबाला है। ऐसे छायाचित्रों में समग्र के संदर्भ में अंश की व्यंजना होती है। ऐसे छायाचित्रों को देखना ही नहीं, समझना भी होता है। सुप्रसिद्ध चित्रकार अकबर पदमसी ने कभी कलाकृतियों के साथ छायांकन कला का भी आकाश रचा था। उन्होंने कहा भी कि मैं ऐसा चित्रकार हूँ, जो कैमरे का प्रयोग करता है। मेरे कैमरे में परछाइयाँ रोशनी को शिल्पित करती हैं।

बहरहाल, इराक के वैज्ञानिक इब्न अल-हैशम ने कभी आँखों के ऑपरेशन के बाद पाया कि प्रकाश ठोस पदार्थ पर पहुँचने के बाद आँख तक जाता है। आँख इसी से देखती है। इस सोच के साथ ही कैमरे के आविष्कार की नींव पड़ी। कैमरा अरबी शब्द 'अल कुमरा' से बना है, जिसका अर्थ होता है—छोटी अँधेरी कोठरी। लैटिन भाषा के 'ऑब्सक्योरा' से भी 'कैमरा' शब्द आया हुआ लगता है, जिसका अर्थ होता है—अँधेरा कमरा। असल में फोटोग्राफी ग्रीक शब्द 'फोटोज' और 'ग्राफिक' से मिलकर बना है। फोटोज माने प्रकाश और ग्राफिक, यानी लेखन। फ्रांस के वैज्ञानिक जोसेफ नाइसफोर

और लुइस डॉगेर ने मिलकर फोटोग्राफिक प्रक्रिया डॉगोरोटाइप का आविष्कार किया। कहते हैं, 1824 में इन्हीं दोनों के प्रयासों से फोटोग्राफी सुलभ हुई। पहले पिन हॉल कैमरा बना। इसके बाद तकनीक में सुधार होता गया और श्वेत-श्याम के बाद रंगीन छायाचित्र लेने भी संभव हुए। न्यूयॉर्क के जॉर्ज इस्टमैन ने 'कोडक' नाम से ऐसा कैमरा बनाया, जिसे लेकर घूमा जा सकता था। पहले ऐसे कैमरे से सौ चित्र खींचने के रोल को छायाचित्र लेने के बाद कंपनी को कैमरा भेजा जाता था, जहाँ वह डेवलप किया जाता और फिर से नया रोल डालकर कैमरा छायाकार को वापस दे दिया जाता। उन्नीसवीं सदी के प्रारंभ में कागज के रोल की तरह निगेटिव रोल अस्तित्व में आए। विश्व भर में उत्सुकता, छाया-प्रकाश में नया कुछ किए जाने की चाह के कारण छायांकन का आविष्कार चरणबद्ध निरंतर होता रहा। डेगुस्टा द्वारा 19 अगस्त, 1839 को ईजाद फोटोग्राफी तकनीक को फ्रांस सरकार ने मान्यता दी और इस आविष्कार को विश्व को मुक्त मुहैया कराते उसका पेटेंट कराया। इसी उपलक्ष्य में प्रतिवर्ष विश्व छायांकन दिवस मनाने की शुरुआत हुई, जो बदस्तूर आज भी जारी है।

□

मनोरंजन से जुड़ी कलाएँ

मनोरंजन माने मन का रंजन। पर इधर मनोरंजन में कला पक्ष प्राय: गौण हो रहा है। कहने को रेडियो-टी.वी. सर्वाधिक मनोरंजन करनेवाले माध्यम हैं, पर मनोरंजन के नाम पर भाषा के अनर्गल में वहाँ भोंडे लतीफे, नाग-नागिन, सास-बहू जैसे कभी न समाप्त होनेवाले धारावाहिक परोसे जा रहे हैं। भावपूर्ण पारंपरिक हमारे नृत्यों के स्थान पर शरीर के अंगों की लोच के करतब और भयावह अपराध गाथाओं को दिखाने पर हर ओर जोर है। विचार करें, इसी से युवा-पीढ़ी क्या तेजी से अवसादग्रस्त नहीं होती जा रही?

कलाएँ हमारे यहाँ रूप-रंगों से ही नहीं, उत्सवधर्मिता से भी जुड़ी रही हैं। मनोरंजन में कलाओं के लोक-आलोक से ही मन रंजित होता है। नाट्य की हमारी समृद्ध परंपरा में विदूषक की उपस्थिति स्वस्थ मनोरंजन का कभी बड़ा आधार थी। संस्कृत नाट्य साहित्य के लोकप्रिय रूपक 'मृच्छकटिकम्' के एक प्रसंग में विदूषक से राजा कहते हैं, 'कहानी सुनाओ।' वह कहानी की शुरुआत करते हुए कहता है, ब्रह्मदत्त नाम का राजा है। कांपिल्य नाम की नगरी। राजा सुधारता है—'मूर्ख, राजा कांपिल्य, नगर ब्रह्मदत्त।' विदूषक इसको कई बार रटता है। इतने में राजा को नींद आ जाती है। 'सहस्त्र रजनी चरित' में राजा हर रात एक स्त्री की हत्या करवाता है। एक दिन राजा के महामंत्री की पुत्री स्वयं आग्रह कर राजा के पास जाती है। रात्रि में वह राजा को कहानी सुनाना प्रारंभ करती है। भोर होने तक वह हर रात कहानी को ऐसे मोड़ पर ले आती है कि उसे सुने बिना राजा रह नहीं सकता। कहानी में कहानी! कहानी में एक और कहानी। इस तरह से कहानियों का जो सिलसिला प्रारंभ होता है, वह निरंतर आगे बढ़ता रहता है और एक रोज

राजा का हृदय परिवर्तन हो जाता है। 'सहस्त्र रजनी चरित्र' कहीं 'अलिफ लैला' हैं तो कहीं 'दास्तानें हजार रात'। 'कथा सरित्सागर' की कथाएँ भी कम मनोरंजक नहीं हैं।

विष्णु शर्मा रचित 'पंचतंत्र' में मूर्ख राजपुत्रों को जीव-जंतुओं की कथाओं के जरिए नीति संदेशों में भी रंजन हैं। हमारे यहाँ तो पहेलियाँ भी इसका बड़ा आधार रही हैं। कभी दरड़ी ने 'काव्यादर्श' में सोलह प्रकार की प्रहेलिकाएँ बताई थीं। कहते हैं उसी से बाद में खुसरो ने 'बूझ पहेली' और 'बिन बूझ पहेलियाँ' गढ़ीं। संगीत के अंतर्गत ध्रुवपद में 'तन देदे ना', 'द्रे द्रे तनोम' जैसे निर्थक शब्द भी कुछ इसी तरह से आए। कहते हैं कि अमीर खुसरो जब भारत आए तो उन्हें ध्रुवपद की भारतीय परंपरा बहुत भाई, पर संस्कृत के श्लोकों को देख वह घबराए। खुसरो अरबी विद्वान् थे। उन्होंने ध्रुवपद में संस्कृत शब्दों की बजाय निर्थक 'तन देदे ना', 'द्रे द्रे तनोम' शब्द गढ़कर तरह-तरह के हिंदुस्तानी राग गाए। यही बाद में तराने हुए। मनोरंजन के ऐसे ही कलात्मक रूपों में हमारी संस्कृति निरंतर संपन्न होती रही है। संगीत, नृत्य, नाट्य कलाएँ ही तो स्वस्थ मनोरंजन के आधार हैं। इनके ऐतिहासिक, पौराणिक, धार्मिक संदर्भ हैं और कोई भी समाज सांस्कृतिक संदर्भ खोकर आगे नहीं बढ़ सकता।

□

माटी एक भेस धरि नाना

बरसात की बूँदें धरती के लिए जीवन है। बारिश होती है, तभी तो ओढ़ती है धरती हरियाली की चादर। मिट्टी में घूला बीज प्रस्फुटित होता है। धरती से उठती है सोंधी सी महक। यह ऐसी है, जिसे हर कोई महसूस करता है। ऐसे ही तो शिल्प में ढल मिट्टी सृजन की संपूर्णता का हेतु बनती है। यह मिट्टी का ही गुण है कि उसे किसी भी आकार और साँचे में ढाला जा सकता है। कैसे भी इसे बरत शिल्प की सुंदर परिणति की जा सकती है। माटी है ही सिरजने की भाव प्रतीक। सृजन से गहरा अंत:संबंध जो है इसका।

माटी माने मिट्टी। मनुष्य की सामाजिक, सांस्कृतिक और धार्मिक आवश्यकताओं की पूर्ति के लिए उपयोगी वस्तुओं के निर्माण का प्राचीनतम साधन। कुम्हार मिट्टी से ही तो करता है सृजन। सोचिए! पृथ्वी, सूर्य, पवन, अग्नि और जल से ही तो यह संसार है और कुम्हार जब नया घड़ा ढालता है तो इन सबसे ही अपनी रचना को संपूर्णता देता है। पंचभूत तत्त्वों से बनता है शरीर और माटी का सृजन भी इन्हीं तत्त्वों से होता है। कुम्हार को आखिर यूँ तो प्रजापति नहीं कहा जाता!

हमारे यहाँ तो मिट्टी के ही हैं तमाम हमारे सर्जन सरोकार। तमाम हमारी परंपराओं का निर्वाह। दुर्गा पूजा, गणगौर, गणपति आदि की प्रतिमाएँ मिट्टी से ही तो बनती हैं। बाकायदा इनमें प्राण प्रतिष्ठा होती है। माना जाता है, पर्वोत्सव पर दुर्गा, गौरी, गणपति जगते हैं और जब उनसे आत्मा अलग होती है तो फिर से ये भूमि और जल में विसर्जित कर दिए जाते हैं। माने जहाँ से ये आए, वहीं फिर से लौट जाते हैं। मिट्टी इसीलिए तो जीवन का प्रतीक मानी जाती है।

कहें, मनुष्य को उसके समग्रपन में अवस्थित करने का कार्य किसी के जरिए होता है तो वह माटी ही है।

राजस्थान की मोलेला की मृण मूर्तियों जगप्रसिद्ध हैं। मोलेला में कलाकारों को माटी की मूर्तियाँ गढ़ते बहुतेरी बार देखा है। हर बार लगा, धरती-पुत्र शिल्पकार सहज सरल तरीके से सर्जनात्मकता का निर्वहन करते हैं। पीढ़ी-दर-पीढ़ी सर्जन की यह विरासत वह ऐसे ही छोड़ते जाते हैं। परंपरा और आस्था से निरंतर आगे बढ़ता जाता है सर्जन का यह सफर। शिल्पकार मिट्टी में रूप-अरूप, अदृश्य-प्रत्यक्ष, खंडता-असंलग्नता के बहुविध वैचित्र्य का एक ऐक्य सुर का गान करते हैं। कुम्हार जो मूर्तियाँ गढ़ते हैं, उनमें भीतर और बाहर के तमाम संघर्षों की बानगी है, परंतु अनूठी संगति भी है। सर्जन की संगति! जो दिखता है, वह इस जगत् से है भी और नहीं भी। माने चिन्मय वास्तव!

कहते हैं, मानवीय-संबंधों में भाषा से भी अधिक व्याप्त होनेवाला तत्त्व कोई है तो वह शिल्प ही है। इसमें संप्रेषण के सामान्य अवरोधों को समाप्त करने की क्षमता जो है! शायद इसीलिए आदि मानव ने अपने दैनिक उपयोग की वस्तुओं और भावनाओं का शिल्प संसार सर्वप्रथम रचा। सिंधुघाटी काल के उपलब्ध शिल्पकारिता अवशेषों पर जाएँ तो सहज यह कहा जा सकता है कि वहाँ सामान्य व्यवहार की वस्तुएँ भी सौंदर्यबोधक कृतियों में रूपांतरित हो गईं। कला के हमारे इतिहास में उपयोगिता में सौंदर्य का समावेश कर शिल्प के अंतर्गत अंतरंग जीवन में भी सुंदरता के महत्त्व को सदा प्रतिपादित किया गया है। यूँ भी शिल्पकारिता जीवन के सहज स्पंदन से उत्पन्न पूर्णता के गर्भ में ही प्रस्फुटित हुई है। यह माटी ही तो है, जिसमें विराट् से व्यष्टि के संबंध रूपायित होते हैं। कबीर इसीलिए तो एक मिट्टी में अनेक रूपधारी अखंड ब्रह्म का नाद करते हैं—'माटी एक भेष धरि नाना तामहि ब्रह्म पछाना।'...तो बारिश के इस दौर में भूमि पर पड़ती टप-टप बूँदों को निहारें। अनुभूत करें माटी के सर्जन की सोंधी महक।

□

कलाओं में समय

संगीत, नृत्य, चित्र, नाट्य आदि तमाम कलाएँ काल के अनंतर अपना अलग समय गढ़ती हैं। यह है, तभी तो उनमें रमते, उनमें बसते बहुतेरी बार यह भी अनुभूत होता है कि यह वह समय नहीं है, जिसमें हम जी रहे हैं। यह तो कला का समय है। तो क्यों नहीं यह प्रस्तावित किया जाए कि समय कलाओं को नहीं, बल्कि कलाएँ समय को रचती हैं! कुछ दिन पहले राजस्थान विश्वविद्यालय में कलाओं से जुड़े देश भर के उच्च शिक्षण संस्थानों के प्राध्यापकों के पुनश्चर्या पाठ्यक्रम में संबोधित करने जाना हुआ था। औचक ही जेहन में कौंधा, यह कलाएँ ही हैं, जो काल से परे सौंदर्य की सर्जना करती हैं।

कला क्या है? आकार, रंग, स्पेस का सम्मिलित सौंदर्य ही तो। ध्वनि का सामंजस्य संगीत का, लय का सामंजस्य कविता का, रंग-रूप का सामंजस्य चित्र का सौंदर्य है। सामंजस्य का यह संसार ही अपने तईं फिर समय की सर्जना करता है। विचार करें, संध्या पहर कुछ सुन रहे हैं। ध्वनित राग सुबह का है। भोर की अनुभूति होगी। बारिश हो नहीं रही, परंतु मल्हार राग बूँदों से भीगो देता है। यही क्यों! प्रेक्षागृह में नाटक देखते अभिनय में निहित करुणा अपनी हो जाती है। मन भारी हो जाता है। यही तो है कलाओं का रचा समय। कला-अनुभूति का समय देखने, सुनने के समय का सच हो जाता है। इस समय की तीव्रता इस कदर होती है कि जिस समय में व्यक्ति जी रहा होता है, उसके सच को बदल देता है। इसीलिए संगीत, नृत्य, चित्र, नाट्य को अपने में बसाते हम कला के समय में रूपांतरित हो जाते हैं। हम वह नहीं रहते, जो पहले थे। कला के समय का इससे बड़ा सच और क्या हो सकता है!

प्रश्न हो सकता है कि फिर आधुनिकता क्या कला का समय नहीं है? आधुनिकता समय नहीं है, विचार है। कुछ अर्थों में तकनीक से जुड़ा विचार। कलाओं पर नियम-अनुशासन लागू होते हैं, परंतु वे आदेशात्मक नहीं होते। माने तकनीक कला संप्रेषण को सुगम कर सकती है, परंतु वह उसे आदेशित नहीं कर सकती। इसलिए कि कलाएँ तो अपना समय स्वयं गढ़ती हैं। हाँ, इस गढ़न में समाज से जुड़े संस्कार अपने आप ही तकनीक के रूप में जुड़ते चले जाते हैं और हम यह कहने लगते हैं कि समाज में हो रहे परिवर्तनों के समय का असर कला पर भी पड़ता है। ऐसा ही यदि होता तो कलाएँ अपने स्वरूप में कार्य-प्रेरक नहीं होतीं। वह भाषाओं, भौगोलिकता और व्यक्ति की सीमाओं से मुक्त नहीं होतीं और इन सबके साथ व्यक्ति को रोबोटनुमा बनने से रोकतीं भी नहीं। यह कलाएँ ही हैं, जो व्यक्ति को संपूर्णता की ओर ले जाती संवेदना संपन्न किए रखती हैं। व्यक्ति में देखने, विचारने, चीजों और उसके समय को परखने की दीठ देती है। कलाओं का यदि अपना समय नहीं होता तो क्या संवेदना शून्य होते व्यक्ति स्वयं अपने में ही कभी के गुम नहीं हो जाते? मुझे लगता है, कला का समय समाज का सच रचता है और इसका प्रभाव सूक्ष्म, अस्पष्ट, परंतु सर्वव्यापी होता है। मानव उसी से संस्कारित होता है। इसीलिए तो देश, भाषा और काल की सीमाओं को लाँघती कलाएँ संवेदनाओं का हममें वास करातीं व रोबोट बनने से हमें बचाती हैं। विश्वविद्यालय में कलाओं पर कुछ बोलने का अवसर मिला तो तय नहीं हो पा रहा था कि क्या कुछ नया कह पाऊँगा, परंतु लगता है कि यह कलाओं के समय में प्रवेश ही रहा होगा, जिससे विचार का वातायन यूँ खुलता चला गया।

□

कलाओं की रस सृष्टि

संगीत माने स्वर और लय की कला। रस की सृष्टि। सुनने के रस की सृष्टि। आंग्ल भाषा में संगीत के लिए 'म्यूजिक' शब्द प्रचलित है। 'म्यूज' से बना है म्यूजिक। 'म्यूज' दरअसल यूनानी शब्द है। शब्दकोश खँगालता हूँ तो म्यूज का अर्थ 'द इंसपायरिंग गॉडेज ऑफ साँग' पाता हूँ। माने गान की प्रेरक देवी। म्यूज ज्यौस की कन्या है। ज्यौस माने स्वर्ग, यानी संगीत स्वर्ग की कन्या है। सोचता हूँ, संगीत रस का पान जब कर रहे होते हैं तो मन में स्वर्गिक सुखानुभति ही तो होती है। संगीत के लिए अरबी और फारसी में 'मौसीक़ी' शब्द है। सुनने में ही संगीत का आस्वाद नहीं होता!

बहरहाल, हमारे यहाँ गान की प्रेरक देवी सरस्वती हैं। संगीत के आदिदेव शिव हैं। इसीलिए तो नटराज स्तुति में कहा है, 'गंभीर नाद मृदंगना धबके उरे ब्रह्मंडना, नित होत नाद प्रचंडना, नटराज राज नमो नमः। माने यह संपूर्ण विश्व आपके मृदंग की ध्वनि से ही संचालित होता है। इस संसार में व्याप्त प्रत्येक ध्वनि के स्रोत आप ही हैं। हे नटराज! आपको नमन है!

संगीत की उत्पति वेदों से मानी गई है। सामवेद तो संगीत से ही संबद्ध है। ऋग्वेद की ऋचाएँ सामवेद का आधार हैं। वहाँ शब्द ऋग्वेद से लिये गए हैं और स्वर स्वयं का है। इस अर्थ में साम का अर्थ है—ऋचाओं के आधार पर किया गया गान।

ध्वनि, स्वर और ताल संगीत के ही अंग हैं। जो संगीतोपयोगी नाद है, वही 'स्वर' है। इसीलिए संगीतज्ञों ने एक स्वर से उसमें दुगनी ध्वनि तक के क्षेत्र में ऐसे संगीतोपयोगी कुल बाइस नाद बताए हैं। यही श्रुतियाँ हैं। ध्वनि की प्रारंभिक अवस्था यह श्रुतियाँ हैं और इनका गुंजन स्वर। स्वर वह नाद है, जो स्वयं मधुर

हो। संगीत ग्रंथ 'संगीत दर्पण' में कहा गया है, 'श्रुति के पश्चात् उत्पन्न होनेवाला स्निग्ध, अनुरणनात्मक, स्वयं रंजक नाद 'स्वर' है।'...और सात शुद्ध स्वरों का समूह जब बन जाता है तो वह सप्तक हो जाता है। नाद से श्रुति, श्रुति से स्वर, स्वर से सप्तक और सप्तक से थाट। थाट हैं—बिलावल, यमन, खमाज, भैरव, पूर्वी, मारवा, काफी, आसावरी, भैरवी, तोड़ी आदि। इन्हीं के अंतर्गत वर्गीकृत हैं हमारे संगीत के तमाम राग। राग माने स्वर और वर्ण से विभूषित चित्त का रंजन करनेवाली मधुर ध्वनि। रागों का उनके अंगों के अनुसार विभाजन करनेवाले पहले भारतीय संगीतज्ञ हैं पं. विष्णु नारायण भातखंडे। राग वर्णन के लिए उन्होंने ही हमें उठाव, चलन, पकड़, आरोह, अवरोह आदि का प्रयोग दिया। कहें, रागों का थाटों में विभाजन करते उसका विवरण दिया। ऐसा विवरण, जिसमें खयाल, ध्रुपद, धमार, दादरा, तराना आदि रचनाएँ निबद्ध होती हैं। कहें हिंदुस्तानी संगीत पद्धति के वह पहले ऐसे गायक थे, जिन्होंने राग में पकड़ अंग का निर्माण किया। भारतीय संगीत की उन्नति और प्रचार का महत्त्वपूर्ण कार्य भातखंडेजी ने ही अपने तईं किया। लखनऊ में उन्होंने ही कभी 'मैरिस कॉलेज ऑफ म्यूजिक' की स्थापना की। यही कॉलेज आज उनके नाम से 'भातखंडे यूनिवर्सिटी ऑफ म्यूजिक' के नाम से विश्व भर में जाना जाता है। ग्वालियर का माधव संगीत विद्यालय और बड़ौदा का संगीत महाविद्यालय भी उन्हीं की देन हैं।

संगीत रस का आस्वाद करते पं. विष्णु नारायण भातखंडेजी के संगीत अवदान को ही याद कर रहा था। सोचता हूँ, उन्होंने ही तो भारतीय संगीत को क्रमबद्ध किया, व्यवस्थित किया। वह नहीं होते तो संगीत की हमारी समृद्ध विरासत के बहुत से पहलुओं से क्या हम यूँ रू-ब-रू हो पाते!

□

चित्त शिक्षित हो, मन सर्जक

सांस्कृतिक संसाधनों को शिक्षा से जोड़ने के उद्देश्य से कभी देश में संस्कृति मंत्रालय के अधीन सी.सी.आर.टी., यानी 'सांस्कृतिक स्रोत एवं प्रशिक्षण केंद्र' की स्थापना की गई थी। अपने तईं सांस्कृतिक शिक्षण के लिए प्रशिक्षण की पहल भी एन.सी.ई.आर.टी. के सहयोग से संस्थान द्वारा की गई है और भी बहुत से संस्थान संस्कृति की शिक्षा के लिए कार्य कर रहे हैं, परंतु विचारें, व्यावहारिक रूप में क्या संस्कृति का शिक्षण हम कर पा रहे हैं?

शिक्षण में बड़ी जरूरत 'चित्त शिक्षित करने और मन सर्जक बनाने' की है। हो उलट रहा है। शिक्षण संस्थान रोजगार की होड़ जगा रहे हैं। सांस्कृतिक मूल्य वहाँ दरकिनार हैं। संस्कारों से जुड़ी सोच वहाँ कहीं नहीं है। मानवीयता का पाठ जैसे वहाँ सिरे से गायब कर दिया गया है। इसीलिए तो सहजता, अपनापे के भावों का शिक्षण में कोई मोल नहीं है। शिक्षण माने ऐसा रोबोट तैयार करना, जो प्रौद्योगिकी से जुड़ा भौतिक विकास जुटाए। दीर्घकाल में यह प्रवृत्ति मानवीय विकास विरोधी ही है। सोचिए, जब संवेदना ही नहीं होगी तो जीवन में रंग कहाँ से आएँगे?

इस समय जो संस्कृति है, वह बाजार के तीव्र परिवर्तनों से प्रभावित है। शाश्वत वह है, जो प्रकृति प्रदत्त है। प्रकृति माने हमारी धरोहर, हमारी सांस्कृतिक विरासत। इसलिए शिक्षण में आज इसी की सबसे बड़ी आवश्यकता है। भारतीय संस्कृति विश्व की प्राचीनतम जीवंत संस्कृतियों में से एक इसीलिए है कि वहाँ मानव मूल्यों पर जोर है, पर शिक्षण में अभी यह गौण है। शिक्षण में संस्कृति हो पर वह पूर्ववर्ती कलाकारों, कला सिद्धांतों पर ही केंद्रित नहीं हो। वह संस्कृति से जुड़े विषयों पर छात्रवृत्ति प्रदान करनेवाली नहीं हो, पर

सांस्कृतिक संस्थानों का इस समय का सच यही है। सी.सी.आर.टी. से या संस्कृति मंत्रालय से कोई पूछेगा तो तपाक से जवाब मिलेगा कि फलाँ वर्ष में सांस्कृतिक जागरूकता के लिए हमने इतनों को स्कॉलरशिप दी, इतनों को अनुदान दिया। इससे संस्कृति के कौन से संस्कार मिलनेवाले हैं या कहें कि अब तक क्या मिले हैं!

कला या संस्कृति शिक्षा की व्यापकता इस बात में नहीं है कि विद्यार्थी पूर्ववर्ती कलाकारों, सांस्कृतिक धरोहर के बारे में अध्ययन करे, बल्कि इसमें है कि शिक्षण संस्थान में मौलिक दृष्टि का विकास हो। यह विद्यार्थी में अपने देश, संस्कृति के इतिहास के प्रति गौरव-भाव जगाने से संभव है। अनुभवों की सीर इसमें मदद कर सकती है। संस्कृति की सोच से जुड़े लेखकों, कला मर्मज्ञों के अनुभव आधारित ज्ञान का प्रसार यह संभव कर सकता है। यह कठिन नहीं है। सी.सी.आर.टी., जैसे संस्थान इसकी पहल कर सकते हैं।

□

सिंधी सारंगी में लोक-उजास

लोक है तो जीवन का आलोक है! सिंधी सारंगी-वादक लाखा खान को सुनेंगे तो मन करेगा, उन्हें गुनें। पीढ़ी-दर-पीढ़ी उन्होंने सिंधी सारंगी में लोक-संगीत को सँजोते उसमें निरंतर वृद्धि की है। अनेकानेक बार उन्हें सुना है। सुनते हुए हर बार यह भी लगा कि लोक-स्वरों के सहज प्रवाह में जैसे वह माधुर्य का अनुष्ठान करते हैं।

बीन अंग के आलाप मंद्र सप्तक से अति तार सप्तकों के विस्तार की कथा भले लाखा खान शब्दों में बयाँ न कर पाएँ, पर सारंगी की उनकी स्वर गूँज सुनते अनुशासित वादन के सुगठित प्रस्तुतीकरण को सहज हर कोई अनुभूत कर सकता है। कबीर की मूल साखियों में स्थानीय अंचल की बोलियों में भावों का अपने तईं किए अनूठे मेल में वह जब सारंगी बजाते हैं तो रेत-राग जैसे जीवंत हो उठती है। वह सारंगी के संग गाते भी हैं, पर सोचता हूँ, गान के शब्द वादन में न भी घुले हों तो भी कानों में जैसे रस घुलता है। लोक-राग माँड, सूप, सामेरी, आसा, मारू आदि के संग कभी-कभी भैरवी जैसे शास्त्रीय राग में भी लय एवं ताल के गणित प्रभुत्व बगैर सहज स्वर-सौंदर्य प्रवाह वहाँ है।

असल में सारंगी तत्सम शब्द है। अर्थ करें, तो स्वर के माध्यम से जो कानों में अमृत घोले, वह सारंगी है। लाखा खान की सारंगी ऐसी ही है। हरजस के 'गरू बिना कौन संगी मन मेरा' स्वर या सूफी मुल्तान सिंध के सूफियों के कलाम या फिर 'खेलण दे दिन चार' जैसे लोकगीतों की स्वर-लहरियाँ जब सारंगी संग बिखेरते हैं तो लगता है, सीमावर्ती क्षेत्रों के धोरे, वहाँ का जीवन हममें गहरे बस रहा है।

राजस्थान में जोगिया, अलाबू, गुजराती आदि सारंगी वादन की परंपरा है। लाखा खान सिंधी सारंगी बजाते हैं। यह शास्त्रीय संगीत की सारंगी नहीं है। रावण हत्थे की मानिंद वह इसे जब बजाते हैं, संगीत में पश्चिमी राजस्थान के गाँव, वहाँ के जीवन की छवियाँ जैसे आँखों में बसने लगती है। यह सच है, उनकी सारंगी गाती हुई धोरों की धरा में बसे जीवन को आँखों में बसाती हैं।

लोक-स्वरों को शास्त्रीयता से नहीं जोड़ा जा सकता। यहाँ सारंगी-संग तबला नहीं, ढोलक बजती है। भले ही लोक-संगीत में आरोह-अवरोह क्रम में राग का कोई निश्चित स्वर हो, पर लय की सहज प्रकृति, मात्राओं के विशिष्ट क्रम में सारंगी के स्वरों का उजास बिखेरती है। मींड, गमक, मुर्की की छोटी-छोटी बोल तानों में कंठ के स्वर जहाँ नहीं पहुँचते, वहाँ लाखा खान की सारंगी पहुँच जाती है।

लाखा खान के छोटे आकार की सारंगी को उनके गीत के संग सुनना स्वयं स्फूर्त स्वर छंद की माधुर्य वृद्धि से साक्षात् है। लाखा खान राजस्थान के उस संगीत घराने के वारिस हैं, जिनकी पच्चीस पीढ़ियाँ सिर्फ गाने-बजाने से ही जुड़ी रही हैं। वह जब 11 वर्ष के थे, तभी से सारंगी बजाना प्रारंभ कर दिया था। बाद में लोककला मर्मज्ञ कोमल कोठारी के जरिए सुदूर देशों तक उनकी सारंगी के स्वर बिखरे। राजस्थान की धोरा धरा को अपनी सारंगी में लोक-रागों के जरिए उन्होंने जीवंत किया है।

□

घुमक्कड़ी है जीवन-कला

संस्कृति माने संस्कार; ऐसे, जिनसे जीवन जीने की कला सीखी जाती है। हमारी तमाम कलाएँ साहित्य, धर्म, दर्शन, शिल्प की व्यंजना ही तो हैं। इसीलिए जितना हम अपने आप से बाहर निकलेंगे, घुमेंगे—उतना ही जीवन निखरेगा। जीवन का अर्थ ही है—गति। ऐतरेय ब्राह्मण का मंत्र है—'चरैवेति… चरैवेति!' मंत्र कहता है कि जो पथ पर निरंतर चलता रहता है, ईश्वर उसी का सखा और सहयात्री होता है। इसलिए हे यात्री! चलता चल! चलता चल! जल कहीं ठहर जाता है तो सड़ाँध मारने लगता है। बहना ही उसका जीवन है। इसीलिए तो कहा है, 'जो सभ्यताएँ चलती रहीं, फली-फूलीं। जो ठहर गईं, बस सदा के लिए ठहर ही गईं।' बुद्ध ने भी कहा, 'चरत भिक्खवै चरत।' अर्थात् भिक्षुओ, चलते रहो। राजस्थानी की तो कहावत ही है—'फिरै जका चरै।' अर्थात् जो चलता है, उसे ही कुछ प्राप्त होता है। गति मति है।

बहरहाल, भारतीय संस्कृति में चार पुरुषार्थ बताए गए हैं—धर्म, अर्थ, काम और मोक्ष। कहते हैं कि इनमें संतुलन स्थापित कर जीवन जीने की कला कहीं है तो वह भी चलने में ही है। किसी एक पुरुषार्थ में ही ठहर गए तो फिर जीवन व्यर्थ है। अथर्ववेद का ऋषि इसीलिए तो पूछता है—

'कथं वातो नेलयति कथं न रमते मनः।
किमापः सत्यं प्रेप्सन्तीर्नेलयन्ति कदाचन॥'

अर्थात् वायु क्यों स्थिर नहीं रहती? मानव-मस्तिष्क विश्राम क्यों नहीं करता? क्यों और किसकी तलाश में सरिता दौड़ती रहती है और अपनी धारा को एक क्षण के लिए भी नहीं रोकती? सृष्टि के हृदय में अनंत की सर्वव्यापी पुकार है। जो एक बार भी इस महान् पुकार को सुनता

है, वह सुगमता से समाज के आचार-विचार और बंधनों की जंजीरें तोड़ देता है।

इसीलिए कहें, घुमक्कड़ी कला है, अपने आप को जानने की। हमारे सभी तीर्थ यही कराते हैं। व्यक्ति को मथते हैं। इसीलिए तीर्थ धर्म के मर्म माने गए हैं। आदि शंकराचार्य ने क्या किया? व्यक्ति को स्वयं को पहचानने की कला से साक्षात् कराया। चहुँदिशा भ्रमण की उनकी सोच की ही तो परिणति है—चार धाम की स्थापना। दक्षिण में रामेश्वरम्, पूर्व में जगन्नाथ पूरी, पश्चिम में द्वारका और उत्तर में बदरीनाथ मठ के जरिए उन्होंने तीर्थाटन की स्थापना की। उनका मूल उद्द्देश्य था—लोग घर से बाहर निकलें। अपने आपको पहचानें। उस दुनिया को जानें, जिसमें भरा पड़ा है अथाह ज्ञान। यह तीर्थाटन ही तो है, आज का पर्यटन। अमृतलाल वेगड़ की नर्मदा पद-परिकमा को ही लें। तीरे-तीरे नर्मदा! हजारों-हजार किलोमीटर की पदयात्रा। उनकी इस यात्रा को पढ़ेंगे तो मन में आएगा, काश! हम भी उनके साथ होते। पर साथ की जरूरत भी क्यों? कोई साथ नहीं हो तो, अकेले ही चलें। कविंद्र रवींद्र ने कहा है—

'यदि तोर डाक शुने केउ न आसे,
तबे एकला चलो रे।'

अनथक यायावर राहुल सांकृत्यायन ने आखिर ऐसे ही तो नहीं न रचा होगा—'घुमक्कड़ शास्त्र'!…तो जीवन जीने की कला सीखनी है तो घुमक्कड़ी करें। पर्यटक बनें। कल नहीं, आज! आज नहीं, अभी। चरैवेति…चरैवेति!

□

सुनता-गुनता लोक

भारतीय संगीत में उदात्तता है। पूर्ण-संपूर्ण राग-स्थायी, अंतरा, बोल, तान के शास्त्रबद्ध नियम वहाँ है, परंतु प्रस्तुति की अपार स्वतंत्रता भी। समयानुकूल रंजक तत्त्वों को अपने में समाहित करने की अपार शक्ति लिये है संगीत। कवि रवींद्र कहते हैं—'साहित्य का जहाँ अंत होता है, संगीत वहीं से प्रारंभ होता है।' यह भारतीय संगीत ही है, जिसमें गायक और वादक सीखे हुए को ही नहीं गाते-बजाते, बल्कि स्वयं अपने तईं भी मौलिकता रचते हैं। लंबे समय तक सांगीतिक परंपराएँ जीवित भी शायद इसीलिए रह पाई हैं कि वे जनजीवन के सतत प्रवाह से जुड़ी हैं। वहाँ परंपरा है, उसके बंधन नहीं।

संगीत पर लिखे की ही बात करें। संगीत पर श्रेष्ठ लेखन की ही कमी है, और जो लिखा गया है, वह इस कदर शास्त्रीय है कि बजाय जोड़ने के उसने संगीत के श्रोता तोड़े ही हैं। गायक, वादक अपने तईं सीखे हुए की वृद्धि करते हैं, परंतु लिखे की कौन करे?

जयपुर गायकी के पुरोधा उस्ताद अल्लादिया खाँ ध्रुवपद घराने के थे, परंतु उन्होंने अपने आप को खयाल में साधा। धीमी आलापचारी में उनके गान में ध्रुपद अंग स्पष्ट दिखाई देता था। उन्हें सुनें तो लगेगा, ध्रुपद अंग की विशिष्ट गमक तथा टप्पा वहाँ है। टप्पा माने छोटी-छोटी तानों की मलिका। तन धातु से निकला है तान। अर्थात् वह, जिससे राग का विस्तार हो। खयाल में यही होता है। सिद्धांततः ध्रुपद में तान नहीं होती, परंतु गमक अंग से की गई चौगुन की लयकारी नोम्-तोम् पर जब भी जाता हूँ, न जाने क्यों बोल-तान का आस्वाद होता है। श्रोता-मन तो माधुर्य का पान करता है। शास्त्रीय निबद्धता गान का आधार हो सकती है, उसकी श्रेष्ठता और माधुर्य का पैमाना

नहीं। भावाभिव्यक्ति के लिए ही तो संगीत बना है। उसका शास्त्र तो बाद में बना है। यदि शास्त्र के नियमों को ही महत्त्व देते उसे सुना जाएगा तो क्या भावाभिव्यक्ति की सहजता को हम मार नहीं देंगे!

बहरहाल, पं. विष्णु दिगंबर पलुस्कर का कहा याद आ रहा है, 'संगीत की शिक्षा से कोई तानसेन नहीं बन सकता, कानसेन जरूर बन सकता है।' उनके इस कथन पर जाएँ तो लगेगा, संगीत सच में सागर है। वहाँ शब्दों के अर्थ निश्चित होने पर भी भिन्न-भिन्न प्रकार से गाकर नए-नए अर्थ उत्पन्न किए जाते हैं। काव्य से जो व्यक्त नहीं होता, संगीत उसे व्यक्त करता है। वहाँ ध्वनि की अपरिमित गमक है। गमक माने वाग् और स्पष्ट करें तो शब्दोच्चार। तराने को ही लें। वहाँ 'तन देरे ना', 'द्रे द्रे तनोम्' आदि निर्थक शब्दों का प्रयोग होता है। क्यों? क्या पद नहीं है, जो गान की यह गत हुई! ऐसा नहीं है। कहते हैं, जब अमीर खुसरो भारत आए तो संस्कृत देखकर घबरा गए। फिर उन्होंने निर्थक शब्द गढ़कर तरह-तरह के हिंदुस्तानी राग गाए। वही तराने हुए। तराना माने राग, ताल और लय। हमारे संगीत की यही विराटता है। चरैवेति, चरैवेति! यानी सबको समाहित करते हुए चलते रहें, चलते रहें। यही जीवन है। जहाँ रुक गए, वहीं मरण है।

कोयल की कूक से मन में हूक उठती है। मयूर का नृत्य दिल में हिलोरें जगाता है। निर्झर-निनाद में, भँवरों के गान में और वर्षा की रिम-झिम में संगीत का आस्वाद है। आखिर हृदय के सूक्ष्म भावों की भाषा ही तो है संगीत। माधुर्य इसकी सहजता है। यह कहीं नियमों से आबद्ध हो सकता है! ध्रुपद को ही लें। नाट्य शास्त्र के रचयिता भरत मुनि ने अपने ग्रंथ में ध्रुवा गीतों का उल्लेख किया। उनके ध्रुवा गान में ॠक, पाणिक व गाथाएँ अपने सात रूप और अंगों के साथ सम्मिलित हैं। ध्रुवा गीत ध्रुवपद हुआ और लोक में ध्रुपद। यही वृद्धि है। सुननेवाला लोक, गुननेवाला लोक। संगीत की शब्दावली अलग है, सुनने और अनुभव की अलग। उसे संगीत के शास्त्रों से निबद्ध करेंगे तो संगीत के श्रोता नहीं जुटेंगे। लिखा यदि सुनने की संवेदनशीलता जगा सके तो इससे बड़ा और उसका हेतु क्या होगा! तानसेन नहीं, हमें कानसेन बनाने हैं।

□

एकला चलो रे…

रवींद्र संगीत माने भाषा, भाव और रस। शास्त्रीय एवं लोक-संगीत का मेल। आत्मा का गान। यदि वहाँ ध्रुपद, खयाल, ठुमरी है तो बंगाल के लोक-संगीत की अजस्त्र धारा बाउल, भटियाली का माधुर्य भी है। यों कहें, हिंदुस्तानी संगीत की राग-रागिनियों में लोक के समवेत स्वर कहीं हैं तो वह रवींद्र संगीत में ही हैं।

रवींद्रनाथ टैगोर अपने युग के अद्‌भुत संगीत मर्मज्ञ रहे हैं। 'गीत वितान' में रवींद्र ने अपने गीतों को 'गान', 'बंधु', 'प्रार्थना', 'विरह', 'साधना और संकल्प', 'अंतर्मुख', 'नि:संशय', 'उत्सव', 'बाउल' आदि उपशीर्षकों से संयोजित करके बाकायदा उनकी स्वरलिपि भी दी है। बांग्ला भाषा में उनके ये गीत 'भांगा-गान' से भी लोकप्रिय हुए। यह रवींद्र ही हैं, जिन्होंने गान में स्वरानंद के साथ ही गीतों में निहित भावों के संप्रेषण की भी राह सुझाई। रवींद्र संगीत की यही तो बड़ी विशेषता है कि वह शास्त्रगत नहीं होकर लोक से जुड़ा है। उसे सुनते हुए अनुभूति का आलोक मिलता है। शुद्ध एवं मिश्रित रागों में लोक-संगीत की छौंक से बना रवींद्र संगीत हृदय के अंतरतम उद्‌गारों का गान है।

बहरहाल, आरंभ से ही संगीत हमारे यहाँ इतना अधिक शास्त्रगत और अनुष्ठानगत रहा है कि उसके सहज माधुर्य से आमजन की एक प्रकार से दूरी होती चली गई। ऐसे में रवींद्रनाथ टैगोर ने शास्त्रीय राग-रागिनियों की समृद्ध परंपरा की जीवंतता के साथ उसमें लोक का रस घोला। संवेदना, भाव और संगीत का मेल किया। संगीत की ऐसी धारा का प्रवाह किया, जिसमें सकल विश्व की हार्मोनी है।

रवींद्र संगीत माने, जिसमें स्वरानंद के लिए ही गान न हो, बल्कि सुर माधुर्य के साथ गीत-रस भी हो। एक साथ कई रागों का मिश्रण तथा रागाश्रयी की बजाय भावाश्रयी संगीत भी हो, ताकि सुनें तो गुनने का मन करे। कोरा गान भर नहीं, बल्कि अंतर्मन अनुभूतियों का भव हो। शास्त्रीय राग-रागिनियों की छटा, परंतु उनमें निहित बंधनों की क्लिष्टता नहीं। लोक-संगीत में निहित मानव-मन की तमाम सहज संवेदनाएँ, परंतु कहीं कोई असंयत आवेग या चीत्कार नहीं।

मुझे लगता है, प्रकृति, पूजा, भक्ति-प्रेम और ऋतुओं में निहित आनंद की खोज कहीं है तो वह रवींद्र संगीत में ही है। कारण, वहाँ पारंपरिक राग-रागिनियों का मूल परिवेश तो है, परंतु श्रवण में आनंद के अवरोधों की जकड़न नहीं है। बंधनों में निर्बंध, माने रवींद्र संगीत!

अभी बहुत समय नहीं हुआ। रवींद्र जन्मशती आयोजनों के सिलसिले में साहित्य अकादेमी की ओर से भारतीय लेखकों के दल में शांतिनिकेतन जाना हुआ तो बांग्ला कथाकार मित्र बिनोद घोषाल के साथ रवींद्र संगीत का आस्वादन करते, जैसे अपने आपको फिर से जिया। लगा, रवींद्र संगीत खाली संगीत भर नहीं है, बल्कि वहाँ भावों का आनंद प्रवाह है। रवींद्र संगीत माने पूजा-पर्व गान, ऋतु-पर्व गान, स्वदेश-पर्व गान, भक्ति-पर्व गान। रवींद्र के गान में आत्मा की अभ्यर्थना है। यह जब लिख रहा हूँ, मन में रवींद्र संगीत अमृत-रस घोलने लगा है—'आमि तोमारो शौंगे बेंधेछी आमारो प्राण शूरेरो बांधोने...तुमि जानोना आमि तोमारे पेयेछि अजाना शाधोने...' और 'स्वर्ग हइते बिदाय...', 'आजि झोझेर राते तोमार अभिसार...' गीत और भी हैं, जिन्हें सुनते हैं तो दर्शन की गहराइयों में उतरने लगते हैं। अनुभूतियों का अनुठा भव जो वहाँ है। यानी भावों के अनुभव का भव।

अकेलेपन का गान। किसी के साथ की जरूरत वहाँ कहाँ है! रवींद्र गान का यही तो संदेश है—'जदि तोर डाक सुने केउ न आरने तबे एकला चलो रे...'। अर्थात् यदि कोई साथ नहीं आता है तो कोई बात नहीं, अकेले चलो, चलते चलो। यह कोरा गान नहीं, बल्कि अंर्तमन के संवेदनाओं की

भावाभिव्यक्ति, आनंद का गान है। कलाओं के मर्म को जो गहरे से जीता है, वही रच सकता है ऐसा कालजयी संगीत। इसीलिए तो रवींद्र कालजयी हैं। संगीत, नृत्य, नाट्‌य, चित्रकला आदि तमाम कलाओं के वे साधक, संवाहक हैं।

□

गीतों की भोर, रंगों की साँझ

कविवर रवींद्रनाथ टैगोर ने उम्र के 67वें वर्ष के बाद चित्रकर्म की शुरुआत की। संयोग देखिए, कविता लिखते वक्त शब्दों या पंक्तियों की तराश-खराश करते हुए उनके द्वारा यह शुरुआत हुई। वह फाउंटेन पेन से कविताएँ लिखते थे और इसी से वह चित्र निर्मिति की ओर भी प्रवृत्त हुए। 'शब्दों को मिटाते, उन पर नया शब्द रखते रेखाओं को मिलाने के उपक्रम में उन्हें लगा कि शब्द-रेखाएँ बहुत से दूसरे आकारों के लिए छटपटा रही हैं, उनमें बहुत से आकार छुपे हुए हैं। स्वयंसिद्ध आकारों के अनुभव के इस भव के अंतर्गत फाउंटेन पेन ही फिर उनकी कूची बन गया। अकल्पित आकारों में दृश्य की अनंत संभावनाएँ तलाशते उन्होंने पशु-पक्षियों और मनुष्यों की अनूठी आकृतियों का सृजन किया। जिस कविता ने उन्हें जगत्-कवि के रूप में ख्यात किया, उसी से प्रसूत रेखाओं के आकारों ने उनके चित्रकार को भी अनायास जन्म दिया। यह चित्रकार रवींद्र ही हैं, जिन्होंने पहले-पहल कलाकृतियों में कपड़ों के टुकड़ों या फिर उँगलियों को स्याही में डुबोकर दो या तीन छटाओं में कलाकृतियों की सर्जना की।

बहरहाल, रेखाओं की मुक्ति के निमित्त कला की उनकी यात्रा प्रारंभ में कविता की अद्‌भुत लय है। रवींद्र एक स्थान पर कहते भी हैं, 'मेरी चित्रकला की रेखाओं में मेरी कविता है, जो अवचेतन की गहराइयों में डूबकर कागज में व्यक्त हुई है।' जब पेरिस की गैलरी 'पिगाल' में 1930 में उनके चित्रों की प्रथम प्रदर्शनी लगी तो महाकवि के चित्रकर्म पर भी औचक विश्व का ध्यान गया। बाद में लंदन, बर्लिन और न्यूयॉर्क में भी उनके चित्र प्रदर्शित हुए। यूनेस्को द्वारा आयोजित अंतरराष्ट्रीय आधुनिक कला प्रदर्शनी में भी उनके चार चित्र खासतौर से सम्मिलित किए गए।

रवींद्र के चित्रों की खास संरचना, उनमें निहित संवेदना और अंतर्मुखवृत्ति ने सदा ही मुझे आकर्षित किया है। याद पड़ता है, जब पहले-पहल रवींद्र की बनाई 'माँ व बच्चा' कलाकृति देखी तो लगा, यह जीवन को कला की अद्‌भुत दीठ से व्याख्यायित करती उनकी चित्रकला की अनूठी दार्शनिक अभिव्यंजना है। मसलन उन्हीं का बनाया एक बेहद सुंदर चित्र है—'सफेद धागे'। इसमें बिंबों के जरिए स्मृतियों का अद्‌भुत स्पंदन है। 'थके हुए यात्री', 'स्त्री-पुरुष', जैसे मानव चित्रों के साथ ही पक्षियों के उनके रेखांकन में एक खास तरह की एकांतिका तो है, परंतु अंतर्मन संवेदनाओं की सौंदर्य सृष्टि भी है। सहज स्फूर्त रेखाओं के उजास में रवींद्र के कलाकर्म की रंगांकन पद्धति, सामग्री में निहित रेखाओं की आंतरिक प्रेरणा को सहज अनुभूत किया जा सकता है। महत्त्वपूर्ण यह भी है कि उनकी कलाकृतियों में ठेठ भारतीयपन है। अंग्रेज जोड़े का चित्र भी उन्होंने बनाया है तो उसमें निहित सोच और रेखाओं की लय की देशजता विशेष रूप से देखनेवाले का ध्यान अपनी ओर खींचती है। नैसर्गिक भावनाओं के उद्‌गार उनके चित्र हैं, जिनमें जीवन की आंतरिक लय को सहज पहचाना जा सकता है। रंगों का उनका लोक भी तब सर्वथा नया था, जिसमें वह कभी न मिटनेवाली स्याहियाँ, चमड़ा रँगने में काम आनेवाले बहुतेरे रंग, पानी व पोस्टर रंग, पेड़ों की पत्तियों एवं फूलों की पँखुड़ियों के रस के साथ ही पानी में घुलनेवाले और दूसरे तमाम प्रकार के प्राकृतिक रंगों का उपयोग करते थे। कविता से चित्रकर्म की यात्रा पर हुए संवाद में कभी उन्होंने कहा था, 'मेरे जीवन का प्रभात गीतों भरा था, अब शाम रंगभरी हो जाए।' सच भी यही है। वह रवींद्र ही हैं, जिनके गीतों की भोर भीतर से हमें जगाती है, तो उनके चित्रों का लोक सुरमई साँझ में सदा ही सुहाता है। आप क्या कहेंगे?

□

लोकतंत्र और कलाएँ

लोकतंत्र शब्द में स्वभाव से ही लोकचेतना ध्वनित होती है। भारतीय परिप्रेक्ष्य में विचारें तो लोक माने व्यक्ति नहीं, लोक माने समग्र जीवन। इस अर्थ में लोकतंत्र व्यक्ति नहीं व्यक्ति में बैठे उस लोक की धड़कन कहा जा सकता है, जहाँ समाज सामूहिक रूप में साँस लेता है। ऋग्वेद में 'लोक' शब्द जीवन के अर्थ में ही आया है। लोकतंत्र का दर्शन दरअसल सामुदायिक संगठन का दर्शन ही है। भले ही हमारे यहाँ संसदीय लोकतंत्र बीसवीं सदी के मध्य में स्थापित हुआ परंतु भारतीय संस्कृति का स्वरूप मूलतः आरंभ से ही लोकतांत्रिक रहा है। वैदिक काल में जाएँगे तो पाएँगे, राजा का चुनाव आम जन की सहमति से ही होता था और राज-काज भी मंत्रियों, पुरोहितों की सम्मति से ही किया जाता था। राजा स्वच्छंद नहीं थे, प्रजा विरुद्ध आचरण करने पर उन्हें पदच्युत कर किसी योग्य जन को सत्ता सौंपी जाती रही है। इससे भी बड़ी बात यह है कि राजा पद पर नियुक्ति की लोकस्वीकार्यता तब भी बहुत से स्तरों पर थी। माने राजा की सत्ता में भी लोकतांत्रिक मूल्य तब कायम थे। राजसी व्यवस्था में भी तब लोकतंत्र के ताने-बाने में नागरिकों के अधिकार-कर्तव्य गूँथे हुए थे। मूल्य और संवेदनाएँ निहित थीं।

लोकतंत्र के इन पारंपरिक मूल्यों के कारण ही आजादी के बाद भारत विश्व का सबसे बड़ा लोकतांत्रिक व्यवस्था का देश बना। बाकायदा विश्व का पहला ऐसा देश बनने का गौरव भी उसे मिला, जिसने प्रजातंत्र में सत्ता का अंतरण लिखित विधान के माध्यम से अपने यहाँ किया। हमारा संविधान लोकतंत्र की उन भावनाओं से अनुंप्रेरित प्रलेख है, जिसका मूल आदर्श सामाजिक, आर्थिक और राजनीतिक न्याय है। समता की प्रवृत्ति ही इसकी

मूल आधारशिला है, बल्कि कहें, संविधान वह मानवीय दस्तावेज है, जिसमें मनुष्य की गरिमा निहित है।

बहरहाल, लोकतंत्र की इस व्यवस्था को अपनाए हुए हमें लंबी अवधि हो गई है। जिन जीवन-मूल्यों और सोच के साथ हमने गणतंत्र की प्रणाली को अपनाया, उसे व्यवहार में क्या सच में हम हासिल कर पाए हैं, इस पर विचारेंगे तो पाएँगे, लोकतंत्र की भारतीय संस्कृति से हम बहुत से स्तरों पर विलग भी हुए हैं। इसी परिप्रेक्ष्य में लोकतंत्र की अवधारणा को संस्कृति और साहित्य से जुड़े संदर्भों में देखे जाने की जरूरत है। मुझे लगता है, किसी भी लोकतंत्र की सफलता समर्थ और सक्षम नेतृत्व पर ही निर्भर नहीं है, इसके लिए नई दीठ, संवेदना और सांस्कृतिक बोध भी जरूरी है।

यह सही है, लोकतंत्र जीवन-दर्शन और जीवन-शैली से संबंध रखता है, परंतु यह मूलतः एक ढाँचा है और ऐसी प्रक्रिया है, जिसमें निर्वाचन के माध्यम से सरकारें चुनी जाती हैं। इसीलिए आधुनिक अर्थों में कहें तो लोकतंत्र एक तरह से निर्वाचन के जरिए लोक शक्ति की प्रतिष्ठा स्थापित करना हो गया है। कभी विक्टर ह्यूगो ने कहा था, 'मैं एक ऐसे पक्ष का प्रतिनिधित्व करता हूँ, जिसका अभी तक कोई अस्तित्व नहीं है। यह पक्ष क्रांति और सभ्यता का है। यह पक्ष बीसवीं सदी का निर्माता होगा।' उनके इस कथन के अर्थ में जाएँगे तो पाएँगे, सच में बीसवीं सदी में ही पराधीनता में बँधे उपनिवेशों का प्रभुता-संपन्न स्वतंत्र राष्ट्रों के रूप में उत्थान हुआ। भारतीय स्वाधीनता इस मायने में तब इतिहास का सांगोपांग उदाहरण भी लगता है, जहाँ सत्ता का अंतरण विधान के माध्यम से हुआ। भारतीय संविधान दरअसल राष्ट्रीय संस्कृति और राष्ट्रीय प्रयोजन की एक तरह से मंजूषा ही तो है। परंतु विचारे जाने की बात यह भी है कि लोकतंत्र की इस दीर्घावधि में हमने कहीं हमारे सांस्कृतिक बोध को तो तिरोहित नहीं कर दिया है ?

यह सही है, लोकतंत्र की जिस व्यवस्था को हमने आजादी के बाद अपनाया था, उसमें हमारी परंपरा से जुड़ी जड़ों का समावेश था। किसी दिखावे या अलंकरण के प्रदर्शन के लिए हम विश्व के सबसे बड़े लोकतांत्रिक देश के रूप में स्थापित नहीं हुए थे। फिर लोकतंत्र दिखावे का कोई आभूषण या

देशों का अलंकार भर नहीं है। लोकतंत्र का अर्थ है, जनता के लिए अनुकूल वातावरण और आधारभूत मूल्यों में रचा-बसा जीवन। हमने राजनीतिक तौर पर तो स्वाधीनता पा ली, परंतु अनुकूल वातावरण का निर्माण अभी भी कहाँ कर पाए हैं! यह सही है, राज्य व्यवस्था तो हमने अपने अनुकूल बना ली, परंतु जिन मूल्यों, परंपराओं की जड़ों को हमने सींचने का प्रकल्प लोकतांत्रिक व्यवस्था के अंतर्गत किया था, वह लगता है, धीरे-धीरे पूँजीवाद की सोच में तिरोहित होती चली गई।

इसी संदर्भ में विचारें कि संस्कृति कोई वस्तु नहीं, जीवन जीने का ढंग है। वह ढंग, जिसमें सामूहिक हितों से जुड़ी सोच निहित है। संस्कृति के भारतीय मूल्य तो आरंभ से ही यही रहे हैं। हमने गणतंत्र की स्थापना इसी उद्देश्य से की थी कि शासन और प्रभुत्व किसी एक व्यक्ति का नहीं हो, उसमें समूचे जनसमुदाय की सहमति पर आधारित कानून हो। इसलिए हमारे यहाँ व्यक्तियों का नहीं, कानून का आधिपत्य स्थापित हुआ। गणतांत्रिक अपेक्षाओं, आकांक्षाओं का संबल हमारा यह आधार ही है, परंतु बाजारवाद, उपभोक्तावाद ने हमारे इस आधार को बहुत से स्तरों पर उपेक्षित करते हुए लोकतंत्र के सांस्कृतिक मूल्यों का बहुत से स्तरों पर क्षरण भी किया है। दृश्य में नहीं, अदृश्य में।

यह मानने में कोई गुरेज नहीं होना चाहिए कि स्वतंत्रता की रक्षा ही संस्कृति की रक्षा है। जहाँ स्वतंत्रता की रक्षा नहीं है, वहाँ सांस्कृतिक बोध शून्य है। विडंबना यह है कि बाजारवाद और उपभोक्तावाद मनुष्य की स्वतंत्रता को बाधित कर रहे हैं। उसकी सोच पर पहरे लगा रहे हैं। भौतिकता के चरम में अधिक-से-अधिक अर्थ प्राप्ति की अपेक्षा में व्यक्ति अपने आप से ही निरंतर दूर हुए जा रहा है। बाजार वह चकाचौंध उसे परोस रहा है, जिसमें विचार कहीं नहीं ठहरते। टी.वी. चैनलों के जरिए जो मनुष्य दिखाया जा रहा है, उसमें नैतिकता का कहीं कोई स्थान नहीं है। आगे और आगे निकलने की होड़ में सामूहिक हित की सोच कहीं नहीं ठहरती। सोच पर बाजार की व्यवस्था इस कदर छा रही है कि व्यक्ति की स्वयं की स्वतंत्रता ही कहीं नहीं दिखाई दे रही। न उसका अपना निर्णय है, न उसकी संवेदना और न उसके मौलिक विचार। सबके सब बाजार और टी.वी. चैनल तय कर रहे हैं। यही है अदृश्य रूप

में सांस्कृतिक बोध की शून्यता का वह प्रसार, जिसमें सांस्कृतिक मूल्यों का निरंतर क्षरण हुआ है। बल्कि कहें, व्यक्ति की स्वतंत्रता का हनन भी हुआ है।

लोकतंत्र की परंपरा और उसकी विशिष्टता जनभागीदारी की सतत तलाश है। यह केवल और केवल किसी भी समाज में कला, संस्कृति और साहित्य के स्वस्थ मूल्यों से ही हो सकती है। व्यापक अर्थ में संस्कृति परंपराओं, साहित्य, ज्ञान, विचारधाराएँ, सामाजिक-धार्मिक प्रथाओं, कानून और क्षमताओं के साथ व्यक्ति की आदतों का मिला-जुला रूप ही तो है।

साहित्य और संस्कृति के सनातन मूल्यों के लिहाज से आकलन करें तो पाएँगे, बहुत कुछ ऐसा है, जिससे हम धीरे-धीरे विलग हो रहे हैं। सृजन को जीवन की अभिव्यक्ति मान लिया गया है, पर ऐसा नहीं है। सृजन स्वयं जीवन है। जिसे कोई भी सत्ता, राजनीति चाहकर भी बाधित नहीं कर सकती। माने सृजन की स्वायत्ता पर कहीं कोई पहरा नहीं हो सकता। यह ऐसा लोकतंत्र है, जिसमें हर व्यक्ति अपना स्वयं शासक है। सोचिए! साहित्य और कलाएँ ही तो हैं, जिनमें कहीं कोई आरक्षण नहीं है। सबके लिए यह क्षेत्र समान रूप से खुला है। यहाँ कोई है भी तो वह अपनी योग्यता और अपनी क्षमता से ही है। साहित्य खेमों में बाँटते दलित या इसी तरह के अन्य किसी लेखन की बात कोई करता है तो उससे बड़ी बौद्धिक दरिद्रता हो नहीं सकती। कबीर, रैदास, गालिब के लिखे को फिर क्या कहेंगे! इसीलिए कहें, साहित्य में न जाति है, न धर्म। महत्त्वपूर्ण यदि लिखा गया है, कलाकृति में सिरजा गया है, संगीत में गुना गया है तो वह कालजयी ही होगा।

लोकतंत्र में लोक प्रधान होता है, परंतु जब दल-विशेष की सरकारें बन जाती हैं तो वहाँ भी जब साहित्य, संस्कृति और कला में किसी व्यक्ति विशेष को इस आधार पर मनोनीत करने का प्रयास किया जाता है कि वह फलाँ वर्ग का प्रतिनिधित्व करता है, तो यह उस लोक के साथ धोखा भी है, जो लोकतंत्र में आस्था रखकर मतदान करता है। सरकारें यह दावा कर सकती हैं कि कला, साहित्य और संस्कृति के लिए कला-संस्कृति विभाग बनाए हुए हैं। ललित कला अकादमी, साहित्य अकादमी, संगीत नाटक अकादमियों में प्रतिवर्ष करोड़ों का बजट इसीलिए दिया जाता है कि साहित्य-संस्कृति का पोषण

हो सके। पर गंभीरता से विचारें, क्या वास्तव में इनसे संस्कृति, साहित्य और कलाओं का भला हुआ है ? होता प्राय: यह भी है कि अकामियों की स्वायत्ता के नाम पर अकादमी के लिए चुने गए व्यक्ति अपने व्यक्तिगत हितों और अपनों का पोषण करने लग जाते हैं। इन संस्थानों के प्रधान के पद जातिगत आधार पर, दल विशेष के प्रति निष्ठा के आधार पर दिए जाने लगे हैं। लोकतंत्र में अदृश्य रूप में यह स्थिति स्वस्थ नहीं कही जा सकती है।

स्वतंत्रता का अर्थ दिखावे की मुक्तता नहीं है। स्वाधीनता का अर्थ विवेक का बचा रहना है। स्वाधीनता का अर्थ जीवन-मूल्यों से जुड़ा रहना है। हमने अंग्रेजों की गुलामी की जंजीरें तोड़कर स्वतंत्रता तो प्राप्त कर ली और लोकतंत्र को भी अपना लिया, परंतु मूलत: यह लोकतंत्र राजनीतिक लोकतांत्रिक व्यवस्था भर तक सीमित बनकर रह गया है। संस्कृति और साहित्य के सरोकारों को लोकतंत्र में तरजीह हमने बहुत से स्तरों पर नहीं दी, इसी की परिणति आज यह है कि सरकारें बार-बार बदल जाती है और फिर भी जनता तंत्र से संतुष्ट नहीं हो पाती है। नतीजतन आंदोलन, घेराव और असंतोष की व्याप्ति होती है।

लोकतंत्र राजनीतिक व्यवस्था भर नहीं है, वह नैतिक विकल्प है। जब हम यह कहते हैं कि हमने लोकतंत्र की भावनाओं से अनुप्रेरित संविधान प्रलेख के जरिए गणतंत्र को अपने यहाँ कायम किया है तो हमें यह भी नहीं भूलना चाहिए कि कोई भी संविधान तभी सही अर्थों में लोकतांत्रिक होगा, जब वहाँ नैतिक संवेदना हो। इस अर्थ में लोकतंत्र की संस्कृति का अर्थ है, वह सांस्कृतिक प्रक्रिया, जिसका मूल मनुष्य को उसके 'स्व' के घेरे से बाहर निकालकर सार्वजनिक हितों से उसको जोड़े।

मुझे लगता है, लोकतंत्र की जिस संस्कृति का विकास आज के संदर्भों में किए जाने की जरूरत है, वह यही है कि हम किसी 'वाद' विशेष में नहीं उलझकर समग्रता के नाद की हमारी परंपरा में फिर से जाएँ। दलीय प्रतिबद्धता की बजाय सामूहिक हित की प्रतिबद्धता हो। साहित्य और संस्कृति के क्षेत्र में तो कम-से-कम इस संदर्भ में किसी भी स्तर पर सोचा-विचारा ही नहीं जाए। उस क्षेत्र को तो मुक्त ही रखा जाए। वैसे भी इस तरह के प्रयासों से किसी को

उच्च स्तर पर पहुँचाया नहीं जा सकता है। साहित्य और संस्कृति का अपना लोकतंत्र है। यहाँ कोई है, रह रहा है या भविष्य में भी रहेगा तो केवल और केवल अपने बूते। कोई यहाँ अपनी पीठ आप ठोकता भी है तो उसे स्वयं के अधिकारों की लड़ाई चाहकर भी बना नहीं सकता। लोकतंत्र का असल स्वरूप भी मुझे लगता है, कहीं है तो वह साहित्य, संस्कृति और कलाओं में ही है। इसलिए कि वहाँ पर सामूहिकता है।

यह सामूहिकता ही लोकतंत्र की संस्कृति को मजबूत कर सकती है। इसी से लोकतंत्र दीर्घकाल तक अपने उद्‌देश्य में सफल हो सकता है। पर विडंबना यह भी हमारे यहाँ रही है कि नागरिकों को हमारे यहाँ मतदाता की दृष्टि से देखा जाता है, उस नागरिक की दृष्टि से नहीं जो सत्ता से शांतिपूर्ण और बेहतर जीवन की आशाएँ अपेक्षाएँ रखता है। जब देनेवाले की दृष्टि से जनता की पहचान होगी तो स्वाभाविक ही है कि वहाँ पर पूँजीवाद का बोलबाला होगा ही। उपभोक्तावाद वहाँ चरम पर जाए तो उसे रोकनेवाला कौन होगा ? यही हो भी रहा है। लोकतंत्र के चौथे स्तंभ के रूप में पत्रकारिता की पहचान है, परंतु मूल में वहाँ भी व्यक्ति प्रधान हो रहा है, विचार गौण। शासन में जनता की भागीदारी का अर्थ यह लिया जाने लगा है कि कैसे जनता को यह अहसास कराया जाए कि शासन के निर्णय उसके व्यक्तिगत हितों को साधनेवाले हैं। लोकतंत्र का दूसरा अर्थ इसीलिए लोकलुभावनवाद हो रहा है।

पूँजीवाद पोषित जो नया वातावरण निर्मित हो रहा है, उसका मूल आधार बाजारवाद और उपभोक्तावाद ही है। यह हमारी रुचियों को और व्यवहार को प्रभावित ही नहीं कर रहा बल्कि स्वाधीन सोच पर भी पहरे लगा रहा है। लोकतंत्र में भौतिक सुख–सुविधाओं की स्थापना के अर्थ में इसे भले विकास से जोड़ा जा रहा है, परंतु मूलतः लोकतंत्र की भारतीय परंपरा की संस्कृति की जड़े उखाड़ने का कार्य ही इससे हो रहा है। संस्कृति का अर्थ है हमारी सहजता बरकार रहे। हम जैसे हैं, वैसे ही स्वीकार किए जाएँ, परंतु व्यवहार और रुचियों को बदलने का कार्य जब किया जाएगा तो कैसे कोई अपने 'स्व' को बचाकर रख पाएगा ? इसीलिए लोकतंत्र में संस्कृति से जुड़े संस्कारों पर चर्चा जरूरी है।

संस्कृति विश्वास उपजाती है। इसलिए कि उसमें मूल्य निहित होते हैं, इसलिए कि वहाँ समग्रता का बोध होता है। पर वैश्वीकरण संस्कृति की हमारी जो नवीन परिभाषा गढ़ रहा है, उसमें मानवीय मूल्यों को तिरोहित करने की सोच निहित है। लोकतंत्र को दीर्घजीवी यदि रखना है, जनता में विश्वास कायम रखना है तो यह जरूरी है कि उसकी आधारशिला में संस्कृति का समोवश हो।

हमारे यहाँ आरंभ से जो सामुदायिक व्यवस्था रही है, उसमें व्यक्ति नहीं विचार का महत्त्व रहा है। किसी दल विशेष नहीं, उससे जुड़ी संवेदना और विचारधारा को स्थान दिया जाता रहा है। लोकतंत्र की चेतना स्वभाव से ही इन सबमें ही जीवंत रही है। विडंबना यह है कि आधुनिक लोकतंत्र का जन्म पूँजीवाद से जुड़ी जरूरतों के कारण हुआ है।

मुझे लगता है, इस समय पूरी तरह से तो नहीं, परंतु लोकतंत्र का स्वरूप पूँजीवाद के अंतर्विरोधों से ही ग्रस्त है। यह सही है कि लोकतंत्र में जनता ही अपने प्रतिनिधियों को चुनती है, परंतु बाद में जब जिन अपेक्षाओं, आकांक्षाओं को लेकर जनप्रतिनिधियों का चुनाव होता है, वह पूरी नहीं होती है तो जनता आक्रोशित भी होती है। आंदोलन, धरने और तमाम दूसरी तरह के विरोधों को अपने निर्णय का जनता का खुद विरोध करना ही कहा जा सकता है। इस दृष्टि से लोकतंत्र का जो स्वरूप वर्तमान में है, वह अपनी मूल समता की प्रवृत्ति से बहुत से स्तरों पर भटका हुआ भी लगता है। कहें, जन-आकांक्षाओं की दीठ से वर्तमान में लोकतंत्र अपर्याप्त है, परंतु यह भी सच है कि यह अपरिहार्य भी है। लोकतंत्र में जनता के काम तो होते हैं, सामूहिक विकास से जुड़ी योजनाएँ भी क्रियान्वित होती हैं, परंतु यह सब भविष्य में राजनीतिक दल के नहीं आने की आशंका के दबाव के कारण होता है। माने आम जन के दुःख-दर्द, उनकी जरूरतों, उनसे जुड़ी संवेदना के कारण जनता के कार्य नहीं होते, इस कारण होते हैं कि वहाँ स्वार्थ निहित होता है।

हम स्वाधीन हो गए। लोकतंत्र का वरण करते हुए हमने अपने स्तर पर मनपसंद सरकार बना ली। अब फिर क्या शेष रह गया? जो सरकार कायम हुई, वह बहुमत से हुई है, परंतु फिर भी उसके प्रति विरोध का रुख पूर्ववत्

कायम है। क्यों? इसलिए कि हमने हमारी संस्कृति को बिसरा दिया। इसलिए कि सांस्कृतिक मूल्यों की बजाय उस लोकतंत्र के ढाँचे को विकसित होने दिया, जिसमें हरेक के अपने हित जुड़े हुए हैं। सामूहिक हित की सोच की बजाय हर कोई अपने अपने क्षेत्र से जुड़े हितों के लिए लोकतंत्र के प्रतिनिधि चुनने लगा है। स्वाभाविक ही है कि इससे राजनीतिक लोकतंत्र को बल मिला है। जब आप अपने हित की सोचेंगे तो चुना गया प्रतिनिधि भी अपने से जुड़े हितों से कैसे अपने को रोकेगा?

यह भारतीय संस्कृति से जुड़ी सोच तो नहीं ही है। संस्कृति परस्परता में से उगती है। वहाँ परस्पर सहयोग के साथ समूची मानव जाति के कल्याण की भावना निहित होती है। अभी बहुत समय नहीं हुआ, प्रख्यात विचारक जैनेंद्रजी को पढ़ रहा था, वे लिखते हैं, 'संदेह नहीं कि संस्कृति को ही जातीय और देशीय बना लिया गया है। देशों की अलग-अलग संस्कृतियाँ भी कही जाती हैं। यह कहना एकदम मिथ्या भी नहीं है, लेकिन यह तो उसमें गर्भित ही है कि वे परस्पर पूरक ही हैं, मारक नहीं हैं। संस्कृति शब्द की ध्वनि से ही यह तो साफ हो जाता है कि विग्रह की जगह सामंजस्य उसका इष्ट है।' पर लोकतंत्र का जो विकास हुआ है, उसमें सामंजस्य के भाव निरंतर गौण होते जा रहे हैं। इन भावों को गौण होने से बचाने के लिए भी लोकतंत्र में संस्कृति का विचार जरूरी है। इसी से हम स्मृतिविहीन होने से भी बच सकते हैं।

विधानसभा या संसद् की क्या परंपराएँ हैं, कैसे मूल्य पूर्व में रहे हैं, किस तरह से जन-प्रतिनिधियों ने जनता की आवाज को अपना स्वर दिया और कैसे विकास के लिए सदन ने काररवाई की, इन सबकी स्मृति तभी रह सकती है, जब हम अपने से पूर्व के व्यक्तियों के आदर्शों पर विचारें। उनकी विचारधारा में जाएँ। दलीय रूप में नहीं, वैचारिक रूप में जो कुछ महत्त्वपूर्ण और अच्छा होता रहा है, उसको अपनाते हुए समग्रता के हित को साधने में रुचि लें।

मुझे लगता है, उपभोक्तावाद का चरम भी आज इसलिए है कि हमने अपने भीतर के सांस्कृतिक बोध को सुला दिया है। इसलिए भी कि विकास का अर्थ भौतिकता की अंधी दौड़ से लगाया जा रहा है, इसलिए भी कि हम विकास के लिए चुकाए जा रहे मानव-मूल्यों के प्रति सचेत नहीं है। लोकतंत्र

का अर्थ जनता का तंत्र भर ही नहीं है, लोकतंत्र का अर्थ है, जनता से जुड़े मुद्दों के प्रति संवेदनशीलता। और स्वाभाविक ही है कि यह संवेदनशीलता राजनीतिक वादों, इरादों की पूर्ति भर से संभव नहीं है। चुनाव लोकतंत्र का महापर्व कहा जाता है, परंतु गौर करने की बात यह भी है कि चुनावों के दौरान लोकतंत्र की संस्कृति पर कितने लोग सचेत होकर कार्य करने की प्रतिबद्धता पर संवाद करते हैं? इसीलिए यह जरूरी लगता है कि लोकतंत्र के लिए राजनीतिक दल कोई ऐसा एजेंडा निर्मित करे, जिसमें संस्कृति से जुड़ा बोध समाहित हो। लोगों की ताकत इससे नहीं है कि वे संगठित होकर वोट देते हैं और अपना नेता चुनते हैं, लोगों की असल शक्ति उनके मूल्यों, परंपराओं की रक्षा है। उस विकास में उनकी ताकत है, जिसमें मानवीय मूल्यों की बलि नहीं दी जाती है। खुशहाल लोकतंत्र की पहली शर्त है—मानवीय मूल्यों का विकास। चमचमाती सड़कें, मेट्रो, अधुनातन संचार और तमाम दूसरी जरूरतें भौतिक समृद्धि तो ला सकती हैं, परंतु मन की शांति और परस्पर सद्भाव, प्रेम और सौहार्द का वातावरण तो लोकतंत्र के स्वस्थ सांस्कृतिक मूल्यों पर ही निर्भर है। इसलिए जरूरत इस बात की भी है कि लोकतंत्र में लोगों के होने के अर्थ को सही ढंग से समझा जाए।

□

संस्कृति और राष्ट्र

सनातन का अर्थ है, वह जो जीवंत है। इस अर्थ में सनातन भारत का माने है, जीवंत भारतीय संस्कृति। इस जीवंत संस्कृति की विशिष्टता है—हमारी विविधता। मेरा यह मानना है कि जो संस्कृति अपनी विविधता को त्याग देती है, वह दूसरों के द्वारा निगल ली जाती है। हम हमारी संस्कृति के अतीत से गौरवान्वित हैं, परंतु यह विडंबना ही है कि अंग्रेजी शिक्षा-दीक्षा एवं प्रभाव ने सौंदर्य की हमारी दृष्टि को लीलना प्रारंभ कर दिया है।

देश वर्षों तक भाषायी स्तर पर विचित्र स्थिति में रहा है। न्याय, राजनीति और व्यवहार की भाषा मुगल काल में फारसी रही, पर हृदय की भाषा संस्कृत ही रही। इसी से हमारी संस्कृति बची रही। दर्शन और विज्ञान की भाषा संस्कृत तब भी रही, आज भी है। भारतीय ज्ञान और दर्शन संस्कृत ग्रंथों के जरिए ही विश्व के सुदूर स्थानों तक पहुँचा है। इस समय का बड़ा संकट यही है कि संस्कृत ग्रंथों का अनुवाद कर पश्चिम तो संपन्न हो गया, परंतु हम उस अतीत के ज्ञान की बढ़त नहीं कर पाए हैं। संस्कृत के साथ ही हमारी अपनी भाषाओं, संस्कृति को नष्ट, भ्रष्ट कर उसे अतीत में धकेलने, पुरातन और रूढ़िग्रस्त करने का काम किसी ने किया है तो वह अंग्रेजों द्वारा हमारे पर थोपी गई अंग्रेजी है। हमारी सोच पर ताला लगाने का कार्य अंग्रेजी ने किया है और अभी भी कर रही है। अंग्रेजी ने हिंदी ही नहीं आंचलिक भाषाओं की विविधता की हमारी संस्कृति को, उसके माधुर्य को एक तरह से लील लिया है। मुझे लगता है, संस्कृति की विविधता की हमारी थाती, तभी बची रह सकती है जब हम अपनी आंचलिक भाषाओं को बचा लें। हिंदी के जरिए अपने संस्कृति के गौरव को सहेजें। अंग्रेजी पूरी तरह से भले हटा नहीं पाएँ, परंतु क्यों नहीं

उसका भारतीयकरण किया जाए। हिंदी और मातृ-भाषाओं, बोलियों के सहज संस्कारों से इस दिशा में बहुत कुछ किया जा सकता है।

साहित्य में वह ताकत है, जिससे संप्रदायों, पंथों को परस्पर जोड़े रखा जा सकता है। इसलिए अपनी भाषा में, भारतीय भाषाओं में ऐसा सिरजा जाए, जो विदेशी भाषा के कुप्रभावों से हमें मुक्ति दिला सके। जिससे एक-प्रदेश दूसरे के और नजदीक आ सके। साहित्य के जरिए हम देश की और अन्य देशों की, इस काल की और आगे के कालों की समूची ज्ञान संपदा को फिर से सहेज सकते हैं। इसलिए कि भारतीय साहित्य 'मनुर्भव' की अवधारणा पर आधारित है। यानी मनुष्य बनें।

सवाल यह है कि राष्ट्र का अर्थ क्या है। देश! आमतौर पर यही माना जाता है, परंतु राष्ट्र का अर्थ देश नहीं, भूमि है। भूमि नहीं, भूमि पर बसनेवाले लोग हैं और हैं उन लोगों की संस्कृति। माने राष्ट्र केवल भौगोलिक विचार नहीं है। राष्ट्र का अर्थ है, वह स्थान, जहाँ लोग रहते हैं। वह संस्कृति, जिसे हम जीते हैं। संस्कृति व्यापक दृष्टि है। संस्कृति यानी सम्यक् कृति। संस्कृति समूह और समाज के संस्कार है। दिनकर की कृति 'संस्कृति के चार अध्याय' पढ़ेंगे तो पाएँगे, संस्कृति धर्म और दर्शन का विकास है। इसकी कसौटी कट्टरता का निषेध और सहिष्णुता की व्यापकता है, पर अंग्रेजी शब्द 'कल्चर' ने इसे संकुचित कर दिया है। संस्कृति व्यापक अर्थ-बोध का एक तरह से भाव है। संस्कृति यानी संस्कार। एक कहावत है, सभ्यता वह वस्तु है, जो हमारे पास है, संस्कृति वह है, जो हममें व्याप्त है। भारतीय संस्कृति तो युग युगीन है। इसलिए नहीं कि वह प्राचीनतम है, इसलिए कि वह सनातन है। संस्कृति का प्रमुख गुण है—गत्यात्मकता, गतिशीलता। परस्पर अवलंबितता का अवगाहन कहीं है तो वह हमारे राष्ट्र में है। हमारे राष्ट्रीय संस्कारों में है। हमारी संस्कृति में है।

एतरेय ब्राह्मण का बहुश्रुत मंत्र है, 'चरैवेति…चरैवेति'। यानी चलते रहें, चलते रहें। जो सभ्यताएँ चलती रहीं, उन्होंने विकास किया। जो कहीं ठहर गईं, उनका विकास भी रुक गया। इसीलिए बुद्ध ने भी कहा, 'चरथ भिक्खवें चरथ।' भिक्षुओ, चलते रहो। चलना जीवन है। जल यदि एक ही स्थान पर ठहर जाता है, बहता नहीं है तो सड़ाँध मारने लगता है। प्रवाह यदि है, तभी

सार्थकता है। भारतीय संस्कृति इसी 'चरैवेति' का उद्‌घोष है। अनेकता में एकता। उत्सवधर्मिता और जीवंतता ही इसके वे गुण हैं, जो आज भी इसे सनातन बनाए हुए हैं।

भारत माने सनातन सत्ता। इस की जीवंत संस्कृति का स्वरूप है, उदात्तता। हमें चाहिए कि संस्कृति की हमारी जीवंतता, गतिशीलता के गुणों को हम बचाए रखें। संस्कृति जीवंत रहे, जीवाश्म न बने। यह दौर इस दृष्टि से चुनौतीपूर्ण है, इसलिए कि संस्कृति के गत्यात्मक गुण पर खतरा मँडरा रहा है। भूमंडलीकरण संस्कृति की सनातनता को धीरे-धीरे लील रहा है। गाँव-कस्बों में अभी भी संस्कृति के सरोकार यदि बचे हुए हैं तो उसकी आंचलिक परंपराओं से बचे हैं, परंतु जिस तरह से सबकुछ भाषायी आधार पर भू-मंडलीकरण में 'एक' हो रहा है, कहा नहीं जा सकता, कब तक हम अपनी संस्कृति के गौरव को नई पीढ़ी के लिए बचाकर रख पाएँगे। राष्ट्र के समक्ष बड़ी चुनौती इस समय यही है कि राष्ट्रीयता के सरोकारों से नई पीढ़ी वंचित है। अंग्रेजी शिक्षा-दीक्षा ने मन के भावों की गगरी को रीता कर दिया है। सौंदर्य की हमारी संवेदना को निगल लिया है।

मुझे लगता है, इस समय की बड़ी राष्ट्रीय सांस्कृतिक चुनौति यह है कि पश्चिम ने भाषा के बूते हमारी संस्कृति और इतिहास को हड़पना आरंभ कर दिया है। केन्या के उपन्यासकार, भाषाविद् न्गुगीवा थ्योगो की एक किताब कुछ समय पहले मैंने पढ़ी। मुझे लगा, उन्होंने एक बड़ा सच हमें दिया है। उनकी किताब 'डिकोलाइजिंग द माइंड' में भाषा की राजनीति पर विशद् विमर्श है। पुस्तक हमें बताती है कि कैसे भाषा के जरिए राष्ट्रों को गुलाम बनाया जाता है। मुझे लगता है, हमारे साथ भी यही हो रहा है। अंग्रेजी के जरिए हम स्वतंत्र होने के बाद आज भी गुलाम बने हुए हैं। भाषा व्यापक जन-समूदाय की सामुहिक स्मृति होती है। यदि वह विदेशी है, आपकी अपनी नहीं है तो आप एक समय के बाद अपने अतीत के गौरव को सदा के लिए खो देंगे। मेरी चिंता आज यही है। जिस तरह से अंग्रेजी देश में सर्वव्यापी हो रही है, आनेवाले समय में हम अपनी संस्कृति की स्मृति से भी वंचित हो सकते हैं। मुझे यह कहने में कोई गुरेज नहीं है कि भाषाई

गुलामी आनेवाले समय में हमारे राष्ट्र को स्मृति वंचित समाज में जीने को मजबूर कर देगी।

जिस तरह की स्थितियाँ–परिस्थितियाँ दिनोदिन बन रही हैं, उन्हें देखते–अनुभूत करते लगता है, इस समय में न हमारी कोई अपनी भाषा रह गई है, न कोई चिंतन और न कोई दृष्टि। इसीलिए आप देखिए, भारतीय भाषाओं के न तो अब दौर बन रहे है न दायरे। न कोई विचारधारा। साहित्य लिखा जा रहा है, परंतु वह किसी समय को, हमारी संस्कृति को इंगित नहीं है, इसलिए कि हमारी अपनी भाषा में सोच की कोई धारा बन ही नहीं रही।

कहने को देशभर में 'साहित्य उत्सवों' का शोर है। 'लिटरेचर फेस्टिवल' शहर दर शहर आगे बढ़ रहे हैं, पर इनमें भारतीयता, भारत की संस्कृति के जीवन–मूल्यों के कहीं कोई सरोकार नहीं है। 'सनातन भारत' की छवि को धूमिल करते ये उत्सव पश्चिम की भौंड़ी नकल, नई पीढ़ी को सतरंगी सपने दिखाते अपनी परंपरा से दूर करने की जैसे एक साजिश है। साहित्य उत्सवों के बहाने बाजारवाद, भोगवाद की संस्कृति का प्रसार हो रहा है। वही लोग, वही बातें। साहित्य कम चकाचौंध ज्यादा। स्त्री–स्वातंत्र्य के नाम पर उन्मुक्तता, सेक्स, हिंसा और रिश्तों की मर्यादा को तार–तार करनेवालों की जमात के यह एक तरह से मेले नहीं रेले हैं।

वैश्वीकरण में सब ओर ऐसी ही एकरसता का प्रसार हो रहा है। इसी से विविधता की हमारी संस्कृति लोप हो रही है। आधुनिकता का अर्थ स्वच्छंदता मान लिया गया है। राष्ट्रीय चुनौती यही है कि कैसे इस समय के संकट से हम अपने आपको, हमारे जीवन–मूल्यों को बचाए रखें।

अभी कुछ समय पहले केंद्रीय ललित कला अकादमी ने 'भारतीय भाषाओं में कला लेखन' पर एक राष्ट्रीय संवाद का आयोजन किया था। एक सत्र में कलाओं पर लेखन के अपने अनुभव मुझे भी साझा करने थे। वहाँ गया तो यह मन में था कि देशभर को भाषाओं में कलाओं पर लेखन की जो समृद्ध परंपरा है, उसे समझ सकूँगा। कला लेखन की भारतीय भाषायी दृष्टि से संपन्न हो सकूँगा। पर वहाँ भी भाषायी गुलामी के संस्कारों ने कुछ नया नहीं दिया। दो दिन के संवाद में देशभर के विभिन्न प्रांतों से आए कला लेखकों से मिलना

सुखद था। उनका प्रतिनिधित्व देखकर मन हरषाया भी, परंतु जो कुछ उन्होंने बोला, उसमें भी अंग्रेजी का बोलबाला था। हमारे यहाँ कला लेखन की समृद्ध परंपरा रही है। हिंदी में ही नहीं, तमाम भारतीय भाषाओं में कलाओं का अपना चिंतन है, सौंदर्यबोध है और एक भारतीय दृष्टि है। परंतु भाषायी गुलामी कैसे हमारे चिंतन की परंपरा को घुन लगाती है, उसे 'भारतीय भाषाओं में कला लेखन' संवाद में जैसे गहरे से अनुभूत किया। सभी भाषाओं के लेखकों ने वहाँ अपनी बात रखी। स्वाभाविक ही था, संवाद सभी ने अंग्रेजी में किया। यह भी गलत नहीं है। अपनी बात रखने का कोई भी भाषा जरिया हो सकती है, परंतु उसमें अपनापन तो हो। जो कुछ भारतीय भाषा के लेखकों ने प्रस्तुत किया, उसका अधिकतर पश्चिम प्रेरित था। गोया भारतीय भाषाओं में कला पर जैसे कभी विचारा ही नहीं गया। जो कुछ मेरे मित्र लेखकों ने बोला, वह अपने यहाँ की कला को भी पश्चिम की आँख से जैसे देखना था। विमर्श में कला-लेखन के भारतीय भाषायी परिदृश्य की बजाय पश्चिम के कला लेखकों के ही संदर्भ थे। जॉन बर्जर का जिक्र लगभग हर कला पर बोलनेवाले वक्ता ने किया। स्पष्ट था, पश्चिम के प्रभाव से हम इतने आक्रांत हैं कि अपने भीतर झाँकने, अपनी संपन्नता से समृद्ध होने का सामर्थ्य आंग्ल भाषा के प्रभाव के कारण धीरे-धीरे खो रहे हैं। यह शायद इसलिए है कि एक सोची-समझी साजिश के तहत देशभर में यह प्रचारित-प्रसारित किया जा रहा है कि हिंदी में कला की शब्दावली नहीं है। भई, अगर ऐसा ही है तो विष्णुधर्मोत्तर पुराण के चित्रसूत्रम्, भरतमुनि का नाट्य शास्त्र और तमाम हमारी उस सांस्कृतिक, कला चेतना और सौंदर्यबोध का क्या, जिससे पश्चिम के लेखक भी निरंतर प्रेरणा पाते रहे हैं।

भारतीय भाषाओं में कला-लेखन हुआ है, विपुल मात्रा में निरंतर हुआ है, परंतु वह सारा का सारा इसलिए अतीत हो रहा है कि उसे ढंग से, सुव्यवस्थित क्रमबद्ध सहेजा नहीं गया। इसलिए कि कला शिक्षा का माध्यम अंग्रेजी है। इसलिए कि जो कुछ पाठ्यक्रम कला शिक्षा का बना और अब भी बनाया जा रहा है, उसमें भारतीय दृष्टि, भारतीय कलाकार और सौंदर्य की हमारी अवधारणा का समावेश ही ठीक से नहीं किया गया। जो कुछ पश्चिमी सिद्धांतों

से, उदाहरणों से लिख दिया गया, वही थोड़ा-कुछ हिंदी में भी अनूदित हो गया है। इसी से मुगल चित्र शैली, मिनिएचर और वास्तु के थोड़े-बहुत हमारे ज्ञान से आगे कहाँ भारतीय कला सुदूर देशों तक पहुँची है, जबकि आज भी विश्वभर का बहुत सारा महत्त्वपूर्ण कला में भारत में हो रहा है। मुझे लगता है, इस पर गंभीरता से विचारने की जरूरत है कि कैसे भारतीय भाषाओं में हम अपनी कला-संपदा को सहेजें, शब्दावली विकसित करें, जो कि बोलचाल में आंचलिक क्षेत्रों में अभी भी है।

महर्षि अरविंद ने एक पुस्तक लिखी थी, 'फाउंडेशंस ऑफ इंडियन कल्चर', 'भारतीय संस्कृति की आधारशिला'। यह उस समय उन्होंने लिखी, जब भारतीय संस्कृति और कला का अंग्रेजी लेखकों ने मजाक उड़ाया और कहा कि भारत की अपनी कला तो है ही नहीं, वहाँ जो है, वह पश्चिम का अनुकरण है। अरविंद की यह पुस्तक पढ़ेंगे तो पाएँगे, हमारी कला कितनी महान् और कालजयी है। उन्होंने पश्चिम के लेखकों को अपनी इस कृति के जरिए जवाब दिया था कि हमारी कलाओं, संस्कृति में कितनी-कितनी विशेषताएँ हैं। हरेक भारतीय प्रांत, क्षेत्र की कलाओं की अपनी थाती, उसके लिखे की परंपरा है। जरूरत इस बात की है कि भारतीय भाषाओं के लिखे को हम सहेजें, निश्चित ही भाषाओं की विविधता का संरक्षण इसमें बड़ा कदम होगा।

राष्ट्र एवं संस्कृति में साहित्य अवदान की बात करें तो साहित्य के अर्थ का भी हम अन्वेषण करें। साहित्य सहित का भाव है। माने वह लोगों को अपने साथ ले चलने की क्षमता रखता है। दूसरे के हित की भी रक्षा इसमें निहित है। वैश्वीकरण के इस दौर में जब संस्कृति की विविधताएँ समाप्त हो रही हों, भाषाएँ निरंतर काल कवलित हो रही हों, इस बात पर गंभीरता से विचार किए जाने की जरूरत है कि कैसे मानवीय संवेदनाओं को, साहित्य, शब्दों के ओज से हम बनाए रख सकते हैं। साहित्य वह ताकत है, जिसके जरिए संप्रदायों को, पंथों को जोड़े रखा जा सकता है। वह साधन है, जिसमें आर्थिक, सामाजिक विसंगतियों को दूर किया जा सकता है। वह मार्ग है, जिसके जरिए एक प्रदेश दूसरे प्रदेश के नजदीक आ सकता है। साहित्य के जरिए ही हम राष्ट्र के इस समय को, उसकी समूची ज्ञान-संपदा को परस्पर विनिमय कर सकते हैं। पर

जरूरी है, वह सनातन सोच से जुड़ा हो। उसका मुख्य हेतु 'मनुर्मव' यानी मनुष्य बनें हों।

भाषा आत्मा को वाणी प्रदान करती है। इसीलिए उपनिषदों में कहा गया है कि अपनी भाषा के बगैर न सत्य को, न असत्य को, न पाप को, न पुण्य को, न अच्छे और न बुरे को, न सद्गुण, न अवगुण को किसी को नहीं पहचाना जा सकता है। अपनी भाषा में ही हम अपने आत्म को पहचान सकते हैं। जान सकते हैं। इसलिए जरूरी है हम अपनी बोलियों, मातृभाषाओं और उसकी विविधता को सहेंजे।

मैं हिंदी के साथ-साथ राजस्थानी में भी लिखता हूँ। याद पड़ता है, एक बार कमलेश्वर जब बीकानेर आए तो बोलियों पर उनसे लंबा संवाद हुआ। बाद में उनके साथ को सहेजते मैंने संस्मरणनुमा कुछ उन पर लिखा। सहज ही वह अपनी मातृभाषा राजस्थानी में लिखा गया। राजस्थानी भाषा अकादमी की पत्रिका में जब वह प्रकाशित हुआ तो मैंने हिंदी में उसका कुछ अनुवाद और मूल छपा उन्हें डाक से भेज दिया। थोड़े दिनों बाद कमलेश्वर का पत्र हस्तगत हुआ, उन्होंने लिखा था, 'तुम्हारे द्वारा जागती जोत' में छपा-लिखा हुआ बहुत आत्मीय आलेख-संस्मरण मिला। पढ़ता हूँ तो राजस्थानी समझ में आती है। आखिर हिंदी को रक्त-संस्कार तो राजस्थानी, शौरसैनी और ब्रज ने ही दिया है। हिंदी तो भाषा नहीं, भाषा मंडल है! मैं स्वयं ब्रजभाषी हूँ, मैंने वृहद शुभ और भविष्य के लिए अपनी मातृभाषा को खड़ी बोली हिंदी के लिए समर्पित किया है···सांस्कृतिक समन्वय के लिए, देश और राष्ट्र के उत्थान के लिए यह बलिदान जरूरी होते हैं, पर अपनी मातृ-भाषाओं-बोलियों के विसर्जन से हिंदी प्रगाढ़ और शक्तिशाली नहीं होगी, हमें अपनी मातृभाषाओं को जीवित रखना पड़ेगा, जहाँ से हिंदी की शब्द-संपदा संपन्न होगी। यह बिटिया-बेटे को ब्याहने वाला रिश्ता है, जो नाती-पोतों में हमें अपनी निरंतरता देता है।'

कमलेश्वर हिंदी के प्रख्यात लेखक रहे हैं। उनके इस कहन के आलोक में ही यह कहने में कोई संकोच नहीं होना चाहिए कि हिंदी की संपन्नता बोलियों और क्षेत्रीय भाषाओं से है। इसलिए जरूरी है हम अपनी बोलियों, भाषाओं और उनकी विविधता को सहेजें। अंग्रेजी जरूरी है, पर उतनी ही

जितने से काम चल सके। भाषा कोई भी बुरी नहीं होती, परंतु वह हावी होती हुई गुलामी के लिए मजबूर करे तो यह विचारना ही होगा कि कैसे हम अपने 'स्व' को बचाकर सांस्कृतिक रूप में सुदृढ़ हों। मौलिक विचार अपनी भाषा में ही उपजते हैं। पश्चिम प्रेरित जीवन-मूल्यों का प्रवेश साहित्य में अंग्रेजी ने ही किया है, इसलिए आप देखिए, स्त्री-विमर्श का बड़ा आधार उन्मुक्तता में ढूँढ़ा जा रहा है। स्वच्छंदता का रूढ़ अर्थ देह उघाड़ना मान लिया गया है। पुस्तकों की बिक्री इसीलिए देह संबंधों के इर्द-गिर्द रहने लगी है। साहित्य को दलित और उत्तर-आधुनिक उन्मुक्तता के खाँचों में बाँटा जाने लगा है। संकीर्ण स्वार्थ समाज को साहित्य के जरिए भटकाव की ओर ले जा रहा है। अमिश त्रिपाठी शिव को शिवा बनाते आधुनिकता की चकाचौंध में चमचमा रहे हैं, चेतन भगत अश्लीलता और कॉलेज जीवन के छीछोलेपन को बँचवाते 'बेस्ट सेलर' का ठप्पा लगा बैठे हैं। जगरनॉट और दूसरे ऑनलाइन प्रकाशक वह छाप रहे हैं, जो कभी किसी जमाने में अश्लील, सड़क छाप माना जाता था। नई पीढ़ी को साहित्य के नाम पर यह सब परोसा जा रहा है। पर सोचिए, देवदत पटनायक, अमिश त्रिपाठी भारतीय पुराकथाओं का आधार लेकर ही तो लोकप्रिय हुए हैं, उनके पास मौलिक क्या है!

इधर कलाओं में इंस्टॉलेशन पर जोर है। चाहे जो कुछ इंस्टॉलेशन के नाम पर किया जा रहा है। बताया जा रहा है कि पश्चिम ने इंस्टॉलेशन के अंतर्गत कलाओं को नया मोड़ दिया है। यह वैश्वीकरण की आँधी ही है कि हर कहीं एक ही तरह की सोच में 'इंस्टॉलेशन' हो रहे हैं, पर यह आया कहा से? भारत में तो आरंभ से ही इंस्टॉलेशन यानी संस्थापन की परंपरा रही है। दुर्गा पूजा के बाद दुर्गा विसर्जन, जन्माष्टमी, गणेश पूजा के बाद विसर्जन आदि विविध रूपों में संस्थापन (इंस्टालेशन) की परंपरा बरसों से हमारे यहाँ चली आ रही है। हमारे यहाँ तो सृजन का आधार ही विसर्जन रहा है। विसर्जन इसलिए कि नया सृजन हो। पेड़ पुरानी पत्तियाँ झाड़ेगा तभी तो नया कुछ सृजित होगा!

इसलिए हमें इस बात पर विचार करना होगा कि अभी हम जा कहाँ रहे हैं? पश्चिम का अंधानुकरण क्या वास्तव में हमें हमारी जड़ों से कहीं विलग

तो नहीं कर रहा। राष्ट्र और संस्कृति की यही आज बड़ी चुनौती है। सोचना होगा कि हमारी आवश्यकताएँ क्या हैं? हमारी संस्कृति की मूल अवधारणा क्या रही है। माधुर्य नकल में नहीं है, उसमें है, जो हमारा अपना है। ख्यातनाम चित्रकार गुलाम मोहमद शेख ने चित्रों की एक शृंखला कबीर के गान से प्रेरित होकर बनाई। नाम दिया, 'कहत कबीर', हुसैन ने चित्रों की एक शृंखला बनाई और शीर्षक दिया, 'संसद-उपनिषद्', रज्जा गोल घेरे में रंग-रेखाओं का पाठ संस्कृत के श्लोकों से बँचवाते हैं। आप सोचिए, यह वे कलाकार हैं, जो देश-विदेश में अपनी कलाकृतियों से अपार लोकप्रिय हुए है। पर इन्होंने अपनी कलाकृतियों में भारतीयता की छौंक दी, इसीलिए इनकी चित्र-शृंखलाएँ आज भी याद की जाती हैं।

अभी कुछ समय पहले मुझे एक संस्थापन कला प्रदर्शनी पर लिखने के लिए आंमत्रित किया गया। सुप्रसिद्ध कलाकार विद्यासागर उपाध्याय ने उस प्रदर्शनी को 'टोल्ड-अनटोल्ड' शीर्षक देते हुए कहा कि कलाकृतियों को देखकर आप इस पर कुछ लिख दें, ताकि उसे छपवा सकें। मैंने कलाकृतियाँ देखीं, मुझे लगा, इनमें पूर्णता का हमारा भारतीय सौंदर्य-बोध है। औचक मुझे लगा, क्यों नहीं कलाकृतियों के संस्थापन को 'पूर्णमिदम्' से संबोधित किया जाए। जब अपना यह विचार मैंने विद्यासागर उपाध्याय, कलाकार मित्र विनय शर्मा को बताया तो तत्काल उन्होंने इस पर सहमति जताई। 'पूर्णमिदम्' नाम इस कदर लोकप्रिय हुआ कि दर्शकों ने इस शीर्षक के सौंदर्य से प्रेरित होकर ही प्रदर्शनी को बारंबार देखा। माने हमारे पास अपना इतना कुछ मौलिक है कि उसे हम यदि ढंग से संप्रेषित कर देते हैं तो पश्चिम की ओर देखने की जरूरत ही नहीं रहे। लोक में आलोकित वही होगा, जो अपना है, मौलिक है।

कभी नीत्शे ने आधुनिकता की सर्वग्रासी ऐतिहासिक व्यग्रता की चर्चा की थी। नीत्शे का मतलब था—आधुनिकता इतिहास का स्मारक बनाकर आनेवाली पीढ़ियों के सिर पर लाद देती है। मुझे लगता है, यह बोझ ही इधर अधिक बढ़ रहा है। नई पीढ़ी पश्चिम प्रेरित मूल्यों को आधुनिक मानते उसका बोझ ढो रही है। हमने आधुनिकता का अर्थ भाषाई संस्कारों को मान लिया है। ब्रिटिश इतिहास को ही अपना सच मान लिया है। यह मान लिया है कि

जो अंग्रेजी जानता है, वही आधुनिक है। वह अग्रणी है। आधुनिक वह है, जो उन्मुक्त है। वह जो सामाजिक, सांस्कृतिक निषेधों को नहीं मानता। मुझे लगता है यही राष्ट्र की इस समय की सबसे बड़ी चुनौति है कि कैसे इस तरह का साहित्य संस्कार नई पीढ़ी को मिले कि वह आधुनिकता के उपजाए इस विभ्रम से बाहर निकल सके।

बहरहाल ऐसा नही है कि सबकुछ इस दौर में खराब ही हो रहा है। बहुत अच्छा भी लिखा जा रहा है, निरंतर लिखा जा रहा है, परंतु उसकी कूंत (परख) नहीं है। साहित्य अकादमियाँ साहित्य उन्नयन के लिए कार्य करती हैं, परंतु उत्कृष्ट साहित्य उनके बगैर सहयोग के सामने भी बहुत सारा आता है। वजह है एक बँधा-बँधाया ढर्रा। हम साहित्यकारों, लेखकों का सम्मान उनकी विचारधारा, दल विशेष से करने की प्रवृत्ति को हरभाँत अपनाए हुए हैं। इसलिए जरूरत इस बात की भी है कि अच्छा, साहित्य 'सहित' की भावना लेकर जो भी लिखा जाता है, उसे सम्मान दिया जाए। हमें बाहर की ओर नहीं, अंदर भी झाँकना होगा। क्या लिखा जाए, कैसे लिखा जाए, किस भाषा में लिखें? इसका निर्णय अपनी सहजता, अनुकूलता के आधार पर हो। वाद-विचारधारा प्रेरित का आग्रह वहाँ नहीं हो। मातृ-भाषाओं, अंचल की बोलियों में संस्कृति के बीज हैं। उन्हें धरती से निकलने दें। सींचें और फलने-फूलने दें। हिंदी पर हमें गर्व है, होना ही चाहिए, पर इस बात की भी चिंता करें कि अरबों-खरबों की इस भाषा के लोगों की मानसिक भूख को शांत करने के लिए हम ही तैयार हैं क्या! ऐसा कुछ लिख रहे हैं, जिससे हिंदी जाननेवाले नया कुछ पाएँ, उनकी सोच को पंख लगे। यह गंभीर प्रश्न है, इस पर विचारें।

हमारा देश बहुजातीय-बहुभाषी है। इसमें हरेक की अपनी समस्याएँ, संघर्ष है। यह जब अधिकाधिक लिखे में आएगा, तभी संस्कृति और साहित्य संपन्न होगा। जरूरत इस बात की है कि राष्ट्र के भाव को हम समझें। सनातन भारत को शब्दों से संकीर्ण समझ का कहने से पार नहीं पड़ेगा। सनातन भारत की सोच उदात्त जीवन मूल्य है, इसे समझना होगा। अनेकता में एकता है—सनातन भारत। साहित्य और संस्कृति मन का परिष्कार करते हैं। हमें संवेदनशील बनाते हैं, परंतु भूमंडलीकरण ने एकरसता का ही प्रसार किया है।

यह हमें जड़त्व की ओर ले जानेवाला मार्ग है। सोचिए, सबकुछ एक जैसा ही अगर हो जाता है, क्या हम जी पाएँगे। पर विडंबना है, इस पर ठहरकर विचार करने की फुरसत हमारे पास नहीं है। बड़ी समस्या संवादहीनता की है। कहने को तकनीक ने संवाद आसान कर दिया है, परंतु इसने अपनापे, आत्मीयता के हमारे परिवेश को लील भी लिया है। सोशल मीडिया के जरिए विश्वभर के लोग एक साथ संवाद करते हैं, परंतु सब का सब 'वर्चुअल' यानी आभासी है। वास्तविकता कुछ और है। अपनों से बात करने का समय नहीं रह गया है। तकनीक ने काम आसान कर दिए, परंतु अपनों से दूरियाँ भी कर दी हैं।

मुझे लगता है साहित्य, संस्कृति और राष्ट्र को समझने के लिए कोई और नहीं, आपको स्वयं को अपने से संवाद करना होगा। दौर-दायरों की धुंध को हटाना होगा। यह असमंजस की घड़ी है। उबरने का मार्ग संस्कृति की जीवंतता, विविधता को अंवेरना ही है। भारतीय संस्कृति युग-युगीन है। सनातन है इसके जीवन मूल। इसकी जीवंतता हमारी विविधता है। उसे लोप न होने दें। हमारा समृद्ध इतिहास हमारी संस्कृति का गौरव हम करें, परंतु यही पर्याप्त नहीं है। जरूरी यह है कि साहित्य और जीवन-मूल्यों में इसे हम जीएँ।

□

पर्यटन में संस्कृति बोध

पर्यटन के उद्द्देश्यों में ज्ञान प्राप्ति प्रमुख है। तीर्थाटन से पर्यटन की हमारे यहाँ जो शुरुआत हुई, उसका मूल भी यही रहा है कि व्यक्ति अपने घर से बाहर निकल बाहरी दुनिया को देखे, वहाँ के बारे में जाने और अपने तईं कुछ समझे। भारतीय परंपरा में देशाटन को सर्वाधिक महत्त्व इसीलिए तो दिया जाता रहा है कि व्यक्ति अपनी सोच से बाहर के परिवेश से साक्षात् हो। स्थानों से जुड़े अतीत को गुनते उसे अपने अनुभव की आँख से बुने। संत आगस्टिन ने तो कभी कहा भी कि बगैर विश्व दर्शन के तमाम अर्जित ज्ञान अधूरा है। यूरोप में पर्यटन की प्रारंभिक शुरुआत 'ग्रांड टूर' से मानी जाती है। इसमें कुलीन परिवारों के पुत्रों को शैक्षिक अनुभव के उद्द्देश्य से यात्रा करने के लिए भेजा जाता था। माने स्थानों के बारे में ज्ञान पर्यटन का आरंभ से ही मूल रहा है। तीर्थाटन से देशाटन की जो परंपरा हमारे यहाँ विकसित हुई, उसका मूल भी यही रहा है कि व्यक्ति अपने को परिष्कृत करे—ज्ञान से, भक्ति से और अपने भीतर झाँकने की शक्ति से।

बहुत से देशों की अर्थव्यवस्था का मूल आधार आज पर्यटन व्यवसाय है, परंतु यह विडंबना ही है कि नित नए विकसित किए जानेवाले पर्यटन आयामों में हम पर्यटन से 'ज्ञान प्राप्ति' की मूल सोच से निरंतर दूर भी हो रहे हैं। माने विश्व भर में घुमक्कड़ी को प्रोत्साहित करने के प्रयास तो पर्यटन व्यवसाय के विपणन रूप में तेजी से हो रहे हैं, परंतु पर्यटकों को सांस्कृतिक और शैक्षिक रूप से संपन्न करने के प्रयास धीरे-धीरे गौण हो रहे हैं। पर्यटन समृद्ध देशों का सर्वाधिक जोर इस बात पर तो है कि वहाँ पर अधिक-से-अधिक पर्यटक आएँ, परंतु इस बात पर उनका कोई ध्यान नहीं है कि पर्यटक जो वहाँ पहुँचता

है, उसे स्थान-विशेष के अतीत, इतिहास और वहाँ से जुड़े सांस्कृतिक महत्त्व से भी रू-ब-रू कराया जाए। धीरे-धीरे एक ढर्रा यह भी बनता जा रहा है कि पर्यटक वैश्विक संस्कृति से जुड़े सरोकारों के पर्यटन स्थल पर पाएँ। इसी के चलते डिजनीलैंड, वाटर पार्क, स्नो वर्ल्ड, स्थान विशेष की वर्चुअल सैर, सूचना और संचार प्रौद्योगिकी के नायाब कारनामों का एक ऐसा संसार विरासत स्थलों के बरक्स रचा जा रहा है, जिसमें जीवन के यांत्रिक से और अधिक यांत्रिक होने की ही संभावना भविष्य में बढ़ती दिखती है।

यह गौर करने की बात है कि कुछ समय पहले तक विश्व के जिन प्रमुख स्थलों पर पर्यटकों का अधिकाधिक आगमन होता रहा है, उनमें चीन की दीवार, आगरा का ताजमहल, वेटिकन और उसके संग्रहालय, गीजा पिरामिड, राजस्थान के किले-महल आदि रहे हैं। इन स्थानों का सुनहरा अतीत, स्थापत्य सौंदर्य, प्राचीन इतिहास से जुड़े किस्से-कहानियाँ पर्यटकों को सर्वाधिक लुभाते रहे हैं। पर्यटक इन स्थानों के बहाने उस सांस्कृतिक अतीत, विरासत के बारे में जानते रहे हैं, जो मनुष्य के कलात्मक होने की कहीं-न-कहीं साख भरते हैं। पर इधर पर्यटन व्यवसाय का जो विपणन हो रहा है, उसमें इन स्थानों के बजाय ऐसे स्थानों पर पर्यटकों को भेजे जाने की जैसे विश्व भर में होड़ मच रही है, जहाँ पर्यटन के जरिए व्यक्ति को 'नया' कुछ अनुभव कराने पर जोर है। यह ठीक है, पर्यटन में 'नए' पर जोर होना चाहिए, परंतु विरासत, संस्कृति और अतीत की प्राचीन परंपराओं और ज्ञान की कीमत पर यह होता है तो इसके दुष्परिणाम भी एक समय बाद उभरकर सामने आएँगे ही।

यूनेस्को द्वारा समय-समय पर विश्व धरोहर के रूप में बहुत से स्थानों का चयन किया जाता है। इसमें प्रमुख आधार यही रहता है कि स्थान कितना प्राचीन है, उसका सांस्कृतिक महत्त्व कितना है और वह कैसे विश्व की धरोहर रूप में लोगों को सदियों तक प्रेरित कर सकता है। माने मूल उद्देश्य 'विश्व धरोहर' के रूप में स्थान चयन का यही है कि मानव अपने अतीत, अपनी संस्कृति और मनुष्यता के कलात्मक रुझान से कहीं-न-कहीं जुड़ा रहे। थोड़ा और संक्षिप्त कर कहूँ तो व्यक्ति धरोहर संरक्षण के बहाने अपनी जड़ों से जुड़ा रहे। पर पर्यटन में जड़ों से जुड़ाव की परंपरा का पोषण इधर न के

बराबर हो रहा है। सोचिए, इतिहास और अतीत की परंपराओं से विहीन होकर क्या किसी मानव समाज की कल्पना की जा सकती है! पर्यटन आकर्षण के स्थान आधुनिक सुविधाओं से निरंतर विकसित किए जा रहे हैं, परंतु उनकी प्राचीनता, संस्कृति और अतीत से जुड़े संदर्भों को अंवेरने पर कोई ध्यान नहीं है। पूरा जोर इस बात पर है कि पर्यटक स्थानों पर जाएँ, सुंदर छवियाँ उन स्थानों के साथ खिंचवाकर आए, परंतु आप उस स्थान के इतिहास, संस्कृति के बारे में स्थानीय जनों से भी पूछेंगे तो नई पीढ़ी के वहाँ के लोग उसका कोई माकूल जवाब नहीं दे पाएँगे।

अभी कुछ समय पहले नेपाल जाना हुआ था। लगा, समृद्ध संस्कृति, सांस्कृतिक परंपराओं और स्थानों के आकर्षण की दृष्टि से नेपाल पर्यटन समृद्ध देश है। पर वहाँ के बहुत सारे प्राचीन स्थलों, मंदिरों में जाना हुआ तो यह देखकर दुःख भी हुआ कि स्थानों के इतिहास और संस्कृति के संदर्भ स्थानीयजन के पास भी नहीं हैं। यहाँ तक कि नेपाल के खूबसूरत पर्यटन स्थल पोखरा की प्राचीन झील और उसके अंदर बने आस्था के पावन स्थलों तक के इतिहास, वहाँ की प्राचीनता और संस्कृति से जुड़ी परंपरा के बारे में कोई प्रकाशित सामग्री वहाँ नहीं है। यहाँ तक कि मंदिर में जो पुजारी हैं, वह भी उसके भीतर के देवी-देवता के बारे में ठीक से जानकारी नहीं दे पाते।

…और नेपाल में ही क्यों, हमारे यहाँ भी भारतीय पुरातत्त्व विभाग द्वारा संगृहीत बहुत से स्थानों पर 'ए.एस.आई.' का बोर्ड तो लगा मिल जाएगा, परंतु यह बोर्ड पुरातत्त्व स्थल की संरक्षा से जुड़े कानून के अलावा कोई जानकारी नहीं देता। बहुत से पर्यटन स्थलों की प्रचार सामग्री भी इतनी बोदी हो चुकी है कि उसमें नया जो कुछ उत्खनन से संदर्भ मिला है, उसकी कोई जानकारी नहीं है। अलवर में कांकवाड़ी दुर्ग इसका बड़ा उदाहरण कहा जा सकता है। यह वन विभाग के अधीन है, परंतु इस किले से संबंधित कोई तथ्यात्मक जानकारी वहाँ नहीं है।…और ऐसे बहुत से स्थल हैं, जो ऐतिहासिक दृष्टि से महत्त्वपूर्ण रहे हैं, परंतु पर्यटन प्रचार में उनका कहीं कोई विस्तार से उल्लेख नहीं है। पर्यटन आकर्षण में प्राचीन स्थानों का सौंदर्य बना रहे, इसके बारे में तो चिंतन है, परंतु वहाँ के इतिहास और दूसरे संदर्भों पर हम अत्यधिक उदासीन हैं। यही

कारण है कि हम धीरे-धीरे नई पीढ़ी को इतिहास और अतीत की परंपरा बोध से गौण कर रहे हैं।

नालंदा विश्वविद्यालय के बारे में हमें कोई जानकारी अभी तक नहीं मिलती, यदि कनिंघम उस स्थान की खुदाई नहीं करवाते। चीन से भारत आए सुप्रसिद्ध यायावर ह्वेनसांग, इत्सिंग के यात्रा अनुभवों को हम नहीं पढ़ते। वास्तुकला की शुरुआती गुर्जर-प्रतिहार शैली के मुरैना में कभी बने बटेश्वर के मंदिर समूह प्रकाश में नहीं आते, यदि वहाँ के अतीत के बारे में जानकारी प्राप्त करके पुरातत्त्वविद् के.के. मुहम्मद वहाँ उत्खनन नहीं करते। ऐसे ही बहुत से और भी स्थान हैं, जिनके बारे में पढ़ने के आधार पर ही पता लगाया जा सका। इसका अर्थ स्पष्ट है, प्राचीन स्थानों से संबंधित साहित्य, इतिहास का बोध ही हमें हमारी परंपराओं से जोड़े रख सकता है।

कोई पर्यटन स्थल नवीन आकर्षण में कुछ समय तक के लिए तो लुभा सकता है, परंतु उसकी जीवंतता वहाँ से जुड़े ऐतिहासिक, सांस्कृतिक संदर्भों से ही हो सकती है। मुझे तो यह भी लगता है कि दृश्य जगत् का संपूर्ण रूप तभी सौंदर्य की हमारी आँख अंवेर सकती है, जब पूर्ववर्ती संचित अनुभवों और इतिहासबोध से वह संपन्न हो। स्थान विशेष से जुड़ी ऐतिहासिक कथाएँ, लोक से जुड़े आख्यान, शिल्प और कलाओं से ही तो पर्यटन समृद्ध-संपन्न होता है, परंतु यदि इसे ही पर्यटन व्यवसाय में उपेक्षित कर दिया गया तो एकरसता के शिकार होते हमारे पर्यटन स्थल जड़त्व का शिकार नहीं हो जाएँगे! स्थानों का आलोक वहाँ से जुड़े इतिहास के सच, आख्यानों, मिथकों और वहाँ से जुड़े सांस्कृतिक बोध से ही सुदूर स्थानों तक फैलता है। सोचिए, किसी स्थान पर हम घूमने गए, वहाँ की प्रकृति, परिवेश को जीया, परंतु उससे जुड़ा कोई संदर्भ हमारे पास नहीं होगा तो कैसे वह व्यंजित होगा। मुझे लगता है, स्थानों का इतिहास, वहाँ की परंपराएँ और संस्कृति ही व्यक्ति को अन्वेषक बनाती है। इसी से व्यक्ति संपन्न होता है।

पर्यटन स्थलों का आधुनिक तकनीक से विकास, उनका जोर-शोर से विपणन और वहाँ अधिक-से-अधिक पर्यटकों को पहुँचाने के जतन पर्यटन व्यवसाय की वृद्धि के लिए जरूरी है, परंतु इतना ही जरूरी यह भी है कि

पर्यटन स्थलों के इतिहास, वहाँ की संस्कृति और परंपराओं से जुड़ा बोध भी पर्यटकों को कराया जाए। गाइडों के भरोसे ही इसे नहीं छोड़ा जा सकता। इसलिए कि गाइड बहुतेरी बार स्थानों के बारे में ऐसे मनगढ़ंत किस्से-कहानियाँ प्रचारित कर देता है कि बाद में वही उसका सच बहुतेरी बार बन जाता है। चित्तौड़गढ़ दुर्ग में पद्मिनी से जुड़े इतिहास के साथ यही हुआ। गाइड वहाँ आए पर्यटकों को वह आईना भी दिखाते जिसमें कथित तौर पर पद्मिनी के अक्स को अलाउद्दीन खिलजी को दिखाया गया था। जबकि उस समय में आईने का प्रयोग ही नहीं होता था। यह सब शायद इसलिए भी होता है कि स्थानों के लिए पर्यटकों को रोचक किस्सों के जरिए आकृष्ट किया जा सके। हिमालय में हिम मानव को देखे जाने की कल्पना भी ऐसी ही है, जबकि हिमालय भारतीय संस्कृति से संपन्न ऐसा पर्वत है, जिसमें सनातन भारत के दर्शन कराए जा सकते हैं। क्यों नहीं इसमें इतिहासकार, सांस्कृतिक बोध से जुड़े संस्कृतिकर्मियों की सेवाएँ भी पर्यटन व्यवसास ले। इससे स्थान अपने इतिहास, अतीत की समृद्ध सांस्कृतिक परंपराओं के संरक्षण के साथ ही सदा जीवंत भी बने रहेंगे।

□

संस्कृति, संस्कृत एवं कला

वैश्वीकरण का यह ऐसा दौर है, जिसमें तमाम विश्व को एक छोटे से गाँव के रूप में देखा जा रहा है। संस्कृतियों की विविधता को यह गाँव निरंतर लील रहा है तो भाषाओं की समृद्ध विरासत भी इसी की भेंट चढ़ रही है। तमाम भारतीय भाषाओं की मूल कभी संस्कृत भाषा ही रही है, परंतु देवभाषा बनाकर इसे भी हम निरंतर अपने से दूर कर रहे हैं। 'संस्कृत की सामयिकता' पर संवाद करते क्या इस पर विचार करने की जरूरत नहीं है कि संस्कृत के हमारे सरोकार क्या हैं? मुझे लगता है, संस्कृत भारतीय संस्कृति की भाषा है। वह भाषा, जिसने हमें संस्कार दिए हैं—अपनापे के, अनेकता में एकता के संस्कार।

संस्कृत वह भाषा है, जिसके बगैर भारतीय भाषाओं का इतिहास लिखा ही नहीं जा सकता। तमाम हमारी भाषाओं को भाषागत इकाई के रूप में किसी भाषा ने आबद्ध करके रखा हुआ है तो वह संस्कृत ही है। संस्कृत वैदिक भाषा रही है, इसीलिए इसे देव भाषा कहा जाता है, परंतु वैदिक से लौकिक संस्कृत की यात्रा में इस भाषा ने तमाम भाषाओं को अपनी ओर से निंरतर समृद्ध किया है। विडंबना यह है कि दूसरी भाषाओं को समृद्ध करते-करते स्वयं इसके अस्तित्व से ही हम निरंतर विमुख होते चले गए हैं।

बहरहाल, कला-संस्कृति पर अपने लिखे पर जब भी विचारता हूँ, मुझे लगता है, यह संस्कृत ही है, जिसने हमारी सोच को व्यापक किया है। सोचिए! भारतीय पर्वत, वन, नदियों, झरनों, ऋतुओं का जितना सांगोपांग वर्णन संस्कृत में है, उतना क्या किसी और भाषा में है? यही क्यों, शिक्षा ग्रंथों का निर्माण भी सर्वाधिक संस्कृत भाषा में ही हुआ है। व्याकरण और व्याकरण से संबंधित

तमाम दूसरे ग्रंथ, जिनसे भाषा को शास्त्रीय रूप मिलता है, वे सबके सब संस्कृत में ही तो हैं। माने संस्कृत नहीं होती तो भाषाएँ अपने शास्त्रीय रूप में अपने अस्तित्व में आ ही नहीं पातीं। संस्कृत के नाम पर ही विचारें। संस्कृत माने संस्कारित भाषा। किसी जाति विशेष की नहीं, किसी वर्ग विशेष की नहीं, न ही किसी स्थान विशेष की वरन् पूरे भारतवर्ष की संस्कृति की द्योतक भाषा। यह बात अलग है कि इसे हर दौर में पुरोहितों की, शास्त्र की भाषा बताते आम जन से दूर किए जाने के प्रयास किए जाते रहे, परंतु इससे क्या? भाषा के संस्कार क्या इससे गौण हो सकते हैं। तमाम भाषाएँ और भारत ही नहीं विश्व में आज भी अंग्रेजी के बाद सर्वाधिक बोली जानेवाली भाषा हिंदी का मूल तो संस्कृत ही है और वह रहेगी। संस्कृत की यही सामयिकता है।

सामयिकता माने सामयिक होने का भाव। वर्तमान समय, परिवेश आदि के विचार से उपयुक्त दृष्टिकोण या अवस्था। इस दृष्टि से विचारें तो सवाल यह उठता है कि संस्कृत की सामयिकता पर हम क्यों विचार करें? क्यों संस्कृत पत्रकारिता के सवालों से जूझें? जूझें तो तब न जब संस्कृत की सामयिकता कभी समाप्त हुई हो। मुझे लगता है, संस्कृत की सामयिकता न कभी समाप्त हुई और न कभी समाप्त होनेवाली है। इसलिए कि आप-हम जिन शब्दों का दैनंदिन प्रयोग करते हैं, वे कहाँ से आए? हम जो भाषा लिखते हैं, बोलते हैं और आपस में बरतते हैं, उसके अधिकांश शब्द तो आज भी 60 से 70 प्रतिशत संस्कृत से ही हैं। इस सच से कौन इनकार कर सकता है कि पाली, प्राकृत और अपभ्रंश से होकर मूल संस्कृत शब्द हिंदी में आए हैं।

संस्कृत से ही तो हमारी परंपराओं का पोषण हुआ है। उन परंपराओं का, जिनमें वैदिक, उपनिषद् और तमाम पौराणिक, सामाजिक और आर्थिक साहित्य लिखा गया। कौटिल्य का अर्थशास्त्र, वेद, उपनिषद्, गीता, सभी संस्कृत में ही लिखे गए हैं। संस्कृति की जड़ें इससे ही हरी हैं। आधुनिक हिंदी तो संस्कृत व्युत्पन्न शब्दों की हिंदुस्तानी ही है। विश्व की दूसरी सर्वाधिक बोली जानेवाली भाषा हिंदी का तो उद्‌गम ही संस्कृत है। हिंदी ही क्यों उर्दू, कश्मीरी, उड़िया, बांग्ला, मराठी, सिंधी आदि सभी संस्कृत से ही तो जनमी हैं।

सबसे अधिक पीड़ा तब होती है, जब संस्कृत को देववाणी कहा जाता है। देव-वाणी क्यों, यह आप-हम की वाणी है। क्यों नहीं इसे 'सुरभारती' कहें। आखिर भारत का सुर इसी में तो समाहित है। मुझे लगता है, भाषा की लय, प्रवाह, सांगीतिक आस्वाद कहीं है तो संस्कृत में ही है। यह बहुभाषी, बहुसांस्कृतिक देश की आत्मा है। उसकी धड़कन है। तमाम लिखे और कहे का संदर्भ आज भी हम कहीं ढूँढ़ते हैं तो संस्कृत में ही तो ढूँढ़ते हैं। लिखने और बोलने में कहीं अटके, कहीं भटके तो त्वरित शास्त्रों का, अर्थशास्त्र का, पाणिनि के व्याकरण का, पंतजलि के योगशास्त्र का, आर्यभट्ट के खगोलशास्त्र के संदर्भ संस्कृत में ही तो मिलेंगे।

संस्कृति कोई ऐसी चीज, वस्तु नहीं है, जो जब चाहे बन जाए। वर्षों तक हम जो व्यवहार करते हैं, जैसा पहनते हैं, जैसा खाते हैं—वही बाद में हमारी संस्कृति बन जाती है। सोचिए, हमारे पुरखों ने छह हजार साल तक जिस भाषा में सोचा, जिसमें लिखा, जिसे विचारा, क्या वही बाद में हमारी संस्कृति नहीं बन गई। कहाँ जाएँगे हम संस्कृत से दूर। कैसे भागेंगे। संस्कृत और इसके जरिए हमारी वह संस्कृति सदा हमारे साथ रहेगी। संस्कृत की जो शब्द-संपदा है, आज भी हिंदी के परिष्कृत रूप में आधुनिकता का लिबास पहने आप हम सबके समक्ष है। मुझे लगता है, संस्कृत की यही सामयिकता है।

पत्रकारिता में भाषा, संवेदना, तथ्य और विश्लेषण के साथ ही सामयिकता से ही सदा नए रास्ते खुले हैं। ऐसे में जो भाषा सदा-सर्वदा सामयिक हो, उसे क्या पत्रकारिता का आधार नहीं कहेंगे! संस्कृत पत्रकारिता पर विचारें तो इसे सीमित अर्थ में न देखा जाए। इसका अर्थ संस्कृत पत्रकारिता से नहीं है। इसका अर्थ है पत्रकारिता के कर्म में संस्कृत भाषा का प्रयोग। मुख्य धारा की पत्रकारिता में तो आज भी संस्कृत ही बड़ा आधार-स्तंभ है। पत्रकारिता जो करते हैं, शब्द जो बरतते हैं, उन्हें भी नहीं पता कि वह शुद्ध संस्कृत शब्द इस्तेमाल कर रहे हैं। मसलन महात्मा, योग जैसे शब्द जो हर लिखे में और कहे में हम प्रयुक्त करते हैं, ये दोनों ही शब्द संस्कृत के ही हैं। महात्मा माने महान् आत्मा और योग माने जोड़।

कुछेक और ऐसे ही शब्दों पर विचार करें, जो हम निरंतर पत्रकारिता में बरतते हैं, पढ़ते हैं—मोह और मुग्ध शब्द हैं। ये दोनों ही संस्कृत की मुँह धातु से बने हैं। इनमें मूलतः किसी के प्रभाव में आकर बुद्धि पर परदा पड़ जाने अथवा ठगे जाने का भाव है। श्रीकृष्ण का मोहन नाम भी इसी से निकला है। उनकी मोहिनी के आगे सभी ठगे से रह जाते हैं। वंशी भी ऐसा ही शब्द है। इसका तद्‌भव बंसी है। बंसी माने मुरली। बाँस से बनी, इसलिए बंसी कर दिया। यह लोक प्रयोग है। इसे आप रोक नहीं सकते। रोकना भी नहीं चाहिए। भ्रष्ट भी ऐसा ही शब्द है। यह संस्कृत से ही निकला है। संस्कृत की धातु भ्रंश है। इसका मतलब होता है गिरना, टपकना, विचलित होना आदि। इससे बने शब्द भ्रष्ट में गिरा हुआ, दुश्चरित्र, पापित, बरबाद जैसे अर्थ भी शामिल हो गए। कुल मिलाकर भ्रष्ट वह है, जो अपने मार्ग, स्थान, पद, गरिमा व चरित्र के मद्‌देनजर उचित व्यवहार न करे। इसी तरह मुंज है। यानी एक खास तरह की घास की करधनी, जिसे कमर में बाँधा जाता है। हिंदी का मुंज शब्द दरअसल बना है संस्कृत के मौंज से। मौंज जिससे रस्सी बुनी जाती है। जनेऊ, उपनयन या यज्ञोपवीत के वक्त इसे पहनना अनिर्वाय होता है। तड़ातड़ शब्द भी संस्कृत की तड् धातु से बना है। तड् माने आघात करना। तड़ाक तड् से ही निकला है। बंदूक से निकली गोलियों के लिए भी तड़ातड़ जैसा शब्द ही प्रचलित है। आकाशीय बिजली के लिए संस्कृत का तड़ित शब्द हिंदी में भी प्रचलित है। ऐसे ही बहुप्रचलित शब्द सूप है। संस्कृत में बनी-बनाई दाल को सूप कहते हैं। दाल खाने में नहीं परंतु सब्जियों को उबालकर प्रयुक्त सूप। धूम शब्द भी ऐसा ही है। संस्कृत में अर्थ है धुआँ। हिंदी में इसे चहल-पहल, छा जाने के अर्थ में अपना लिया। पत्री या पत्रिका संस्कृत में है। इसका अर्थ है चिट्‌ठी। हमने कर दिया चिट्‌ठी-पत्री। चिट्‌ठी का चिठी और पत्री का फिर हमने पाती कर दिया। प्रेम की पाती। घड़ी शब्द भी तो संस्कृत से ही आया है। घटी यंत्र से घटी घड़ी हो गया।

संस्कृत की यही सामयिकता है। ऐसे दैनंदिनी प्रयोग के और शब्द खोजे जाएँगे तो उनका कोई अंत नहीं होगा। माने संस्कृत आज भी सब ओर व्याप्त है। आवश्यकता इस बात की है कि संस्कृत शब्दों को हम सर्वग्राही बनाते

उन्हें नष्ट-भ्रष्ट न करें। मेरी अपनी सीमा है, नौकरी की व्यस्तताएँ और अर्थ चिंता न होती तो संस्कृत शब्द संचयन कर उनके अधुनातन प्रयोग के काम में ही लग जाता।

मुझे लगता है, संस्कृत भाषा नहीं, भाषा मंडल है। तमाम भाषाओं की उद्गम, जनक यही है। तमाम भारतीय भाषाएँ इसी से बँधी हैं। दक्षिण की द्रविड़ भाषाएँ। आप-हम सबके नाम—राघव, राजगोपाल, सीता, सुशीला आदि। पत्रकारिता में संस्कृत की बात करें तो पत्रकारिता का अर्थ खबर लेखन ही नहीं है। समाचार-पत्र पाठकों को सूचना और विचार संपन्न करते हैं। सूचना-संपन्न करने का कार्य समाचार करते हैं और संपादकीय, रविवारीय परिशिष्ट विचार-संपन्न करने का कार्य। मेरा मानना है कि पत्रकारिता ही ऐसा कार्य है, जो जीवन की शिक्षा प्रदान करता है। इस शिक्षा में समाचार-पत्र के समाचार ही नहीं, उसमें प्रकाशित आलेख, कथा-कहानी, विशेष संदर्भ सामग्री और भाषा विवेचन प्रमुख है। समाचार-पत्र उठाएँ और देखें, उसमें कितने संस्कृत शब्द आते हैं। मैं समझता हूँ, उन्हें परोटने की जरूरत है। इसलिए कि संस्कृत की सामयिकता संस्कृति की सामयिकता है।

संस्कृत छह हजार साल तक बोली तथा लिखी गई। व्यवहार में बरती गई। आप इसे सुरभारती कहें। भारतीयता का सुर। हिंदी, उर्दू, कश्मीरी, उड़िया, बांग्ला, मराठी, सिंधी—सभी का सुर इसी से है। भाषा-संप्रेषण का प्रमुख आधार है, परंतु नवीन शब्द सदा ही कठिन प्रतीत होते हैं। 'कादंबिनी' पत्रिका जब निकली तो उसके शीर्षक के लिए महादेवी से पूछा गया। उन्होंने 'कादंबिनी' सुझाया। तब यह कहा गया कि यह कठिन है परंतु आज देखें। मेरे अग्रज मित्र, व्यंग्यकार यशवंत व्यास ने कभी भास्कर पत्र समूह के लिए पत्रिका निकाली। शीर्षक दिया 'अहा! जिंदगी'। तब नाम अटपटा लगा, परंतु अब यह सर्वव्यापी है। ऐसे ही निकली 'नवनीत' पत्रिका। और भी दूसरी पत्रिकाएँ। शब्दों का यही है कि उन्हें जब तक बरतेंगे नहीं, वे कठिन लगेंगे, परंतु जैसे ही व्यवहार में लेंगे, उनके ओज से अपने आप ही साक्षात् होता चला जाएगा। संस्कृत के साथ भी यही है। संस्कृत में जो रस है, वह दूसरी भाषा के शब्दों में कहाँ मिलेगा। इसीलिए तो साहित्य, संगीत, कला में आज

भी संस्कृत के बिना पार ही नहीं पड़ती। माने जीवन की जो उत्सवधर्मिता है, उसका मूलाधार संस्कृत शब्दावली ही है।

संस्कृत के लिए किसी और को नहीं, हमें आगे आना होगा। इसकी सामयिकता को पहचानते हुए अंग्रेजी की बजाय संस्कृत शब्द पत्रकारिता में डालें। संस्कृत के प्रति आम जन का लगाव नहीं होता, तो क्या वे अपने बच्चों के नामकरण संस्कृतनिष्ठ शब्दों में करते। आप खुद ही सोचिए। आज अधिकांश नाम मिलेंगे आर्यन, वैदेही, वंश, आदित्य, संप्रति, अक्षय, प्रणव आदि। माने आज भी अपने बच्चों का नाम लोग संस्कृत के ही पसंद करते हैं। इसीलिए कहता हूँ, हमें इस मिथक को तोड़ना है कि संस्कृत बोदी है। मृतभाषा है। जो लय संस्कृत शब्दों, इसके ज्ञान से बनती है, वह लय दूसरी भाषा के प्रयोग में आ ही नहीं सकती। सांगीतिक आस्वाद संस्कृतनिष्ठ शब्दों में है। भाषा का सौंदर्य, उसका ओज संस्कृत में है। हमें इस भ्रम को, पूर्वग्रह को निकालना होगा कि संस्कृत पुरानी भाषा है। पंडितों की भाषा है, कठिन है।

इसे बरतें, इसके प्रयोग को परखें। विशेष रूप से पत्रकारिता में। इसलिए कि पत्रकारिता से ही इसका प्रसार होगा। हिंदी के साथ मिश्रण हो, ताकि संस्कृत सहज संप्रेष्य भाषा बने। इसके लिए हमारा दृष्टिकोण उदात्त बने। हिंदी की तरह उदात्त। हिंदी शब्द-संपन्न और विश्व की दूसरी सर्वाधिक बोली जानेवाली भाषा इसलिए है कि इसने तमाम दूसरी भाषाओं से शब्द लिये हैं। आप देखिए, आपको किसी से समय पूछना है। क्या कहेंगे ? टाइम क्या हुआ है ? यह थोड़े कहेंगे कि समय क्या हुआ है ? यह हिंदी की उदारता है कि इसने अपने को दूसरे शब्दों से संपन्न किया है। संस्कृत को भी इसी तरह उदार होकर अपना विस्तार करना है।

यह जानकर बहुतों को अचरज हो सकता है कि विश्व का प्रथम संस्कृत भाषी गाँव कर्नाटक में है 'मुंतूर'। शिमोगा जिले में। 'संभाषण संदेश' यहीं से निकलता है। संस्कृत का यह पत्र खूब पढ़ा जाता है। इसीलिए कहता हूँ, संस्कृत को देव नहीं, लोकभाषा कहें। 'वंदेमातरम्' हमारा गान है। कितना प्रसिद्ध हुआ। पहले बंकिमचंद्र के उपन्यास में आया और फिर देशभर में यह गाया गया, बल्कि कहें, आज भी गाया जाता है। इसीलिए संस्कृत को किसी

खास साँचे में न ढाला जाए। आने दें दूसरे शब्दों को। इजराइल की भाषा हिब्रू है। कभी यह भुला दी गई, परंतु पुनः सहेजी गई। संस्कृत तो अभी भी जीवंत है। सहेजने की जरूरत ही नहीं है। सामयिक है। बस चिंतन की जरूरत है।

छोटी सी एक कथा याद आ रही है। कहते हैं, तब मनुष्य के पास प्रकाश नहीं था। अंधकार से उकता गए लोग। किसी ने कहा, मंत्र पढ़ो, पढ़े गए। प्रार्थना करो, की गई। जप करो, किया गया। किसी ने कहा, यह करो, किसी ने कहा, वह करो। सब किया। नतीजा सिफर। आखिर चिंतकों ने कहा, रात्रि के अँधेरों को टोकरी में भर-भर गड्ढों में डालो। हर व्यक्ति यही करता। परंपरा बन गई। गड्ढे कभी नहीं भरे। एक दिन एक युवक ने समझदार लड़की से शादी की। नई बहू आई तो उसे परंपरा निर्वहन को कहा। वह हँसी, पत्थर लिये। परस्पर पत्थर टकराए। आग निकली। मिट्टी के कटोरे में बत्ती रखी, जलाई। अँधेरा भाग गया। उस दिन से अँधेरा फेंकना बंद हुआ। तो मूल बात यही है, हमें दीया जलाना नहीं आता, इसलिए अँधेरा है। आइए, संस्कृत का दीया जलाएँ। मृतभाषा, देवभाषा, शास्त्रीय भाषा न कहो। इसके शब्द प्रयोग में लाएँ। शब्दों को प्रकाश से सींचे। संस्कृत के प्रचार की जरूरत नहीं है। संस्कृत तो सूर्य की रोशनी है। अंधकार को मन से भगाएँ। मशालें धुआँ करती हैं, उनमें प्रकाश खो जाता है, सोचें।

गौर करने की बात यह भी है कि संस्कृत भाषा में शब्दों के जितने पर्यायी रूप मिलेंगे, उतने किसी और भाषा में हैं ही नहीं। जहाँ-जहाँ संस्कृत का प्रयोग हुआ, वहाँ-वहाँ के रूप इसमें सम्मिलित होते गए हैं। कहें, स्थान विशेष के शब्दों का संस्कृतीकरण निरंतर हुआ है। मसलन बिल्ली के लिए संस्कृत में विडाल और मार्जार दो शब्द हैं। इसी प्रकार चूहे के लिए वहाँ मूषकः है तो उन्दुरः भी है। इसी तरह एक ही संज्ञा के लिए जातिवाचक संज्ञाओं की भी संस्कृत में भरमार है। जब कभी संदर्भों की तलाश करता हूँ, संस्कृत के पास जाना ही पड़ता है। कोश देखें तो एक-एक शब्द के 10 से लेकर 25 तक के पर्यायवाची मिल जाएँगे। हिंदी ही नहीं बल्कि तमाम दूसरी भारतीय भाषाओं को आज भी संस्कृत ही अनुप्राणित किए हुए हैं। इस भाषा के जरिए ही भारतीय संस्कृति आधुनिक भारतीय भाषाओं में निरंतरता का रूप ग्रहण

किए हुए है। भारत की हरेक आधुनिक भाषा, चाहे वह आर्य परिवार की हो या फिर द्रविड़ परिवार की, उसे सांस्कृतिक स्वरूप में मूर्त रूप देने का कार्य संस्कृत ने ही किया है। मुझ अकिंचन को तो जब भी कहीं कोई शब्द-संकट आन पड़ता है, संस्कृत भाषा का शब्द ही आलोक देता है। मुझे ही क्यों, शब्द से जिनके भी सरोकार हैं, उन सबको शब्दों की रोशनी संस्कृत ही तो प्रदान करती रही है। आखिर तमाम भाषाओं में संस्कृत ही तो वह अखंड स्तोत्र है, जिससे हमारा साहित्य, संस्कृति, कलाएँ दीप्त हैं।

नृत्य, संगीत, नाट्य और चित्रकला के साथ ही मन को रंजित करनेवाली तमाम कलाओं के मूल में यदि जाएँ तो सहज कहा जा सकता है कि भाषिक तौर से संस्कृत से बहुत कुछ संस्कारित हुआ है। भरतमुनि के नाट्यशास्त्र से बड़ा इसका और क्या उदाहरण होगा! नाट्यशास्त्र यानी 'तौर्यत्रिक' ग्रंथ। नाट्य के साथ गायन, वादन और नृत्य का मेल।

नाट्यशास्त्र के और विष्णुधर्मोत्तर पुराण के परिप्रेक्ष्य में कलाओं के अंतर्संबंधों पर बहुत से स्तरों पर निरंतर चर्चा होती रही है। वहाँ ही क्यों, आज के संदर्भ में भी देखें तो संगीत, नृत्य, नाट्य, चित्रकला आदि सभी परस्पर इस कदर गूँथी हुई कलाएँ हैं कि किसी एक के बगैर दूसरे का काम नहीं चल सकता। आखिर मनोरंजन का बड़ा आधार हमारी तमाम ये कलाएँ ही तो हैं।

मनोरंजन माने मन को रंजित करना। मन का रँगना। बड़ी बात यह है कि मनोरंजन के कला पक्ष को उससे जुड़े सांस्कृतिक संदर्भों से कैसे देखा जाए? भाषा के स्तर पर विचारें तो संस्कृत इसका बड़ा आधार हो सकती है। इसलिए कि मनोरंजन की जो विधाएँ समाज में पुष्पित और पल्लवित हुई हैं, उनके पीछे कभी संस्कृत भाषा ने मजबूत आधार प्रदान किया है। संस्कृत नाटक, चाहे वे पूर्णत: शास्त्रीय हों, उनमें विदूषक मिलेगा। उसकी उपस्थिति ही उत्तेजक रंगानुभवों से हमारा साक्षात् कराती है। शूद्रक की श्रेष्ठतम नाट्यरचना 'मृच्छकटिकम्' का एक प्रसंग जहन में कौंध रहा है। विदूषक से राजा कहते हैं, 'कहानी सुनाओ।' वह कहानी की शुरुआत उज्जयनी से करता है। राजा को वासवदत्ता की याद आ जाती है, इसलिए कहते हैं, 'कोई दूसरी कहानी सुनाओ।' विदूषक सुनाने लगता है, 'ब्रह्मदत्त नाम का राजा है। कांपिल्य

नाम की नगरी।' राजा सुधारता है—'मूर्ख! राजा कांपिल्य, नगर ब्रह्मदत्त है।' विदूषक इसको कई बार रटता है। इतने में राजा को नींद आ जाती है। 'सहस्त्र रजनी चरित' में राजा हर रात एक स्त्री को अपने शयनकक्ष में रखता है और भोर होने तक उसकी हत्या करवा देता है। इस तरह से एक-एक करके उस राज्य की बहुत सारी स्त्रियों की हत्या हो जाती है। एक दिन राजा के महामंत्री की पुत्री स्वयं आग्रह कर राजा के पास जाती है। रात्रि में वह राजा को कहानी सुनाना प्रारंभ करती है। कहानी को भोर होने तक वह ऐसे मोड़ पर ले आती है कि उसे सुने बिना राजा रह नहीं सकता। इस तरह से उसकी हत्या टलती रहती है। कहानी में कहानी। कहानी में एक और कहानी। इस तरह से कहानियों का जो सिलसिला प्रारंभ होता है, वह निरंतर आगे बढ़ता रहता है। 'सहस्त्र रजनी चरित्र' विश्व की लगभग तमाम भाषाओं में मिल जाएगी। कहीं यह 'अलीफ लैला' से सुविदित है तो कहीं 'दास्ताने हजार रात' से तो कहीं किसी और नाम से।

विष्णु शर्मा रचित 'पंचतंत्र' तो मनोरंजन का बड़ा आधार आरंभ से ही रहा है। कुशल पारंगत गुरु मूढ शिष्यों को भी विवेकवान बना सकता है, यही इस कथा का आधार है। मूर्ख राजपुत्रों को जीव-जंतुओं की कथा के जरिए नीति के महत्त्वपूर्ण संदेश इसमें दिए गए हैं। साहित्य के साथ संस्कृत में मनोरंजन से जुड़ी और भी बहुत सी विधाओं को आगे बढ़ाया है। मसलन आज की पहेलियों को ही लें। कभी दरड़ी ने 'काव्यादर्श' में सोलह प्रकार की प्रहेलिकाएँ बताई थीं। कहते हैं, उसी से बाद में खुसरो ने 'बूझ पहेली' और 'बिन बूझ पहेलियाँ' गढ़ीं। संगीत की बात करें तो ध्रुवपद में 'तन देदे ना', 'द्रे द्रे तनोम' जैसे निर्थक शब्द भी कुछ इसी तरह से आए। कहते हैं, अमीर खुसरो जब भारत आए तो उन्हें ध्रुवपद की भारतीय परंपरा बहुत भायी, पर इसमें संस्कृत के श्लोकों को देख वह घबराए। खुसरो अरबी विद्वान् थे। उन्होंने ध्रुवपद में निर्थक शब्द 'तन देदे ना', 'द्रे द्रे तनोम' गढ़कर तरह-तरह के हिंदुस्तानी राग गाए। यही बाद में तराने हुए।

संस्कृत का अभिजात दक्षिण भारत के कलात्मक रूप में ही तो परिणत हुआ है। संगीत, नृत्य, चित्रकला आदि दक्षिण की समृद्ध कलाएँ संस्कृत से ही

शास्त्रीय हुईं। संस्कृत से निकली कलाओं की धारा पर विचारेंगे तो पाएँगे कि संस्कृत ने ही आधुनिक मनोरंजन विधाओं का बहुत से स्तरों पर संस्कृतीकरण किया है। परंतु बड़ी विडंबना यह भी है कि आज के दौर में मनोरंजन का अर्थ पूरी तरह से हास्य से लिया जाने लगा है। सोचिए, क्या हँसना ही मनोरंजन है ? हास्य मनोरंजन के एक पक्ष की स्थूल अभिव्यक्ति जरूर है, पर यह पूरी तरह से मनोरंजन तो नहीं है। टी.वी. चैनल इधर यही कर रहे हैं। हँसाने के नाम पर दर्शकों को वहाँ निरंतर भौंड़ापन परोसा जा रहा है ! माने वक्त काटना है। कैसे भी कटे, परंतु वक्त काटना क्या मनोरंजन है ? वक्त काटने के अर्थ में ही यदि मनोरंजन लें तो उसका परिणाम मन में उपजे क्षोभ, विषाद के अतिरिक्त कुछ न होगा। वक्त कटे पर भौंड़ेपन से उपजे हास्य से नहीं, इस तरह से कि वक्त से व्यक्ति ऊपर उठ जाए। मनोरंजन हो, पर मन को रंजित करता। स्वस्थ मनोरंजन।

इस संदर्भ में संस्कृत में रचित नाट्य, नृत्य, संगीत के ऐतिहासिक, पौराणिक, धार्मिक संदर्भ हैं—उनकी उपेक्षा नहीं की जा सकती। इसलिए कि उनके संदर्भ हैं और कोई भी समाज सांस्कृतिक संदर्भ खोकर आगे नहीं बढ़ सकता। कालिदास शब्द दृष्टा कहे जाते हैं, इसलिए कि उनकी वाणी के पीछे अर्थ दौड़ता था। रंगमंच को उन्होंने 'चाक्षुस यज्ञ' की संज्ञा दी थी। भरतमुनि ने इसे 'सामुदायिक अनुष्ठान' बताया है। जयपुर में कुछ समय पहले के.एन. पणिक्कर के निर्देशित नाटकों का महती समारोह हुआ। तभी उनके निर्देशन में कालिदास रचित 'मालविकाग्निमित्र' का आस्वाद किया था। 'मालविकाग्निमित्र' में नृत्य रस का जो बखान है, उसके संदर्भों से मुक्त होकर कलाओं के मनोरंजन पक्ष की चर्चा क्या की जा सकती है ?

□

गति में जीवंत देहगान

गति में जीवंत होता नृत्य देह का गान है। काल भी लयबद्ध वहाँ हमें लुभाता है। महाकाल शिव की नटराज प्रतिमा देखें। अग्निचक्र के भीतर नृत्य करते वह सृष्टि के उद्भव, स्थिति और संहार को ही जैसे व्यंजित करते हैं। इसीलिए कहें, नृत्य मनोरंजन नहीं, देह का जागरण है। भरतमुनि के नाट्यशास्त्र में पहले नृत्य नहीं था। कौतुक दिखाकर नट नाट्य का आरंभ करते थे। शिव ने इसमें नृत्य का समावेश कराया। इसी से उनका तांडव 108 मुद्राओं, करण और अंगहार रूप में नाट्य का अंग बना। अभिनव ने नाट्यशास्त्र की व्याख्या करते बड़ा सुंदर शब्द बरता है—'सर्वशिल्प प्रवर्तकम'। माने नृत्य में सभी शिल्पों का समावेश है। वहाँ अभिनय, चित्र, वास्तु जैसी तमाम कलाएँ ताल-लय में शोभायमान होती हैं।

कुछ समय पहले खजुराहो जाना हुआ। खजुराहो नृत्य समारोह इस बार मंदिरों के बाहर नहीं, उनके प्रांगण में हुआ। भरत नाट्यम, कुचिपुड़ी, ओडिसी, कथक आदि की नृत्य प्रस्तुतियाँ देखते वहाँ मन भी जैसे नर्तक हो उठा। अलाउद्दीन खाँ अकादमी के निदेशक जयंत भीशे के साथ खजुराहो में भाँति-भाँति के शास्त्रीय नृत्यों का आस्वाद करते लगा, मंदिर के पाषाणों पर उकेरी मूर्तियाँ भी वहाँ जैसे जीवंत हो रही हैं। केलूचरण महापात्रा की पुत्रवधू सुजाता ने जानकी को ही नहीं, कालिदास को भी अपनी प्रस्तुति में जिया तो राजेंद्र-निरुपमा ने समागम के अंतर्गत भरत नाट्यम और कथक का विरल समन्वय किया। जयरामाराव ने 'धिमिकित धिमिकित ताल मृदंग' की आवृत्ति में मुद्राओं का अनूठा लालित्य बिखेरा। अन्नू-पल्लवी, संध्या पुरेचा आदि के नृत्य में अंतराल, स्थिति और गति में देखनेवालों से संवाद कर रहे थे। नृत्य

की इन प्रस्तुतियों में रमते लगा, नृत्य व्यक्ति के बाह्य ही नहीं, अंतर को भी उद्घाटित करता है। माधवी मुद्गल, केलूचरण महापात्रा, कुमुदनी लाखिया, अदिति मंगलदास के देखे वह नृत्य भी जैसे जेहन में कौंधे जिनमें एक कला में कितनी कितनी कलाएँ समाहित होती हस्तमुद्राओं, पद संचलन में जी उठती हैं। कथकली, भरत नाट्यम में कोण बनते हैं तो ओडिसी में त्रिभंग होता है। मुझे लगता है, नृत्य इसी तरह अवकाश और काल की सनातन संरचना करता है।

नृत्य विसर्जन है। कलाकार देह से प्रायः वहाँ गौण हो जाता है। यूक्रेन के नर्तक निंजिस्की नृत्य करते इतनी ऊँची छलाँगें लगाता कि गुरुत्वाकर्षण सिद्धांत भी वहाँ नदारद हो जाता। किसी ने उससे पूछा, कैसे यह संभव होता है? निंजिस्की ने कहा कि नृत्य करते समय वह लापता हो जाता है। खुद उसे नहीं पता होता, कैसे वह ऐसे करता है। नृत्य जड़, चेतन, शरीर, आत्मा और मन की गतिस्थिति है। यामिनी कृष्णमूर्ति ने कभी वितस्ता को अपने नृत्य में बाँधना चाहा था। अनुभूति में तभी उन्हें जैसे आलोक मिला, 'नदी और नृत्य में समानता होती है। दोनों ही गति में जीवंत होते हैं।'

मुझे लगता है, अंग-उपांग, प्रत्यंग की अर्थपूर्ण व्यंजना में नृत्य समग्र रूप में कला का सार है। पंचभूत तत्त्वों से बने शरीर का भाव-भव। नृत्य में मन, बुद्धि और आत्मा का भी जैसे समवाय होता है। अदृश्य के लिए शब्द पर्याप्त नहीं होते, भाषण काल को समेट लेता है, परंतु देश को नहीं। नृत्य देश और काल दोनों को एकसाथ स्वीकारता है। इसे वहाँ देखा-सुना और बाँचा भी जा सकता है। आप क्या कहेंगे!

□

कथक का रायगढ़ घराना

'कथक' शब्द कहन कला से जुड़ा है। यह मंदिरों में जनमा। मुगल दरबारों में पनपा। आरंभ में कथक का जयपुर और लखनऊ घराना ही प्रमुख था, पर इन दोनों के मेल से बनारस घराना भी सामने आया। कथक के रायगढ़ घराने का अधिक नाम नहीं लिया जाता। पर मुझे लगता है, शास्त्रीय और लोक-परंपरा का अनूठा उजास लिये यह घराना एक तरह से नृत्य की 'संहिता' है। अर्थात् एकत्र ज्ञान का संचित कोष। असल में राजा चक्रधर सिंह ने कथक में भाषा, भाव और रस का इस घराने के जरिए लूंठा मेल किया है। कथक के बिखर रहे अतीत को परंपरा से उन्होंने एक तरह से संस्कारित किया है। इसीलिए इसमें कहीं कोई घालमेल नजर नहीं आता। बोल इतने ध्वन्यात्मक कि दृश्यभाषा में जीवंत होते हैं। पढ़ंत में अर्थ के गवाक्ष-दर-गवाक्ष खुलते हैं। उर्दू शब्दावली की बजाय संस्कृत की शब्दावली और नृत्य लावण्य से समृद्ध है यह नृत्य। इसमें प्रकृति से जुड़ी ध्वनियों का, अंतर्मन संवेदनाओं का विरल ताल सौंदर्य है। पर यह विडंबना है कि नृत्य आलोचना में शुद्धता से जुड़े इस नृत्य के यह पक्ष सदा ही गौण रहे हैं।

बहरहाल, नर्तक घुँघरुओं के माधुर्य में भावों का समंदर लखनऊ और जयपुर घराने में भी रचता है, पर रायगढ़ घराने में पढ़ंत की अपनी रस निष्पत्ति है। परनों या बंदिशों का नामकरण देखें—दलबादल, गजविलास, किलकिला, पक्षी परन आदि। राजा चक्रधर सिंह ने रायगढ़ घराने में भाव-पक्ष को अधिक महत्त्व दिया, शायद इसलिए कि आंगिक मुद्राएँ भावहीन होती बहुतेरी बार नृत्य में यांत्रिकता लाती हैं। मूलतः यह घराना लोकोन्मुख है। अल्लाह जिलाई बाई ने जिस तरह से गुणीजन खाने में तालीम लेते राजस्थानी माँड 'पधारो म्हारे देश'

को बुलंदी पर पहुँचाया, ऐसे ही रायगढ़ दरबार में लोक के साथ घुली शास्त्रीयता की सहजता पर विचारने की जरूत है। राजा चक्रधर सिंह ने कभी छत्तीसगढ़ अंचल के लोक-कलाकारों का चयन करके ही उन्हें कथक की विधिवत् शिक्षा दिला इस घराने का सूत्रपात किया था। ऐसे समय में जब यह नृत्य विलास और मनोरंजन का साधन बन रहा था, तब उन्होंने इसे ज्ञान की साधना से जोड़ा।

रायगढ़ कथक घराने के नृत्य का आस्वादन करते मुझे हर बार नृत्य सम्राट् उदयशंकर के बैले की भी याद आती है। जिस तरह उन्होंने गवरी, भीलों के नृत्य के संग कथकली, भरत नाट्यम, ओड़िसी आदि से प्रेरणा लेते हुए अपना निज रचा, वैसे ही गौर करेंगे तो इस घराने का भी अपना मुहावरा है। लोक-जीवन की सहज क्रियाएँ और प्रकृति से जुड़ी ध्वनियाँ कथक के रायगढ़ घराने में जीवंत होती, देखनेवाले के मन में बसती हैं। इस घराने में जयपुर कथक जैसी तैयारी है तो लखनऊ घराने सरीखा भाव प्रदर्शन है। 'जोड़ा' भी खास है। लखनऊ, जयपुर और बनारस शैली की रचनाओं को लेकर ऐसे बहुत से जोड़े इसमें बने हैं, जिनमें तांडव व लास्य के बोल हैं। किसी भी बोल को सुनकर वैसा ही एक और बोल··· छंद का लाक्षणिक प्रयोग है।

सोचता हूँ, पहले से मौजूद कथक घरानों के चलते पृथक् से रायगढ़ घराने की दरकार आखिर क्योंकर पड़ी ? शायद इसलिए कि कथक उस समय मनोरंजन का साधन बन उजाड़ पर था। इसीलिए राजा चक्रधर सिंह ने भरत मुनि के नाट्य-शास्त्र, संगीत रत्नाकर आदि ग्रंथों से प्रेरणा लेकर नवीन ग्रंथ रचे। लोक की सहजता को अंवेरते नृत्य की शास्त्रीयता को परोसा। पर यह विडंबना है कि इस घराने की उनकी सोच के अनुरूप वृद्धि नहीं हुई। पारंपरिक कलाकार भी सीखे हुए में वृद्धि करने की ओर प्रवृत्त नहीं हुए। इसी से इसका वर्तमान उपेक्षित सा लगता है। □

संगीत-नृत्य का 'ताशेर देश'

रवींद्रनाथ टैगोर के सृजन पर जब भी जाता हूँ, लगता है, साधारण के व्यतिक्रम हैं कविंद्र। विश्वजनीन संस्कृति में पिरोई चित्रकला और संगीत की उनकी सर्जना में जैसे सौंदर्य की जीवनाभिव्यक्ति की तलाश पूरी होती है। यह रवींद्र ही हैं, जो कहते थे—'चित्र देह है एवं संगीत प्राण।'

साहित्य अकादेमी ने टैगोर के 150वें जन्मशती वर्ष के अंतर्गत विभिन्न भारतीय भाषाओं के लेखकों का कलकत्ता में रचना-पाठ रखा। उन्हें शांतिनिकेतन और उनके कला-संगीत से जुड़े रचना-स्थलों पर भी ले जाया गया। भारतीय लेखकों के इस दल में इन पंक्तियों का लेखक भी था। कविताओं के रचना-पाठ से पूर्व की स्मृति रह-रहकर जेहन में कौंध रही है। शांतिनिकेतन परिसर में बांग्लादेश के कलाकारों द्वारा रवींद्रनाथ के सुप्रसिद्ध नृत्यनाटक 'ताशेर देश' का मंचन किया गया। 'ताशेर' बांग्ला शब्द है। 'ताशेर देश' माने ताश का देश। पाश्चात्य ओपेरा से प्रभावित संगीत और नृत्य के अनूठे मेल की गुरुदेव की रचना का आस्वादन करते हुए लगा, वह जिस विश्वजनीन संस्कृति की बात करते थे, उसे अपने रचनाकर्म में गहराई से जीते भी थे।

'ताशेर देश' की कथा मर्मस्पर्शी है। किसी देश का राजकुमार भ्रमण करते हुए ऐसे स्थान पर पहुँच जाता है, जहाँ सबकुछ नियमों से बँधा है। यह ताश का देश है। नियम-कानूनों की बेड़ियों में जकड़े लोगों से राजकुमार का संवाद होता है। राजकुमार की आजादी-प्रगति और सहजता की बातें सभी को लुभाती हैं। उस देश के राजा का फरमान है कि नियमों को तोड़नेवाले की बात न सुनी जाए। तब राजकुमार वहाँ की रानी साहिबा

से बात करता है। रानी को स्वतंत्रता की बात सुहाती है। ताश के पतों के मानिंद वहाँ के निर्जीव जीवन में राजकुमार के आने से सजीवता का संचार होता है। हर ओर उल्लास और उमंग भी जैसे लौट आती है। उत्सवधर्मिता का गान होता है।

बांग्ला भाषा का ज्ञान नहीं है, परंतु मूल बांग्ला की इस नृत्य-नाटिका का मंचन इतना सशक्त था और रवींद्र का लिखा इतना मधुर कि संगीत-नृत्य में निहित कथन पूरी तरह से समझ आता है। मुझे लगता है, कलाओं का यही वह आकाश है, जिसे समझने में भाषा बाधा नहीं बन पाती। वैसे भी रवींद्र के लिखे में जीवन के माधुर्य का वह गान है, जो सौंदर्य से स्निग्ध है।

'ताशेर देश' इस मायने में भी अद्‌भुत लगा कि इसमें पाश्चात्य ओपेरा-शैली है, मणिपुरी नृत्य की भंगिमाएँ हैं, तो पश्चिम बंगाल के पुरुलिया में किए जानेवाले छऊ नृत्य का आस्वादन भी अनायास होता है। कहते हैं, रवींद्र ने जब इस नृत्य-नाटक की रचना की थी तो वह 'एलीस इन वंडरलैंड' से खासे प्रभावित थे। इसीलिए 'ताशेर देश' में स्वप्न जगत् की अनूठी झलक भी दिखती है।

ओपेरा दरअसल गीतिनाट्य है। संवाद की बजाय वहाँ गायन से ही कुछ कहा जाता है। पात्र नृत्य करते हैं, परंतु लगता है, सधे हुए हवाओं में तैर रहे हैं। मणिपुरी में सांकेतिक भव्यता में मनमोहक गति से नृत्य होता है और छऊ में ढोल-मांदर की धुन पर मुखौटा लगाकर नृत्य होता है। 'ताशेर देश' में इन सबका सांगोपांग मेल दिखा। ओपेरा करते राजकुमार ताश के देश में पहुँचता है तो वहाँ के मुखौटा लगाए पात्रों को देखकर लगता नहीं है कि वे मानव हैं। भाव-भंगिमाएँ, अंग संचालन और मुखौटों की सहजता से आँखें नहीं हटतीं। नृत्य-संगीत में एक के बाद एक प्रभावी दृश्यों और रवींद्र रचित बांग्ला का गीतिकहन इतना सशक्त कि कब दो घंटे बीत जाते हैं, पता ही नहीं चलता। भाषा भिन्नता के बावजूद कला के अपनेपन से सराबोर मन शांतिनिकेतन की शांति के सुकून में भी जैसे खो सा गया। कला और संगीत के क्षेत्र में आखिर क्रांति का श्रेय रवींद्र को यों

ही तो नहीं दिया जाता। शांतिनिकेतन से लौटे इतना समय हो रहा है, परंतु 'ताशेर देश' आँखों के सामने अभी भी घूम रहा है। नमन कर रहा है मन रवींद्र के तपःपूत जीवन को। संगीत और कला के उनके ज्ञान को। नमन रवींद्र! नमन!

□

जगत्-कवि की कला दृष्टि

रवींद्र जन्मशती वर्ष पर 'रवींद्र मंच सोसाइटी' और 'नाट्यकुलम' ने जयपुर में 'रवींद्र प्रणति समारोह' आयोजित किया। लगा जैसे उन आयोजनों ने कलाओं पर चिंतन को नया आकाश दिया है। इस दौरान कविंद्र रवींद्र की कलाओं की प्रस्तुति के साथ ही उन पर संवाद की सार्थक पहल हुई। रवींद्रनाथ टैगोर की जन्मशती पर देश भर में आयोजन हुए। उनकी कलाओं की प्रस्तुतियाँ हुईं, परंतु उनकी कला दृष्टि पर चिंतन की नई राह कहीं खुलती नजर नहीं आई। इस दृष्टि से प्रणति समारोह आशा जगाता नजर आया।

टैगोर असल में संपूर्ण कलापुरुष रहे हैं। उन्होंने कविताएँ लिखीं, नाटक लिखे, स्वयं अभिनय किया, रवींद्र संगीत रचा, और तो और उम्र के उत्तरार्द्ध में चित्र भी बनाए। यानी उनके पास भरपूर कला दीठ थी। उनके लिखे नाटकों, चित्रों, संगीत में इस दीठ को गहरे से अनुभूत किया जा सकता है; परंतु यह विडंबना ही कहें कि उनकी कला दृष्टि पर जिस गहराई से चिंतन और विमर्श होना चाहिए, वह नहीं हुआ। हाँ, उनके साहित्य पर अवश्य ही कहने लायक कार्य हुआ है, परंतु उनका कलाकर्म आलोचकीय दृष्टि से बहुत से स्तरों पर अछूता ही रहा है।

बहरहाल, प्रणति समारोह में रवींद्र मंच पर टैगोर की कला दीठ पर बोलते हुए खाकसार ने यह प्रस्तावित किया कि उनके चित्रों की एक प्रदर्शनी और उस पर संवाद की शुरुआत हो। यह भी कि उनके संगीत की प्रस्तुति के साथ ही उस पर अधुनातन सोच से चिंतन का भी अलग से अवकाश निकले। कला मर्मज्ञ मुकुंद लाठ ने टैगोर के काव्य और संगीत

के संतुलन की गहन विवेचना की। उनके इस कहे के आलोक में क्यों नहीं रवींद्र संगीत पर गहराई से मंथन की कोई राह निकाली जाए! रवींद्र मंच सोसाइटी की प्रबंधक नीतू राजेश्वर कलाओं की गहरी समझ लिये एक उत्साही अधिकारी हैं। सोचता हूँ, सरकार में कला-संस्कृति महकमे में ऐसे ही अधिकारी हों तो बात बन सकती है। मुझे लगता है, कला-जगत् की बड़ी विडंबना यही है, वहाँ संवाद नगण्य है। अर्थात् कला प्रस्तुतियाँ तो तमाम स्तरों पर हो रही हैं, परंतु कलाओं में निहित पर संवाद की परंपरा जैसे समाप्त सी होती जा रही है। संवाद हो भी रहा है तो वह अकादमिक ढर्रे में इस कदर बोझिल है कि उससे कलाओं के प्रति नई पीढ़ी में रुझान पैदा होगा, इसमें संदेह है।

रवींद्रनाथ टैगोर के कलाकर्म पर विचारते मन में आ रहा है, इस छोटे से जीवन में कितना कुछ उन्होंने किया! हम जो हैं, उनके किए के बहाने ही कलाओं में कुछ नहीं करते। अव्वल तो कलाओं पर आयोजन ही नहीं होते और जो होते हैं, वह विश्वविद्यालयों, शिक्षण संस्थाओं या फिर अकादमियों के बजट संपूर्ति की औपचारिकता लिये होते हैं। वहाँ जो लोग बोलते हैं, वे परंपरा का ढोल बजाते हुए वही कुछ दोहराते हैं, जो पाठ्यपुस्तकों में है या फिर दूसरे स्थानों पर उपलब्ध है। जो कुछ पहले से रचा है, जिस पर पहले से आलोचकीय दृष्टि उपलब्ध है, उसे आखिर कितनी बार हम प्रस्तुत करेंगे? रवींद्र ने 67वें वर्ष में चित्रकला की शुरुआत की। वह इसलिए कि उन्हें लगा, जो उनका काव्य नहीं कर पा रहा है, जो उनका संगीत नहीं कर पा रहा है, हो सकता है वह चित्रकला कर जाए। नएपन की इसी छटपटाहट से कलाएँ संस्कारित होती हैं। अप्रकट का प्रगटन, अप्रत्यक्ष का दर्शन यही तो है। रवींद्र की तो तमाम कला दृष्टि यही है। रवींद्र संगीत में पारंपरिक राग-रागिनियाँ हैं, परंतु श्रवण में आनंद के अवरोधों की जकड़न नहीं है। स्वरानंद के साथ भावों का रस वहाँ है। बंधनों में निर्बंध! ऐसा ही उनके चित्रकर्म के साथ है। वहाँ दृश्य का पठन है। रेखाओं का उजास है और परंपरा की बजाय अव्यक्त का वह व्यक्त है, जिसमें दृश्य हमारे जाने-पहचाने हैं, परंतु उनका संसार सर्वथा अलग है। ऐसा, जिसे देखते हम स्वयं ही पुनर्नवा होते हैं। जो कुछ यथार्थ है,

उसे हूबहू या फिर उसका आभास कराने का कार्य तो जादू भी कर सकता है, उसमें कला कहाँ है? इसीलिए कहें, रवींद्र ने जादू नहीं, कला के गहन संस्कार हमें दिए हैं। इन संस्कारों के आलोक में ही उनकी कला दृष्टि पर आइए, फिर से विचारें!

□

देखने का संस्कार

कलाएँ अतीत, वर्तमान और भविष्य की दृष्टि को पुनर्नवा करती हैं और हाँ, देखने का संस्कार भी कहीं ठीक से मिलता है तो वे कलाएँ ही हैं। चित्रकला और मूर्तिकला की ही बात करें तो इटली की मूर्तिकार एलिस बोनर ने कभी ज्यूरिख में नृत्य सम्राट् उदयशंकर का नृत्य देखा और बस देखती ही रह गईं। यह उनके देखने का संस्कार ही था कि मंदिरों में उत्कीर्ण मूर्तियों को बाद में उसने अपनी कला में गहरे से जिया।

मुझे लगता है, कलाओं से साक्षात् भी अपनी तरह की साधना है। आपने कोई चित्र देखा है, मूर्ति का आस्वादन किया है तो उनके प्रति तत्काल कुछ भाव मन में आते हैं। कुछ समय बाद फिर से आस्वादन करेंगे तो कुछ और सौंदर्य भाव अलग ढंग से मन में जागेंगे। जितनी बार देखेंगे, मन उतना ही मथेगा। याद पड़ता है, जब इन पंक्तियों के लेखक ने कभी ख्यात निबंधकार विद्यानिवास मिश्र को अपना कविता-संग्रह भेंट किया था। उन्होंने कविताएँ पढ़ीं और लिखा—'कविताएँ घूँट-घूँट आस्वादन का विषय है। मैं कर रहा हूँ।' यानी कविताओं को वह पढ़ ही नहीं रहे थे, मन की आँखों से देख भी रहे थे। इस देखने से ही मन में शायद प्यार जागता है। स्पेन के प्रख्यात सिनेकार जोसे लुई गार्सिया की फिल्म 'कैडल सांग' का संवाद है, 'जो देखना जानता है, वही प्यार कर सकता है।' चित्र-मूर्तियों के अंकन में ही जाएँ। भारत ही नहीं, विश्व भर में भगवान् बुद्ध की एक से बढ़कर एक मूर्तियाँ मिल जाएँगी, पर बुद्ध क्या वास्तव में जैसी मूर्तियाँ हैं, वैसे ही रहे होंगे? आरंभ में बुद्ध की उपस्थिति का आभास उनकी मूर्ति से नहीं, उनसे जुड़े प्रतीकों से होता था—बोधिवृक्ष, धर्मचक्र परिवर्तन कराते कर, छत्र, पादुकाएँ और

उनके दूसरे प्रतीक। उनसे ही तथागत की उपस्थिति का आभास होता। इन प्रतीकों के आधार पर ही मूर्तियाँ-दर-मूर्तियाँ गढ़ी गईं। ठीक वैसे ही, जैसे राजा रवि वर्मा ने देवी-देवताओं को जिस रूप में बनाया, वही बाद में पूज्य हो गए। उनके बनाए चित्रों से पृथक् कहीं शिव, कृष्ण, राम दिखते हैं तो वह हमें स्वीकार्य नहीं। यानी अपनी दीठ से कलाकार ने जो सिरज दिया, वही सर्वव्यापी हो गया।

बहरहाल, आम शिकायत है कि एब्सट्रेक्ट चित्र समझ नहीं आते, पर उन पर गौर करेंगे तो अर्थ का वातायन खुलता नजर आएगा। एब्सट्रेक्ट क्या है ? किसी अर्थ खुलते अंश की व्यंजना ही तो है ! और हाँ, देखने का संस्कार पाना है तो प्रकृति से बड़ा सिखानेवाला और कौन होगा ? आप आसमान को देखें ! समय के साथ बदलता नीला, भूरा, पीला और लाल होता आकाश ! रात्रि की नीरवता में तारों को देखें और आसमान में बदलते रंगों में अपनी अनुभूतियों को घोलें या रूसी चित्रकार रोरिक के हिमालय चित्रों को ही देखें। पल-पल बदलते हिमालय के हजारों-हजार रंगों को उन्होंने अपने कैनवस पर जिया ही तो है।

□

बचेगा वही, जो रचेगा

चित्रकला या मूर्तिकला में सादृश का अर्थ यथार्थ का अनुकरण है, वास्तविकता का बिंब, परंतु अनुकरण कैसा? अनुकरण लौकिक नहीं, बल्कि वह, जिसमें अमूर्त को मूर्त करने के संदर्भ निहित होते हैं। एक कला का दूसरी कला से अंतर्संबंध। संगीत को चित्र में कैसे परिवर्तित करेंगे? वह तो अमूर्त है।...तो इस अमूर्त को बिंदु, वृत्त-ऊर्ध्व-अधोमुखी रेखाओं और वृत्त चतुस्त्र परिमंडल के हर छोटे-से-छोटे भाग में, अंश में उसके स्वभाव को जब सांगीतिक रूप में खोजा जाएगा तो वह संगीत का चित्रण होगा।

हेब्बार की रेखाओं को लें। घुँघरू बँधा पैर है, पर वह नृत्य की पूरी संरचना का आभास करा देता है। देखने के हमारे अनुभव में उनकी रेखाएँ आत्मरूप हो जाती हैं और यह ऐसे ही नहीं होता है। इसके लिए कलाकार अपने को विसर्जित करता है। बगैर अपना विसर्जन किए किसी भी कला में पूर्णता संभव ही नहीं है। पूर्णता का अर्थ ही है—सृजन का विसर्जन। दर्शन की अभिव्यक्ति, रूप-प्रतिरूप और परारूप का चिरंतन ही तो है कला।

सुनीत घिल्डियाल काष्ठ पट्टिकाओं में अद्‌भुत कला रूप रचते हैं। इधर उन्होंने समय और जीवन को केंद्र में रखते मोहक सर्जना की है। सूर्य और उसकी रश्मियों के साथ जीवन स्पंदन से जुड़ा उनका एक चित्र विरल है। गाढ़े रंगों की उजास लय उसमें है। रंग संवेदना की भिन्न भंगिमाएँ, पर एक-दूसरे में ओत-प्रोत। यह विषय का एक तरह से निर्विषयीकरण है। सुनीत के कलाकर्म की यही बड़ी विशेषता है, वह रंगों की भाषा बाँचते हममें गहरे से बसते हैं। विनय शर्मा के चित्रों में पार्श्व की बड़ी भूमिका है। वह अपनी कलाकृतियों में अतीत से जुड़े संदर्भों यथा पुरानी बहियाँ, पोस्टकार्ड, जन्मपत्रिकाएँ और

भोजपत्रों का उपयोग करते अतीत से जुड़े समय के सूक्ष्म ब्योरे देते हैं, तो वर्तमान को रंग-रेखाओं की आधुनिकी में बँचवाते हैं; और हाँ, उनके चित्रों में संस्थापन से जुड़े भावलोक की भी ऐसी निर्मिती होती है, मानो हम कलाकृतियों के जरिए भविष्य की आहटें सुन रहे हैं। कलाओं में समय को कैसे बाँचा जा सकता है, विनय शर्मा की कलाकृतियाँ इसमें मदद करती हैं।

कोई भी कला आकर्षित तभी करेगी, जब उसमें कलाकार स्वयं कहीं नहीं रहेगा। वह अपना विसर्जन करेगा, तभी कुछ गढ़ पाएगा, रच पाएगा। यह सर्जन और फिर विसर्जन परंपरागत नहीं है। उसके गहरे निहितार्थ हैं। दुर्गा पूजा, गणेश पूजा के बारे में विचारें। मिट्टी की मूरत बनती है। उसकी प्राण-प्रतिष्ठा होती है। श्रृंगार करके जब उसकी पूजा की जाती है तो उसमें शक्ति का वास हो जाता है और फिर जब वह ऊर्जा प्रदान करने लगती है, वंदन करते मन विभोर हो नाच उठता है। यह प्रतिमा के जीवंत होने का क्षण होता है—जड़ के चेतन में परिवर्तित होने का क्षण। अनुष्ठान समाप्त होने के बाद ही यह अनिवार्य हो जाता है कि सजी-सँवरी, प्राण-प्रतिष्ठित प्रतिमा फिर से अमूर्त भूमंडल में विलीन हो जाए। इसीलिए विसर्जन होता है, फिर से सर्जन के लिए। तो कहें, बचेगा वही, जो रचेगा!

□

संस्कृति का कला-नाद

सामाजिक अनुपयोगिता की अनुभूति के विरुद्ध अपने को प्रमाणित करने का प्रयत्न कहीं है तो वह कला में है। ये कलाएँ ही हैं, जो भीतर के हमारे सौंदर्यबोध को जगाती हैं। संपूर्ण अर्थ में कला कैनवस का अंकन, मूर्तिशिल्प, नृत्य, नाट्य भर ही तो नहीं है! अंतर्मन संवेदना का उत्स कला है। आनंदानुभूति भी उसी का एक हेतु है। रेखाओं द्वारा, वाणी द्वारा, मूर्ति गढ़न में और ताल में कला की उपयोगिता का आधार यह हमारा सौंदर्यबोध ही है। इसीलिए लोक-संस्कृति, परंपराओं, रहन-सहन और स्थान विशेष के वास्तु, स्थापत्य में हर ओर, हर छोर में कलाओं का ही बोलबाला है।

मुझे लगता है, ये कला और कलाकार ही हैं, जो सार्वजनिक स्तर पर बड़े पैमाने पर काल को नियोजित करते हैं। कलाओं में ही काल, समय का नाद निहित है। अजंता की गुफाओं में, खजुराहो, कोणार्क की दीवारों पर अंकित मिथुन मूर्तियों में, साँची के स्तूप में, अशोक कालीन स्तंभों में और दूसरी तमाम हमारी मूर्तिकला, स्थापत्यकला में स्थान विशेष के साथ युगीन सभ्यता एवं संस्कृति ही तो प्रतिबिंबित होती है। युगीन सोच की संवाहक हमारी कलाकृतियाँ, वास्तु व शिल्प ही हैं। यही क्यों, समाधियाँ, स्मारकों में भी हमारे पूर्वजों की संलिप्तता एक खास अंदाज में दिखाई देती है।

यह जब लिख रहा हूँ, कला दीठ के यायावरी दृश्य आँखों के सामने घूमने लगे हैं। अभी बहुत समय नहीं हुआ, छत्तीसगढ़ जाना हुआ था खैरागढ़ स्थित देश के एकमात्र इंदिरा संगीत कला विश्वविद्यालय में व्याख्यान देने। वहाँ से अस्सी किलोमीटर दूर छत्तीसगढ़ के खजुराहो कहे जानेवाले शिव धाम भोरमदेव भी जाना हुआ। गाड़ी स्वयं ही ड्राइव कर रहा था, सो रास्ते पर खास ध्यान था। भोरमदेव छत्तीसगढ़ के कबीरधाम जिले में स्थित है। रास्ते

भर आदिवासी संस्कृति से साक्षात् होते मैंने पाया, सड़क किनारे खपरैल के घरों में खास अंदाज में लोक-चितराम अंकित हैं, जैसे सिंदूरी रंग से स्थानीय लोगों का गहरा नाता है। वहाँ पहुँचा तो सिंदूरी रंग से सजा भोरमदेव मंदिर का संकेत-चिह्न भी अलग से दिखा। पाँच फीट ऊँचे चबूतरे पर बना शिव का अद्‌भुत शिल्प, स्थापत्य धाम। गोंड राजाओं के देवता भोरमदेव माने शिव। कलात्मक सौंदर्य से सराबोर मंदिर की बाहरी दीवारों पर बारीकी से अंकित नृत्यांगनाएँ, मिथुन मूर्तियों का भव। वहाँ से लौट आया, परंतु अभी भी खैरागढ़ जेहन में है। वहाँ के वास्तु, शिल्प और तमाम दूसरे निर्माण कार्यों ने जो सौंदर्यबोध दिया, उसी में रमा हूँ। मुझे लगता है, कला के यही तो वे युगीन सरोकार हैं, जिनसे हम चाहकर भी जुदा नहीं हो सकते।

बहरहाल, ऐसी ही अनुभूति भुवनेश्वर में भी हुई। दो भागों में बँटा भुवनेश्वर का एक भाग आधुनिकता से, तो दूसरा पूरी तरह से प्राचीन संस्कृति को अपने में सामाहित किए हैं। लिंगराज मंदिर जाएँगे तो इस संस्कृति से साक्षात्कार होगा। बिंदु सागर झील के आसपास का परिवेश बीते समय और कला के अद्‌भुत सौंदर्य का आस्वादन कराता है। वहाँ खँडहर होते हुए भी पाषाण मंदिरों का शिल्प-वैभव जैसे आपसे संवाद करता है। वहाँ ही क्यों, आप किसी भी धरोहर-संपन्न नगर, स्थान पर जाएँ, आपको ऐसा ही अहसास होगा। छतों के कँगूरें, चोराहों पर स्थापित मूर्तिशिल्प को लें। पार्क में रखी कोई पुराने ढंग की बेंच, महल, मंदिर परिसर में लगे फव्वारें झाड़फानुशों को देखें, रोड साइटों पर लगाए गए पिलरों, उनमें बँधी लोहे की साँकलों को लें। शहर की संस्कृति, वहाँ की कला से आपका सीधे साक्षात्कार होगा। विश्व के एकमात्र सुनियोजित बसे शहर गुलाबी नगरी जयपुर को ही लें। चौपड़, एकरस बनी दुकानें, गुलाबी रंग और यहाँ का वास्तु—सभी में सुव्यवस्थित बसावट की धरोहर प्रतिबिंबित होगी और नहीं तो कस्बाई संस्कृति को अभी भी जीते शहर बीकानेर को ही लें। वहाँ की तंग गलियाँ, हवेलियाँ, चौक-मोहल्लों में बिछे तख्त माने पाटों की संस्कृति अपनापे को अपने आप ही बयाँ कर देती है। किसी शहर का कलात्मक सौंदर्यबोध क्या यही नहीं है!

□

भूमंडलीकरण और कला

भूमंडलीकरण माने भूमंडलीय समरूपीकरण। संस्कृति के साथ अर्थ के जुड़ाव से बाजार आधारित कला का सर्वथा नया लोकतंत्र हमारे सामने आ रहा है। यह ऐसा है, जिसमें अंतरराष्ट्रीय पूँजी के बेरोक-टोक आवागमन की संस्थागत सुनिश्चितता विश्व अर्थव्यवस्था को सर्वथा नया आयाम दे रही हैं। कहना यह चाहिए कि बाजारोन्मुख भूमंडलीकरण ने एक ऐसी संस्कृति विकसित करनी प्रारंभ कर दी है, जिसमें कलादीर्घाएँ उपभोक्ता और उत्पादक के रूप में कार्य करने लगी है। कलादीर्घाएँ कला की उत्कृष्टता को अपने तईं ही तय करने लगी है। यानी जिस कलाकार को चाहे वह आसमान पर बैठा दे और जिसे चाहे नीचे उतार दे। यह प्रचारित भर करना है कि फलाँ कलाकार की कलाकृतियाँ विश्व के बाजार में सर्वाधिक बिक रही हैं। भूमंडलीकरण का बड़ा अस्त्र साइबर स्पेस है ही, सो वहाँ संबंधित कलाकार की वर्चुअल कला-यात्रा भी करवा दी जाती है।

बहरहाल, जेम्स क्लिफर्ड ने 'द प्रेडिकॉमेंट ऑफ कल्चर' में लिखा भी है, 'जब कोई यात्रा चेतना में समाकर अपना अर्थ देती है तो उसका वृत्तांत आपकी अस्मिता को मजबूती से घेर लेता है।' कला में आज यही हो रहा है। इंटरनेट के तहत ऑनलाइन कलादीर्घाएँ, जिसे चाहे उसे उठा देती हैं, जिसे चाहे पटक देती हैं। कभी पॉल विरिलियो ने भी यही तर्क दिया था कि 'साइबर स्पेस ऐसे भूमंडलीय समय का वाहक है, जो स्थानीय समय को आच्छादित कर देगा।...भविष्य में बहुत जल्दी ही हमारे इतिहास का निर्माण अपने आप में तात्कालिकता के गर्भ से उपजे सार्वभौमिक समय में होने लगेगा।' कला बाजार में कलाकृतियों की बिक्री सूचना एवं संचार प्रौद्योगिकी के साथ उसके

उपयोगकर्ता के हाथ में जब चली गई है तो स्वाभाविक ही है कि कलाकृतियाँ गौण हो गई हैं, बाजार प्रमुख हो गया है। कलाकृतियाँ आत्म विसर्जन की हेतु रही हैं, परंतु आज बाजारोन्मुख भूमंडलीकरण में जीवन के उपादान के रूप में न होकर वह बाजार प्रायोजित हो रही हैं।

सवाल यह भी है कि बाजारीकरण के इस दौर में आखिर कला की कौन सी नई भाषा गढ़ी जा रही है ? याद पड़ता है, जयपुर में एक पाँच सितारा होटल में निजी आर्ट गैलरी द्वारा एक राष्ट्रीय कला शिविर का आयोजन किया गया था। शिविर के अंतर्गत देश के ख्यातनाम कलाकारों ने आर्ट गैलरी के लिए 'ऑन द स्पॉट' पेंटिंग्स बनाईं। शिविर में जब जाना हुआ तो ईजल पर कलाकारों को काम करते देख बेहद सुकून हुआ। कलाकारों और उनकी कला पर लेखन के अपने कर्म के अंतर्गत बहुत से कलाकारों से स्वाभाविक ही था कि संवाद भी हुआ। एक ईजल पर देश के ख्यातनाम कलाकार कार्य कर रहे थे। वे तेजी से कैनवस पर कुछ पोत रहे थे, साथ-साथ मुझसे बातचीत भी कर रहे थे। कोई 20 मिनट बाद ही चौंककर उन्होंने घड़ी देखी और वहाँ मौजूद आर्ट गैलरी के कर्मचारी से कहा कि उनकी फ्लाइट का क्या हुआ ? कर्मचारी दौड़ा-दौड़ा आर्ट गैलरी संचालिका के पास पहुँचा और फ्लाइट वाली बात बताई। संचालिका दौड़ी चली आई। देखती हैं, कलाकार मुझसे संवाद भी कर रहे हैं और उनके हाथ कैनवस पर भी बड़ी तेजी से चल रहे हैं। धीरे से वह मुझे एक किनारे ले जाकर अनुनय-विनय में कहने लगी, 'देखिए, आप इनसे बातचीत कर डिस्टर्ब न करें, उन्हें आज ही दिल्ली लौटना भी है, फिर उनकी पेंटिंग अधूरी ही रह जाएगी।'

भूमंडलीकरण में यही आज कला की बाजार भाषा है। यह ऐसी है, जिसमें कलाकार को तो अपना काम जल्द-से-जल्द समाप्त कर कहीं और दूसरे काम के लिए भागने की जल्दी है और गैलरी को इस बात की फिक्र कि ब्रांड कलाकार का काम बस पूरा हो जाए, ताकि उसे बाजार में बेचा जा सके। हर व्यक्ति जल्दी-से-जल्दी कला से कमा लेना चाहता है। आर्ट गैलरियाँ कला शिविरों के बहाने ख्यात-विख्यात कलाकारों को अपने यहाँ बुलाकार धड़ाधड़ पेंटिंग्स बनवा रही हैं। बाजार माँगवाले कलाकार भी इस

बात को समझ रहे हैं कि उनकी कला नहीं, उनका नाम बिक रहा है इसलिए वे भी बगैर समय गँवाए अपने कलाकर्म से ज्यादा-से-ज्यादा कमाने की होड़ में जो चाहे बना रहे हैं। मानो वह बाजार को पहचानने लगे हैं कि वह कभी भी करवट बदल सकता है, चुनाँचे क्यों न करवट बदलने से पहले ही इतना कमा लिया जाए कि बाद में अफसोस नहीं रहे!

□

कला का हमारा सौंदर्य-बोध

ललित कलाओं और उपयोगी तमाम कलाओं का आविष्कार मनुष्य ने अपने लिए नहीं, बल्कि सबके लिए किया है। कोई सुगम संगीत में आनंद की खोज करता है, कोई शास्त्रीय संगीत में शब्दों के अमूर्तन में खोना चाहता है तो कोई नृत्य की भंगिमाओं का आस्वादन करते उसमें ही अपनी तलाश करने लगता है तो मुझ जैसा अंकिचन कैनवस पर समय के अवकाश की तलाश करते मूर्त-अमूर्त में दृश्य की अनंतताओं पर अनायास ही चला जाता है।

बहरहाल, विचारों के सघन जंगल की मीठी सुवास कहीं ढूँढ़नी हो तो आपको कलाओं के पास ही जाना होगा। आप जाइए, वहाँ आपको नवीनतम विचारों का उत्स मिलेगा। सधी हुई सोच का प्रवाह वहाँ है तो सौंदर्य का अनूठा बोध वहाँ है। गौर करें, सुरों का आपको खास कोई ज्ञान नहीं है, परंतु संगीतसभा में बेसुरा कोई भी यदि होता है तो आप तत्काल पहचान लेते हैं। नृत्य में जरा भी भाव-भंगिमाएँ, ताल बिगड़ती है तो आप पहचान लेते हैं। चित्रकला में जरा भी कुछ अनर्गल और भद्दा है तो आप उससे तुरंत विरक्त हो जाते हैं। जीवन की यही तो वह लय है, जिसे बिगड़ती देखते ही अंतर्मन की अनुभूति त्वरित पकड़ लेती है।

यही तो है सौंदर्य-बोध। शास्त्रीय संगीत को सुनते हैं तो वहाँ क्या शब्दों की सहायता की जरूरत होती है ? शब्दों के अमूर्तन में ही हम वहाँ भीतर का उजास पा लेते हैं। चित्रकला में सबकुछ सीधा-सादा और करीने से उकेरा हुआ ही थोड़े न होता है। वहाँ टेढ़ी-मेढ़ी रेखाएँ, रंगों का छितरापन और ढुलमुलापन, बल्कि बहुत से स्तरों पर आकृतियों का बिखराव, रेखाओं की

टूटन में भी हम देखने के सुख को भीतर से अनुभूत कर लेते हैं। सर्जन के क्षणों में कलाकार नहीं जानता है कि वह क्या कर रहा है, परंतु श्रोता और दर्शक उसकी उस निर्वेयक्तिक बोद्धिकता को पहचान लेते हैं।

जब कभी प्रकृति के लैंडस्केप देखता हूँ, मुझे लगता है सच में प्रकृति के करीब आ गया हूँ। घंटों लैंडस्केप निहारते रहने का भी अनुभव कम नहीं रहा है और ऐसा करते बहुतेरी बार तो यह भी हुआ कि चित्र मुझसे जैसे संवाद करने लगा! मुझे लगता है, वहाँ मूर्त-अमूर्त का भेद ही नहीं है। हम जिसे अमूर्त कहते हैं, वास्तव में क्या वह है! अमूर्त, यानी जिसकी कोई मूरत नहीं हो, परंतु चित्र रूपाकार तो होता ही है। भले वह ऐसा हो, जिसे सीधे-सीधे व्याख्यायित नहीं किया जा सके, या यूँ कहें कि किसी निश्चित प्रारूप में उसे परिभाषित नहीं किया जा सके, परंतु उसे देखकर मन में बहुत कुछ हलचल तो होती ही है, बल्कि कई बार यथार्थ के चित्रण में इसलिए मन रुचि नहीं ले पाता है कि वहाँ देखने को खास कुछ नहीं होता। जिससे हमारा नाता रहा है, जिसे प्राय: देखते रहे हैं, उसकी छाया ही तो वहाँ होती है। वह चित्र नहीं, प्रतिकृति है। कई बार हम प्रकृति के विध्वंस को भी देखना चाहते हैं, अलग सौंदर्य-बोध में। यह वह नहीं है, जिसमें प्रकृति खिली-खिली हमें लुभाती है, बल्कि वह है, जिसमें कला की दीठ है, तब प्रकृति का रूप बदल जाता है। असुंदर और कुरूपता वहाँ होती है, परंतु देखने का सौंदर्य-बोध भी वहाँ होता है। कला में उसे अनुभूत कर हम कभी रोते हैं, कभी बेहद भावुक हो जाते हैं तो कभी यही असुंदरपन हमें वर्तमान को नए सिरे से देखने की आँख देने लगता है। जो बीत गया है, उसके आलाप में भविष्य को बुनने लगते हैं। कला की यही वह विशेषता है, जो हमें नवीन सोच देती है। कला देखे हुए को, भोगे हुए को, अनुभूत किए हुए को उसकी सहजता के गुणों के साथ एक प्रकार से फिर से रचती है। यही सर्जन है। यही तो है भीतर का हमारा सौंदर्य-बोध।

□

कलाओं में छवि छंद

संगीत में स्वरों से भाव सृष्टि है तो चित्र में रूप-रेखाओं से। हमारे यहाँ तो स्वरों में भी रंगों का उल्लेख है। राग-रागिनियों का चित्रात्मक प्रदर्शन इसी का द्योतक है। मुझे लगता है, कलाएँ कलाकार की स्वानुभूति को रूपायित करती हैं। पर यह ऐसे ही नहीं होता। इसके लिए साधनारत होना पड़ता है। अपनी कला ही नहीं, दूसरी कलाओं में भी जाना होता है। प्रकृति को अनुभूत करना होता है। इसी से मन के संवेग रंग-रेखाओं के साथ संगीत, नृत्य, नाट्य में परिणत होते हैं। तभी कोई कलाकृति समग्रता में हमें लुभा पाती है।

सर्बरी राय चौधरी ने अपनी मूर्तिकला में बहुत से स्तरों पर संगीत की दृश्य छवियाँ निर्मित की हैं। यह ऐसी हैं, जिनका आस्वाद करते संगीत से जुड़ी स्मृतियाँ औचक ही मन में झंकृत होने लगती हैं। इसके पीछे शायद उनकी वह दृष्टि रही है, जिसमें एक कला दूसरी कला को अपने तईं अंवेरती है। एक दफा वह प्रख्यात सरोदवादक अली अकबर खाँ को अपनी मूर्तिकला में ढालना चाह रहे थे। उन्होंने देखा, वाद्य बजाते तो उनका चेहरा पूरी तरह बदल जाता। वह पूरी तरह से तल्लीन और केंद्रित हो जाते, मानो किसी चिंतन में गहरे डूब गए हों। सर्बरी राय चौधरी लिखते हैं, 'जब भी उन्हें वाद्य बजाते देखता, बुद्ध की तसवीर नियत ढंग से मेरे दिमाग में बैठ जाती। मैं उस दृश्य को कैद करना चाहता था। इसीलिए मैंने उन्हें ऐसी मुद्रा में बैठने का आग्रह कर राजी किया। पर चेहरे का वैसा हाव-भाव मुझे दिखाई तब भी नहीं दिया। दूसरे दिन उनका बेटा ध्यानेश उन्हीं का अनुकरण करते सरोद बजा रहा था। उसने गलत धुन बजाई और बस मैंने पा लिया। मुझे जिस दृश्य की तलाश थी,

मुझे मिल गया। मैं सम्मोहित हो गया। मेरे लिए यह ईश्वर को पा लेने जैसा था। मैंने उनकी मूर्ति बना ली।'

जिस दृश्य छवि को मूर्तिकार पाना चाहता था, उस्ताद अली अकबर खाँ को वैसी ही छवि में मूर्ति बनाने के लिए बैठाया भी गया, परंतु तब वह छवि अपनी कला के लिए कलाकार नहीं पा सका। क्यों? इसलिए कि कला में जो कुछ दिखाई देता है—वही सच नहीं होता। बड़ा यथार्थ वह नहीं होता, जो हम देख रहे होते हैं, वह होता है, जो देखने के बाद हमारे मन में घट रहा होता है। आनंद कुमार स्वामी ने शायद इसीलिए कलाओं को ट्रांसफॉर्मेशन कहा है, क्योंकि वहाँ देखे हुए की नकल नहीं होती। वह रूपांतरण होता है। एक प्रकार से पुनर्सृजन। यह प्रभावी तभी होता है, जब कलाकार का नाता अपनी कला से ही नहीं होता, बल्कि तमाम दूसरी कलाओं से भी होता है। वह अपनी कला में रम रहा होता है, परंतु दूसरी कलाएँ उसके लिए तब प्रेरणा के रूप में उसके सिरजे को सँवारने का काम कर रही होती हैं। यही किसी कला की समग्रता भी है।

कहते हैं, राजा रवि वर्मा सुबह चार बजे उठकर चित्र बनाते थे। प्रकाश-छाया के सूक्ष्म अध्ययन और आकलन के लिए यह समय शायद उनके लिए सर्वथा उपयुक्त रहता होगा। अँधेरे की विदाई, उजास का आगमन। प्रकृति की यात्रा दीठ के संवाहक बनकर ही उन्होंने प्रकाश-छाया को अपने चित्रों में जीवंत किया। कलाकार जब तक प्रकृति में घुले रंगों से तादात्म्य नहीं करेगा, वह अपने तईं रंग-रेखाओं से चाहकर भी दृश्य की जीवंत छवियाँ उकेर ही नहीं पाएगा। यानी प्रकृति में निहित जो कला है, उससे भी कलाकार अपने को जोड़े। मकबूल फिदा हुसैन का एक चित्र नववर्ष पर देश के एक बड़े अखबार के मुखपृष्ठ पर प्रकाशित हुआ। लोगों ने इसे बेहद सराहा। बाद में हुसैन साहब ने बताया कि वह चित्र शमशेर बहादुर सिंह की कविता 'पीली शाम' से प्रेरित हो अनायास ही बन गया था। मुझे लगता है, पूरी कविता की कला उसी अर्थ में तभी चित्र में समाविष्ट हो सकती है, जब उसे कोई जिए। मकबूल फिदा हुसैन ने यही किया।...और यह प्रयास से नहीं होता। औचक हो जाता है। स्मृतियाँ, अनुभूतियाँ एक कला से दूसरी कला में ऐसे ही रूपांतरित होती हैं।

□

कलाओं का हमारा मूल

आनंदकुमार स्वामी को पढ़ रहा था। वह स्थापित करते हैं, 'नवीनता नवीन बनाने में नहीं, नवीन होने में है।' इस समय जब भारतीय शास्त्रीय कलाओं पर विचारता हूँ तो उनका यह कहा गहरे से मन में घर करता है। शास्त्रीय नृत्य, चित्रकला का मूल वही है, शास्त्रीय गायन, वादन में मूल राग वही है, जो बरसों से हम सुनते आए हैं, फिर भी इन शास्त्रीय कलाओं में कलाकार सदा प्रस्तुति में नवीन करता है। इस नवीन में ही रसानुभूति हैं, फिर से कुछ सुनने, फिर से कुछ गुनने की, परंतु अपसंस्कृति के इस समय में शास्त्रीय कलाओं का यह मूल हमसे जैसे निरंतर दूर भी हो रहा है।

बहरहाल, भारतीय दर्शन में कलाओं को शुद्ध रूप से जीवन से अभिहित किया गया है। जब ऐसा है तो फिर क्या यह विचारणीय नहीं है कि हम अपनी शास्त्रीय कलाओं के नवीनता के उस मूल को कितना बचाए रख पा रहे हैं? मुझे लगता है, कुछेक लोकप्रिय कलाओं को छोड़ हम बहुतेरी हमारी सांस्कृतिक कलाओं से लगातार दूर और दूर हुए जा रहे हैं। कभी राजस्थान के मांगणियारों, लंगों का लोक-संगीत धोरों की अनूठी रेत राग से मेल कराता कानों में शहद घोलता था, उसे नवीन बनाने के चक्कर में सूफी संगीत लोक-संगीत बन गया है। इसी तरह शास्त्रीय संगीत के स्वर भी बहुत से स्तरों पर फ्यूजन में कनफ्यूज हो रहे हैं। शास्त्रीय नृत्यों को कोरियोग्राफी के नाम बिगाड़ शारीरिक लयकारी में तब्दील किया जा रहा है। चित्रकला में इंस्टालेशन के नाम पर मनमानी हो ही रही है। सोचता हूँ, ऐसा ही होता रहा तो आनेवाली पीढ़ी में कलाओं का हमारा मूल क्या कुछ बचा भी रहेगा?

कुछ समय पहले पं. बिरजू महाराज, पं. हरिप्रसाद चौरसिया, उस्ताद

जाकिर हुसैन, पं. राजन-साजन मिश्र, पं. शिवकुमार शर्मा, टी.एन. कृष्णन, सुधा रघुनाथन, यू. श्रीनिवासन आदि कलाकारों के एक दल ने मिलकर शास्त्रीय कलाओं के संरक्षण के लिए संसद् भवन में प्रधानमंत्री से मुलाकात की थी। इसके तहत शास्त्रीय कलाओं को प्रोत्साहित करने के लिए बड़े व्यावसायिक घरानों की एक प्रतिशत आय को आयकर मुक्त कर उसे सांस्कृतिक गतिविधियों में लगाने, अलग से सांस्कृतिक टेलीविजन चैनल स्थापित करने आदि की माँग की गई थी। इन माँगों पर सरकार ने क्या किया है और क्या कुछ करने जा रही है, कुछ कहा नहीं जा सकता, परंतु सोचने की बात यह भी है कि शास्त्रीय कलाओं के लिए खुद समाज क्या कर रहा है? स्पीक मैके, श्रुति मंडल और सरकारी संस्थाएँ, अकादमियाँ अपने स्थायी आयोजनों में कलाओं का प्रदर्शन, प्रोत्साहन के उपक्रम करती भी हैं, परंतु शास्त्रीय कलाओं के आयोजन से ही क्या हम हमारी समृद्ध सांस्कृतिक विरासत को मूल रूप में सहेज पाएँगे? शास्त्रीय कलाओं के अपसंस्कृतिकरण, अरूपीकरण को क्या इससे रोका जा सकता है? इन पर गहरे से विचारने की जरूरत है।

यह सही है कि शास्त्रीय संगीत, नृत्य और लोक-कलाओं के आयोजनों से इन कलाओं को प्रोत्साहन मिलता है, परंतु इतना ही सच यह भी है कि इनसे नया कोई श्रोता वर्ग, दर्शक वर्ग खड़ा नहीं किया जा रहा। वही हैं, जिनकी रुचि शास्त्रीय कलाओं में है। फिर से गौर करें, रसिकता नया बनाने से नहीं, नए होने से ही पैदा की जा सकती है। इसका अर्थ है, आयोजनों के पार्श्व में भी इस 'नए होने' पर विचार करना होगा। सोचता हूँ, अभिनेता आमीर खान ने 'सत्यमेव जयते' में वही कुछ कहा है, उसी पर ध्यान दिलाया है, जिस पर अरसे से कहा, ध्यान दिलाया जाता रहा है, परंतु प्रस्तुति के और मंशा के उनके नएपन से उनके शो ने अधिसंख्य लोगों का ध्यान खींचा है। शास्त्रीय कलाओं की प्रस्तुतियों के साथ कलाओं की सहज समझ, जानकारियाँ, रसिकता के लिए भी कुछ ऐसा ही नया करना होगा।

उस्ताद अमीर खाँ, पं. भीमसेन जोशी, पं. जसराज ने वही राग गाए हैं, जो उनसे पहले गायक गाते आए हैं, पं. बिरजू महाराज ने वह नृत्य किया, जो

पहले होता रहा, परंतु इन सबने अपने को मूल में साधा। पुनर्नवा किया। आनंद कुमार स्वामी इसीलिए फिर से याद आ रहे हैं, 'नवीनता नवीन बनाने में नहीं, नवीन होने में है।' शास्त्रीय कलाओं को बचाने, उनके संरक्षण के लिए यही मूल मंत्र हो सकता है।

□

विमर्श में सांस्कृतिक समीक्षा

काल और दिक् की सीमा से परे एक व्यापक सांस्कृतिक प्रक्रिया के भीतर ही यह समाज अपनी तमाम स्मृतियों, प्रवृत्तियों, खामियों के साथ सदा मौजूद रहता है। वहाँ बहुत कुछ अव्यक्त होता है। संगीत, नृत्य, नाट्य और चित्रकलाएँ ही हैं, जो इस अव्यक्त को व्यक्त करती हैं। हमारी जो संस्कृति है, उसकी संवाहक ये कलाएँ ही तो हैं। सोचिए, यदि जीवन से कलाओं को निकाल दिया जाए तो फिर बचेगा क्या? इसीलिए शायद कहा गया है, कलाएँ शरण्य हैं। उनमें रचते, उनमें बसते ही इस जीवन को गहरे से हम व्याख्यायित कर सकते हैं।

आलोचक मित्र राजाराम भादू की पहल पर 'समांतर' ने साहित्य और संस्कृति से संबद्ध दो दिवसीय आयोजन का एक सत्र जब 'विमर्श में सांस्कृतिक समीक्षा' रखा तो सुखद अचरज हुआ। संगीत, नृत्य, नाट्य, चित्रकलाएँ संस्कृति के उपादान ही हैं, बावजूद इसके सांस्कृतिक समीक्षा न जाने क्यों कभी विमर्श में रही ही नहीं! स्वाभाविक ही है, इसी से संस्कृति से संबद्ध कोई सोच हमारे यहाँ कभी बन ही नहीं पाई। जब सोच ही नहीं बन पाई तो पत्र-पत्रिकाओं में सांस्कृतिक समीक्षाओं के क्या हाल होंगे, इस पर कुछ कहना बेमानी ही होगा। पत्र-पत्रिकाओं में सांस्कृतिक कार्यक्रमों और उनसे संबद्ध तमाम सूचनाएँ होंगी, परंतु उन्हें पढ़कर कलाकार और उसकी कला के बारे में कोई धारणा बनती है, ऐसा मुझे नहीं लगता।

सवाल सांस्कृतिक समीक्षा के हेतु का भी है। मुझे लगता है, जितना महत्त्व जीवन में कलाओं का है, उतना ही महत्त्व उन पर लिखे का भी है। यह लिखा खाली सूचनाप्रद ही होगा तो कलाएँ हमें क्योंकर झकझोरेंगी? उनमें

निहित पर हम फिर कैसे जा पाएँगे? तब धीरे-धीरे क्या यह नहीं होगा कि हम कलाओं से और कलाएँ हमसे दूर होती चली जाएँगी? सोचिए! तब क्या यांत्रिक ही नहीं हो जाएगा यह पूरा जीवन?

आपको नहीं लगता, सांस्कृतिक समीक्षाएँ ही हमें कला और कलाकारों के निकट ले जाती हैं? बहुतेरी बार कलाओं के समग्र परिवेश को समझने की प्रक्रिया से आगे बढ़कर वह हमें व्यापक और उदात्त दृष्टिकोण भी अनायास ही दे देती है, चूँकि उसमें कला को अनुभूत करने का रस जो निहित होता है।···और यह रस ही तो है, जिससे यह पूरा जीवन आबद्ध है। रस माने आनंद। जीवन की लय। तेरहवीं शताब्दी में सारंगदेव ने संगीत में रस की बात कही थी और भरत मुनि ने तो इस रस की तुलना व्यंजनों के आस्वाद से की है। सोचिए, यदि हमारे सांस्कृतिक परिवेश में जो कुछ हो रहा होता है, उसके इस रस आस्वाद का ही हमें पता नहीं हो तो फिर उसकी सार्थकता क्या है? यह तो वही बात हुई कि भोजन करें और उसमें रस नहीं हो! सांस्कृतिक समीक्षा कलाओं का रसास्वादन कराती है, उन्हें भी, जो केवल पाठक या संचार माध्यमों के ही प्रयोगकर्ता हैं। आप प्रेक्षागृह में नहीं गए हैं, आपने संगीत को नहीं सुना है, कलादीर्घा में नहीं गए हैं, फिर भी आपको वहाँ जो हुआ है, उसका रस मिल रहा है। सांस्कृतिक समीक्षा यही करती है, कला के प्रति जिज्ञासा, उसे स्वयं अनुभूत करने की ललक पैदा करती हुई।

'विमर्श में सांस्कृतिक समीक्षा' की परिणति क्या होगी, नहीं कह सकता, परंतु समानधर्मा कवि, लेखक प्रेमचंद गांधी, नाट्य अभिनेता, निर्देशक रणवीर सिंह, अशोक राही, पत्रकार, संपादक ईशमधु तलवार, मायामृग, कथाकार रामकुमार के साथ ही तमाम दूसरे सहभागियों ने सांस्कृतिक समीक्षा की दशा और दिशा पर जो मुद्दे उठाए, वह सारे ही मौजूँ थे। इससे बड़ा इसका उदाहरण और क्या होगा कि इस महती विमर्श पर दूसरे दिन लगभग तमाम समाचार-पत्र मौन थे।

□

कला का भदेस और अनर्गल

आकल्पन, रूपविधान और रचना से कोई भी चित्र मौलिक और आनंददायक बन सकता है, परंतु वैश्वीकरण के इस दौर में अभिव्यक्ति एवं कला के नवीन तरीके खोजने के प्रयास में सौंदर्य-बोध के माने भी जैसे बदल रहे हैं। संस्थापन में भदेस और अनर्गल भी कला है। स्वतंत्रता का अर्थ है, जो मन आए, करो। गवेषणा का विषय जो बन गई है कला। नई संभावनाओं और मूल्यों के प्रति इधर कलाकारों के आग्रह को इसी से समझा जा सकता है कि विचार, नैतिक सिद्धांत और तथ्यात्मक सामग्री की बजाय अतिशय उत्तेजकता, चौंकानेवाले और किसी छोर से समझ न आनेवाले दृश्य की उत्पति ही कला का हेतु हो रही है। क्या है कला की इस आधुनिकता का भविष्य? कला आलोचक मित्र विनयकुमार कला दीठ को लेकर इस पर टिप्पणी करते हैं, 'दर्शकों को नासमझ समझने की भूल नए मीडिया के कलाकार कर रहे हैं।'

कुछ समय पहले 'इंडिया आर्ट समिट' में भाग लेते लगा, कला का आधुनिक युग पाँच सितारा संस्कृति का है। प्रगति मैदान में ग्लैमर से लबरेज कला के ओर से आँखें चौंधिया रही थी। विश्व भर की कला वीथिकाएँ एक छत के नीचे थी और संस्थापन कला की तगड़ी नुमाइश में कला की प्रचलित मान्यताएँ तय कर पाना मुश्किल हो रहा था। पुणे से आए कलाकार मित्र स्वरूप और स्मिता विश्वास, दिल्ली के हेमराज, वेदप्रकाश भारद्वाज के साथ 'इंडिया आर्ट समिट' में विचरते लगा, किसी और दुनिया में आ गया हूँ। कला की यह हमारी दुनिया तो किसी अर्थ में नहीं कही जा सकती थी। कैनवस किनारे पर था। वीडियो इंस्टालेशन, ध्वनि प्रभाव और एक जगह तो

बाकायदा जिंदा मुरगों की नीम बेहोशी को भी कला के दायरे में लाते प्रदर्शित किया गया था। प्रयोगों में कहीं आम इस्तेमाल में होने वाले 10–20 के नोटों में महात्मा गांधी की आकृति को हटाकर कुछ और आकृतियाँ बनाकर उसे फ्रेम कराया हुआ था तो कहीं ग्राफिक्स में बहुत सारे लाउडस्पीकर थे, वीडियो में न थमनेवाली भद्‌दे ढंग की हँसी थी। अजीबोगरीब शक्ल बनाए इनसानों का कोलाज था और संस्थापन में कूड़े-कचरे को भी यथास्थिति में प्रदर्शित किया गया था। बहुत सारी वीथिकाओं से बाहर निकल जूठे ग्लास फेंकने की डस्टबीन की तलाश करते हेमराज ने एक जगह कचरे के ढेर को देख हमें भी जूठन फेंकने के लिए वहाँ बुला लिया। स्मिता ने गौर किया, कचरा फेंक स्थल नहीं, वह भी संस्थापन था। मुझे लगा, कलाकार बनने का यह अच्छा अवसर है। कैनवस पर तो हाथ आजमा नहीं सकता, क्यो नहीं इंस्टालेशन आर्टिस्ट ही बन जाऊँ! पूरी कॉफी पीने के मोह को त्यागते आधे ग्लास को मैंने भी कचरे के उस ढेर में सजा दिया। हो गया इंस्टालेशन!

कला की इस चकाचौंध में पिकासो, वॉन गॉग, अवनींद्रनाथ, सुबोध गुप्ता, रजा, हुसैन के चित्रों से साक्षात् करते सुकुन भी हुआ। कला के हर रंग, हर ढंग में अतुल डोडिया भी अलग से ध्यान खींच रहे थे। रेखांकनों के साथ अतुल ने डिजिटल फोटोग्राफी के प्रयोग में कला के इस वर्तमान दौर को जैसे कैनवस पर जिया। कैप्शन और फिल्म-पोस्टर चित्रों के अंतर्गत बाजार, कलाकार, कला में व्यवसाय को ढूँढ़ते लोगों पर उनकी कलाकृति रूप में टिप्पणी मौजूँ थीं।

सच ही तो है! चाक्षुष कलाओं का प्रतिनिधित्व अब परफॉर्मेंस, मिक्स मीडिया, फोटोग्राफी, इंस्टालेशन जैसे माध्यम ही कर रहे हैं, यानी तकनीक कला में निरंतर हावी होती जा रही है। 'इंडिया आर्ट समिट' के दर्शकीय अनुभव से बड़ा इसका और उदाहरण क्या होगा? अंतर्मन संवेदनाओं और विचारों के बगैर बहुत से स्तरों पर केवल और केवल तकनीक का कौशल क्या कला का भविष्य है? हे पाठको! इसका निर्णय तो अब आप पर ही छोड़ता हूँ।

□

साँवर सा ओ गिरधारी...

गान का रस जहाँ मिलता है, वही संगीत है। भारतीय संगीत की अनवरत धारा से बड़ा इसका और उदाहरण क्या होगा, जो आध्यात्मिक और भावात्मक जीवन का आज भी अनिवार्य अंग है! मंदिरों में आरती-वंदन के समय जाएँ और पाएँ, वहाँ जो ध्वनित होता है, उसमें अनूठी कला की धारा जैसे प्रवाहित हो रही होती है! भले शब्द हमें वहाँ बहुतेरी बार समझ नहीं आ रहे होते हैं, परंतु भीतर के आनंद के भाव सहज संप्रेषित होते हैं। मदिरों में ही तो हिंदुस्तानी संगीत ने जन्म पाया है। हर प्रांत, स्थान के लोगों ने प्रभु की आराधना को अपनी समझ से स्वर दिए और इसी से शायद आरतियों का भी सृजन हुआ।

सामूहिक रूप में जब कभी किसी भी भाषा में ईश-आराधना के स्वरों का प्रवाह होता है तो वह समझ आता है। मुझे लगता है, मूलत: यही तो है संगीत की कलात्मकता। आरती जब हम सुन रहे होते हैं तो समवेत शब्दों का आस्वादन ही नहीं कर रहे होते हैं, बल्कि उनमें निहित भावों में आनंदानुभूति भी कर रहे होते हैं। तब लगता है, शब्द मात्र उन ध्वनियों का पुंज मात्र नहीं है, जो बोली जाती है, बल्कि वह ध्वनिशास्त्र या आक्षरिक ढाँचे पर स्थापित एक प्रकार से मानसिक अवधारणा है। इस अवधारणा में भले वह बहुतेरी बार पढ़त और गान की प्रक्रिया में ही अर्थ को पूरा करता हो, परंतु मूलत: उसकी सबसे बड़ी क्षमता अर्थोत्पादकता ही है। यह शब्द की कला शक्ति ही तो है, जो उसे अर्थ से जोड़ती है।

कुमार गंधर्व का कहा याद आ रहा है, मधुर गला होने से ही कोई गायक थोड़े बन सकता है। महत्त्वपूर्ण यह है कि स्वरों पर आपकी हुकूमत कितनी है! जिसके लिए गाते हैं, उसमें आपकी श्रद्धा कितनी है? आरती-गान वाले

भले संगीत का क ख ग ही नहीं जानें, परंतु जब वह आरती गा रहे होते हैं तो संगीत-कला को ही जी रहे होते हैं। वर्षों से अपने जनमे-जाये शहर बीकानेर के लक्ष्मीनाथ मंदिर जाता रहा हूँ। इस बार जब गया तो समवेत स्वरों में निहित शब्दों को समझने का प्रयास किया। पुरुष-महिलाएँ विभोर हो प्रभु की आरती में लीन हैं। संगीत के अद्‌भुत रस का प्रवाह हो रहा है। एक साथ सधे हुए स्वरों का पान करते मन पवित्रता के सागर में गोते लगाने लगा। भूल गया कि शब्द समझने आया हूँ।...शब्द नहीं, भाव समझ आ रहे थे। वह भी ऐसे, जिन्हें किसी और स्तर पर कहाँ समझा जा सकता था! मैंने एक काम किया। आरती को अपने मोबाइल में रिकॉर्ड कर लिया। जयपुर जब आया तो उसे सुना। एक बार नहीं, बार-बार। समूह स्वरों में आरती के शब्द जो ध्वनित हुए, वह थे—'सांवर सा ओ गिरधारी...ओ भरोसो भारी...ओ शरण तिहारी। ओ हर बिना मोरी, गोपाल बिना मोरी, लक्ष्मी रे नाथ बिना मोरी...कौन खबर ले...।...'सहस्र गोप्यां रो गिरधरधारी। चक्करधारी...।'

जरा गौर करें, गोपियों को गोप्यां और चक्रधारी को चक्करधारी कहा गया है। खालिश बीकानेरी भाषा में रची आरती को बचपन से सुनता रहा, परंतु उसके शब्दों में कभी गया ही नहीं। बस, संगीत के माधुर्य का ही पान करता रहा। जिस प्रकार से लोकगीतों के बारे में यह नहीं कहा जा सकता कि उन्हें किसने रचा, ठीक वैसे ही आरतियों के बारे में भी यह नहीं कहा जा सकता कि उन्हें किसने रचा? हाँ, आंचलिक भाषा की मिठास के साथ उनमें संगीत के शाश्वत स्वरों का प्रवाह हर जगह एक ही है। दरअसल वहाँ शब्द सत्तावान है और अर्थ नित्य। घुमक्कड़ी के अपने स्वभाव के कारण देश भर के मंदिरों में गया हूँ और पाया यही है कि वहाँ आरती के शब्द भले अलग हों, परंतु उनमें सौंदर्यपरक आनंद का हेतु तो एक ही है। यही तो है संगीत-कला! उपनिषद् कहते हैं—'रसो वै सः', अर्थात् रस ही आनंद है। अन्य ललितकलाओं से संगीत-कला निराली है। संगीत में एक साची नहीं, सव्यसाची होते हैं कलाकार।...आनंद रस की बरखा करते!

□

सच्चे मन की सुरांजलि

कुछ दिन पहले पं. मल्लिकार्जुन मंसूर द्वारा लिखी उनकी आत्मकथा 'रस यात्रा' पढ़ रहा था। इसमें वह लिखते हैं, 'अच्छा संगीत श्रोताओं को भावों के उच्चासन पर पहुँचा देता है। सच ही तो है! यह संगीत ही है, जिसमें मन सांसारिकता से दूर एक अलग दुनिया में चला जाता है। कुछ दिन पहले नरेंद्र चंचल के नहीं होने का सुन मन बुझ सा गया, पर उनके गान को याद करते लगा, ऊँची तान में उन्होंने माता के भजनों का अनूठा ओज अपनी वाणी से बिखेरा। उनके गाए 'तूने मुझे बुलाया शेरावालिये' या फिर 'चलो बुलावा आया है' सुनते मन औचक माता के दरबार में पहुँच जाता है, शायद इसलिए कि इनमें किसी तरह का कोई बनावटीपन नहीं है। आरंभ में उन्होंने बुलंद अंदाज में बुल्ले शाह के कलाम गाए, फिर जगरातों में माता के भक्ति-गीतों का जो लोक-उजास बाँटा, चाहकर भी मन कहाँ उसे बिसरा सकता है!

बहरहाल, सम और गीत से बना शब्द है संगीत। सम माने सहित और गीत का अर्थ है गान। कोयल की कूक सुनते हैं तो मन में मीठी सी कोई हूक जगती है न! मन पाखी भी तो प्रकृति में विचरते बहुतेरी बार औचक गाने लगता है। हरिओम शरण को सुनते भी सदा ऐसा ही लगता है। सांसारिकता में होते भी लगता है, मन उससे अलग अपने भीतर की तलाश में पहुँच गया है। भले वहाँ शास्त्रीयता की सौंदर्य परिणति नहीं है, परंतु अंतर्मन संवेदनाओं के गान की गहन अनुभूति है। सहज, सरल शब्दों में कहें, आपका-हम सबका मन वहाँ जैसे गाता है। उनके सुरों में प्रभु अर्चना है। व्यर्थ किए का पश्चात्ताप है।...और है एक साधक की साधना!

भजन संगीत की हमारी समृद्ध परंपरा को हरिओम शरण और नरेंद्र

चंचल ने ही नहीं, मंदिरों में गाए जानेवाले आरती के लोक-समूह स्वरों ने भी निरंतर समृद्ध किया है। मेरे अपने शहर बीकानेर के लक्ष्मीनाथजी मंदिर में गाई आरती 'साँवरा सा ओ गिरधारी' जगचावी है। इसलिए कि सच्चे अर्थों की सुर अभ्यर्थना वहाँ है। यह लिख रहा हूँ और हरिओम शरण का गाया 'निर्मल वाणी पाकर तुझसे, नाम न तेरा गाया।' मन में गूँजरित हो रहा है। शब्द भर नहीं, शब्दों के भीतर का गान यहाँ है। बहुत छोटा था तब। अलसुबह घर में दादी को हरजस गाते सुनता था। न जाने कहाँ से आए थे उनके हरजस के वे बोल! दादी को संगीत का ज्ञान कहाँ था! वह तो हरि स्मरण करती थीं। ऐसा करते अपने को भी जैसे तब भूल जातीं। उनकी उस तंद्रा को याद करते लगता है, संगीत के सच्चे सुरों में अपने को भूलना जरूरी होता है। हरिओम शरण का 'दाता एक राम', 'प्रभु हम पे दया करना', जैसे गाए भजन ऐसे ही हैं—प्रार्थना, अर्चना, याचना और मनुष्य होने के मामूलीपन का बोध! सच्चे मन की सुराजंलि! उन्हें सुनें, मन करेगा गुनें। गुनते ही रहें!

□

राग-राग रस!

पंडित भजन सोपोरी 'संतूर संत' थे। मूलतः वह सूफी घराने से थे, पर संतूर को उन्होंनें ताउम्र संत की तरह साधा। निरंतर उसमें नवीन प्रयोग किए। उसके गायकी अंग को निखारा। तंत्रकारी अंगों का विस्तार करते माधुर्य के बहुतेरे नए अध्याय भी लिखे। मन के तारों को झंकृत करता संतूर का उनका 'ज़मज़मा' कमाल का था। तारों पर 'मेज़राब' से वह हलका प्रहार कर बहुतेरी बार जब वहीं ठहर जाते तो मंदिर की घंटियों-सा निनाद कानों में जैसे रस घोलता।

संतूर माने शततंत्री। सौ तारोंवाला वाद्य। पर संतूर की अपनी आरंभ से ही सीमाएँ रही हैं। सूफियाना संतूर एक सप्तक का होता है। माने वहाँ रागों का फैलाव नहीं हो पाता। तीन सप्तक का हो तो यह फैलाव हो! सो भजन सोपोरी ने संतूर में इसे संभव करते बहुत से तकनीकी परिवर्तन किए। लकड़ी के बने 27-28 के बजाय संतूर के 45 गोटे (ब्रिज) उन्होंने इसमें बनवाए। संतूर में वीणा तत्त्व की मौजूदगी कायम की। रागदारी से जोड़ते संतूर में गान की बारीकियों के विरल प्रयोग उन्होंने किए। भारतीय शास्त्रीय संगीत की राग-रागीनियों के साथ ही गायकी अंग में गजल, भजन, नज्मों का भी अनूठा संसार संतूर में उन्होंने सिरजा।

संतूर की शिक्षा पंडित भजन सोपोरी को उनके पिता पं. शंभूनाथ सोपोरी से मिली। पर उन सीखों में निरंतर उन्होंने अपने तईं बढ़त की। सुनेंगे तो लगेगा, शास्त्रीय रागों में दर्शित भाव को कश्मीर के लोक रागों में ढालते उन्होंने धुनों की प्रकृति को जैसे गहरे से जिया है। संतूर के उनके शास्त्रीय रागों का आलाप, जोड़, गत और द्रुत तीन ताल की रूहदारी मन को सुकून देनेवाली

है। याद है, पहले-पहल राग गावती में उनका संतूर सुना था। ढलती साँझ के कितने-कितने रंग मन में जैसे सदा के लिए तब समा गए थे, फिर तो उन्हें निरंतर सुनता ही रहा हूँ। राग विभाश, चंद्रकौंश, बागेश्री आदि में आप भी सुनेंगे तो मन करेगा गुनें। बस गुनते ही रहें।

यह महज संयोग ही नहीं है कि वह जब पाँच वर्ष के थे, तभी 1955 में श्रीनगर में उन्होंने अपनी पहली प्रस्तुति संतूर के एकल शास्त्रीय वादन से ही दी। संतूर में नवाचार करते बाद में उन्होंने भाँति-भाँति के शास्त्रीय और लोक रागों में इसे सजाया। संतूर में 'बोल', 'छंद' और 'लय' का नया मुहावरा भी उन्होंने बनाया। शास्त्रीय संगीत की संतूर की व्यवस्थित शैली 'सोपोरी बाज' की भी उन्होंने अपने तईं स्थापना की। सोचता हूँ, संतूर में क्या-क्या उन्होंने नहीं रचा! भजन, गजलें, ओपेरा; और भी बहुत सारा। सुनेंगे तो लगेगा, संतूर बजता नहीं गाता हुआ, नृत्य में रमता-रमाता हुआ सदा के लिए हमारे जेहन में बस जाता है। संगीत और प्रदर्शन कला के लिए उन्होंने 'सा मा पा', सोपोरी अकादमी की भी शुरुआत की। संस्कृत, अरबी, फारसी, राजस्थानी, सिंधी और बहुत सारी दूसरी भाषाओं में उन्होंने संगीत सिरजा तो देशभक्ति गीतों को भी विरल धुनों से निरंतर संपन्न किया।

उन्हें सुनते राग-राग रस की अनुभूति होती है। सितार पर भी उनकी गजब की पकड़ थी। यह था तभी तो बहुतेरी बार उन्हें सुनते संतूर के तारों में वीणा के अलौकिक संसार की भी झलक मिलती रही है। याद है, एक दफा उनसे जब भेंट हुई तो शततंत्री वीणा से संतूर की यात्रा पर बहुत कुछ नया उन्होंने बताया था। उस मुलाकात में ही रमा मन संतूर की उनकी रूहदारी में बस रहा है। लयकारी का अतुलनीय संयोजन! राग-राग रस! ध्वनि में दृश्यों का अनूठा संसार और उनकी वह दिव्य उपस्थिति अब कहाँ!

□

भाषा नहीं, संस्कृति

हिंदी भाषा नहीं, भारतीय संस्कृति है, बल्कि कहें, संस्कृति की जड़ों से हमें किसी ने जोड़े रखा हुआ है तो वह हिंदी ही है। गौर करें, देश में सर्वाधिक अखबार हिंदी में निकलते हैं। सर्वाधिक फिल्में हिंदी की बनती है तथा विज्ञापन और मीडिया में बरती जानेवाली भाषा का मूल आधार भी हिंदी ही है। परंतु आधुनिकता के बोलबाले में सब ओर अंग्रेजी भाषा के महत्त्व का राग ही गाया जा रहा है। इसीलिए शायद यह जोर-शोर से प्रचारित भी किया जाता है कि हिंदी का संरक्षण किया जाना चाहिए। पर मैं समझता हूँ, यही हमारी बौद्धिक दरिद्रता है। हिंदी यदि इस दौर की महत्त्वपूर्ण भाषा नहीं होती तो क्या विज्ञापन जगत् इस भाषा को अपना संप्रेषण माध्यम बनाता? मुझे लगता है, हिंदी को संरक्षण की नहीं, बल्कि आधुनिक भाषा के रूप में विकसित करने की जरूरत है। राज-काज में हिंदी का अधिकाधिक प्रयोग तो ठीक है, परंतु जरूरी यह भी है कि हिंदी में बोलने और लिखने में गर्व की अनुभूति करने का वातावरण भी निर्मित किया जाए। और यह कोई मुश्किल कार्य नहीं है।

मेरा अधिकांश लेखन अपनी मातृभाषा राजस्थानी के साथ हिंदी में ही होता है। अंग्रेजी का भी ज्ञान है परंतु जो संपन्नता हिंदी में अनुभूत करता हूँ, वह अंग्रेजी में नहीं पाता। इसलिए कि हिंदी में जो शब्द संपन्नता है वह आंचलिकता के मुहावरों में गूँथी हुई है। माने वहाँ राजस्थानी जैसी दूसरी आंचलिक भाषाओं के माधुर्य का अद्भुत घोल है। स्वाभाविक ही है ऐसे में अनुभूतियों को रूपांतरित करने का जो सुख इस भाषा में है, वह कहीं नहीं है। हिंदी के संसार को वह वर्ग भी समझता है, जिसकी मातृभाषा हिंदी नहीं है। राहुल सांकृत्यायन ने कभी ठीक ही कहा था, 'इस विशाल देश के हर भाग में

शिक्षित–अशिक्षित, नागरिक और ग्रामीण सभी हिंदी को समझते हैं।' इसका बड़ा कारण यही है कि हिंदी ने अपने आँचल में तमाम दूसरी भाषाओं को सहेज रखा है बल्कि उनसे ही हिंदी संपन्न और संपन्न हुई जाती है।

हमारे यहाँ कहा गया है, ''कोस–कोस पर बदले पानी और चार कोस पर वानी।'' माने हर कोस पर पानी बदल जाता है और हर चार कोस पर भाषा बदल जाती है, परंतु इस बदली भाषा में भी हिंदी की जड़ें ही हैं। सभी भाषाओं में हिंदी के कुछ–न–कुछ शब्द तो होते ही हैं। ऐसे में हजारों–हजार भाषाओं की मधुरता अपने में समाए हिंदी विश्व की समृद्धतम भाषाओं में से एक है। हिंदी हिंदुस्तान में ही नहीं, इतनी ही लोकप्रिय नेपाल, सूरीनाम, पाकिस्तान, फिजी, मॉरिशस, गयाना के साथ ही दूसरे बहुत से देशों में भी है। इसका शायद बड़ा कारण यह भी है कि यही वह भाषा है, जो सर्वाधिक व्यवस्थित है। माने जो हिंदी में लिखा जाता है, वही बोला जाता है और उसका अर्थ भी वही ध्वनित होता है।

माने यह तो स्पष्ट है कि हिंदी सर्वाधिक सहज भाषा है, परंतु विडंबना यह है कि हमारे अपने देश में अंग्रेजों ने हिंदी की हीनता को एक तरह से बोया है। उनके बोए की परिणति ही है कि ज्ञान के अनुपम भंडार के बावजूद हिंदी बोलने और बरतने में बहुतों को हीनता का बोध होता है, बल्कि यह भी कहें कि आधुनिकता की भाषा के रूप में हिंदी की बजाय अंग्रेजी को तरजीह दी गई है।

कहा गया है कि यदि किसी पर साम्राज्य की अभीप्सा हो तो हो तो सबसे पहले उसकी संस्कृति और भाषा पर अधिकार किया जाए। यही हमारे देश में किया भी गया। आजादी मिले इतने साल हो गए, परंतु भाषिक दासता से शायद आज भी हम मुक्त नहीं हुए है। यही कारण है कि उच्च शिक्षा के स्तर पर आज भी माध्यम हिंदी की बजाय अंग्रेजी है। इसलिए जरूरी यह है कि हिंदी को संरक्षण करने के प्रयासों की बजाय हिंदी को आधुनिकता की वाहक बनाया जाए।

हिंदी तेजी से बढ़नेवाली भाषा है, परंतु जरूरत इस भाषा के शब्दों के बरताव की सावधानी की भी है। हिंदी के साथ अकसर यह आरोप लगता रहा

है कि दुरूह शब्दों की बजाय हिंदी में सरल शब्दावली बल्कि हिंग्लिश भी यदि अपनाई जाए तो कोई बुरी बात नहीं है परंतु व्यक्तिश: मैं इससे सहमत नहीं हूँ। यह सही है, दूसरी भाषाओं के शब्दों से कोई भी भाषा संपन्न ही होती है, परंतु शब्दों का घालमेल भाषा के माधुर्य से खिलवाड़ है। जब अंग्रेजी का अखबार या कोई पुस्तक पढ़ते समय अंग्रेजीदाँ शब्दकोश को देखे जाने में किसी प्रकार का परहेज नहीं करते हैं तो क्यों नहीं हिंदी के साथ भी ऐसा ही हो। हिंदी का कोई शब्द यदि समझ में नहीं आता है तो बजाय उसे कोसने के त्वरित शब्दकोश का सहारा लिया जाए। यह इसलिए भी सही है कि इससे शब्द के सहीपन को हम बचाए रख पाएँगे।

देशभर में कला-संस्कृति, पर्यटन और मीडिया विषयक व्याख्यान के लिए जाना होता रहता है। हिंदी में लिखता हूँ, हिंदी में सोचता हूँ, सो स्वाभाविक ही जहाँ कहीं जाता हूँ, हिंदी में ही संवाद करता हूँ, परंतु अपने गौरव के परिवेश से बाहर झाँकता हूँ तो ताम-झाम और अनर्गल चकाचौंध में अपने को दोयम दर्जे का पाता हूँ। शायद इसलिए कि हमने खुद ही संपन्नता का पूरा का पूरा बोध अंग्रेजी भाषा को अपने तईं सौंप दिया है। तमाम बड़े आयोजनों, संगोष्ठियों का मूल भले भारतीय संगीत, नृत्य, नाट्य हो, परंतु वहाँ संवाद की भाषा जान-बूझकर अंग्रेजी चुनी जाती है। बड़ा कारण यह भी है कि जो कुछ बड़े स्तर पर क्रियान्वित होता है—उसका आधार अंग्रेजी भाषा ही है।

अभी बहुत समय नहीं हुआ, उदयपुर में पर्यटन पर एक राष्ट्रीय संगोष्ठी में एक सत्र की अध्यक्षता का निमंत्रण मिला था। सुखद लगा। देशभर से पर्यटन विशेषज्ञ एक मंच पर उपस्थित थे। आयोजन से कुछ समय पहले तमाम लोगों से वार्त्तालाप हिंदी में ही हुआ पर जब कार्यक्रम की शुरुआत हुई तो संयोजक ने अंग्रेजी का दामन थाम लिया। यह तो अच्छा था कि आयोजन के मुख्य अतिथि संसदीय सलाहकार बोर्ड के सदस्य श्री रघुनंदन शर्मा थे, जिन्होंने अपना उद्बोधन हिंदी में प्रारंभ किया और बाकायदा उनने हिंदी में अपने को बखूबी संप्रेषित भी किया। चूँकि ऊपर से हिंदी मे संवाद की पहल हुई सो बाद में तमाम मंच हिंदी की लय में अपनापे की तलाश का आकाश

बनता चला गया। बल्कि तमाम वह जो अंग्रेजी में बोल रहे थे उन्होंने न केवल हिंदी में बोला बल्कि यह बताने में भी कोई कोर कसर नहीं छोड़ी कि उनकी हिंदी बेहतरीन है। पर विडंबना यह भी है कि यह वह लोग थे जो आमतौर पर हिंदीभाषी हैं और सामान्य संवाद की उनकी भाषा हिंदी ही है, परंतु सभा-सम्मेलन में अंग्रेजी में अपने को संप्रेषित कर ही वह अपने को धन्य समझते रहे हैं।

बहरहाल अंग्रेजी में संवाद बुरा नहीं है। भाषा कोई भी हो, कहाँ बुरी होती है, परंतु जब उसके जरिए आप अपने को स्थापित करने के प्रयास में हो तो जरूर स्थिति सोचनीय हो सकती है। इस समय यही हो रहा है। देशभर में उच्च स्तर पर अंग्रेजी का बोलबाला है। व्यक्तिगत मैं यह भी पाता हूँ कि इस बोलबाले में ही हिंदी की बेचारगी की बात की जाती है। पर यह पूरा सच नहीं हे। यह सच है, अंग्रेजी में भाषिक व्यंजना तो बहुतेरे बेहतरीन करते हैं, परंतु वहाँ विचार अमूमन गौण होता है। अंग्रेजी के बोलबाले की एक और भी वजह है, तमाम जो कुछ आपका नहीं है, वह सूचना और संचार प्रौद्योगिकी से आपका हो गया है। गूगल और दूसरे सर्च इंजन पर जाने भर की जरूरत है, अंग्रेजी में सब कुछ तैयार मिल जाएगा और फिर उसके लिए अलग से कुछ तैयारी की जरूरत नहीं है। पर्यटन संगोष्ठी के एक सत्र की अध्यक्षता जब कर रहा था तो इसे शिद्दत से महसूस किया। पर्यटन शिक्षा से जुड़े विद्वज्जन और शोधार्थी जो प्रस्तुत कर रहे थे, वह आकर्षक, ताम-झाम भरा था, परंतु वहाँ पर नया कुछ नहीं था। केरल के पर्यटन विकास को आदर्श रूप में प्रस्तुत करने की घिसी-पीटी सोच से जुड़ा एक शोधपत्र था, एक शोधपत्र होटल उद्योग में कार्मिकों के प्रबंधन से जुड़ा था, एक में पर्यटन और अर्थव्यवस्था से जुड़े आँकड़ों का मायाजाल था और ऐसे ही कुछ और भी थे, जिनमें शोध निष्कर्ष कुछ निकाला नहीं जा सकता था। स्पष्ट था, जो कुछ प्रस्तुत किया गया वह इंटरनेट की मदद से तैयार कर 'ज्यों की त्यों धर दीनी चदरिया' सरीखा ही था। अंग्रेजी इसीलिए धड़ल्ले से चल रही है। पर अब तो यूनिकोड में भी आप सर्च इंजनों पर कुछ तलाशेंगे तो बहुत कुछ पा जाएँगे, पर इसका अभ्यास अभी बहुत से स्तरों पर है नहीं।

बहरहाल वहाँ जो अनुभूत किया, वह किसी एक संगोष्ठी का सच नहीं है। तमाम बड़ी संगोष्ठियों का आज का सच यही है। वहाँ जो कुछ प्रस्तुत होता है, अंग्रेजी में होता है। यहाँ तक कि जो हिंदी माध्यम से पढ़कर आए हैं, वह अपने आपको अंग्रेजी में प्रस्तुत कर गौरवान्वित होते हैं, बल्कि अंग्रेजी में अपने को संप्रेषित कर वह अपने को लगातार धन्य करते हैं। यह बात इसलिए कि मेरे एक मित्र हैं, जो राजस्थान से ही हैं, परंतु इन दिनों भारत सरकार के एक बड़े संस्थान में महत्त्वपूर्ण पद पर जुड़े हैं। एक संगोष्ठी में उनके साथ था। संयोग देखिए, मैंने अपने को हिंदी में संप्रेषित किया, उपस्थित जनों को बहुत अच्छा लगा। अन्य सबके सब जो अंग्रेजी बोल रहे थे, हिंदी में लौट आए, बल्कि कहूँ उन्हें सहज लगा, अपनी भाषा में बतियाना। जब सारा माहौल हिंदी का हो गया, उन्होंने भी बोलना प्रारंभ किया। कहा, 'मैं प्रयास करता हूँ, हिंदी में बोलने का।' घोर अचरज हुआ। जो हिंदी भाषी है, घर की भाषा जिनकी हिंदी है, वह यह कहे कि प्रयास करता हूँ हिंदी में बोलने का। ऐसा ही हो रहा है। इसलिए कि हिंदी भाषी ऐसे अंग्रेजीदाँ लोगों ने जो कुछ पाया, उसका बड़ा आधार वह अंग्रेजी भाषा शायद रही, जिसमें मौलिक सोच और चिंतन नहीं होते हुए भी बहुत कुछ पाया जा सकता है।

याद है, दिल्ली से ललित कला अकादमी की ओर से 'न्यू मीडिया आर्ट' पर चंडीगढ़ में आयोजित राष्ट्रीय कला सप्ताह में भाग लेने और संवाद करने का निमंत्रण मिला था। संशय में पड़ गया। संशय इस बात को लेकर था कि संवाद हिंदी में करना है या अंग्रेजी में। चंडीगढ़ ललित कला अकादमी की मेजबानी में आयोजित समारोह के निमंत्रण पत्र से लेकर तमाम संवाद, औपचारिकताएँ अंग्रेजी यों ही हो रही थीं। यों भी केंद्रित विषय में हिंदी कहीं दिखाई नहीं दे रही थी। सो मेरा संशय भी वाजिब ही कहूँगा। पहुँचने पर चंडीगढ़ ललित कला अकादमी के अध्यक्ष ने गर्मजोशी से अंग्रेजी में ही स्वागत किया। होटल में कुछ और भी प्रतिभागी थे, सबके सब अंग्रेजीदाँ। हिंदी वहाँ भी कहीं नजर नही आ रही थी। दूसरे दिन एक कला की एक प्रतिष्ठित पत्रिका के तब के संपादक राहुल भट्टाचार्य ने अंग्रेजी में संयोजन की अपनी शुरुआत में ही जता दिया कि हिंदी का वहाँ कोई स्थान नहीं है।

कलाकार विभा गहरोत्रा ने भी उनकी इस मंशा पर पूरी तरह से मोहर लगाई। अब बारी मेरी थी। जान-बूझकर हिंदी में बोला। कहीं कोई दिक्कत नहीं थी। हॉल खचाखच भरा था और तमाम लोग मुझे समझ रहे थे। यह बात इसलिए लगी कि बाद में प्रश्नों का जो दौर प्रारंभ हुआ, उसमें सब के सब बजाय मेरे अंग्रेजी बोलनेवाले मित्रों से आधुनिक तकनीक और कला पर सवाल पूछने के मुझसे ही बहुत कुछ जानने को उत्सुक थे। 'न्यू मीडिया आर्ट' पर हिंदी में दिए तर्क और कला संवेदना की व्याख्या को समझते हुए भी विडंबना यह थी कि राहुल और विभा मंच पर अंत तक अंग्रेजी पर ही अड़े रहे, मैं हिंदी पर। प्रश्नों की बौछार अंग्रेजी में ही हुई, निरंतर होती रही, परंतु मैं हिंदी में जवाब-दर-जवाब देता रहा। सुकून भी हुआ कि मुझे सुनने को अंत तक वहाँ आए लोग उत्सुक रहे और उन्होंने मेरे तर्क तथा दिए जवाबों से संतुष्टि भी जताई। बाद में उनकी सराहना और मीडिया के रुख से यह भी लगा कि मेरी हिंदी वहाँ चल गई थी, अच्छे से।

इस परिप्रेक्ष्य में मुझे यह भी लगता है कि भारत में अभी भी पर्यटन, कलाएँ और संस्कृति जनरुचि का विषय शायद इसीलिए नहीं बन पाई है कि यहाँ पर अव्वल तो कला के सार्वजनिक आयोजन ही नहीं होते और जो होते हैं, उनमें हिंदी कहीं नहीं होती, जबकि इस बात को नहीं भूलना चाहिए कि आज भी आम जन की भाषा हिंदी ही है। हिंदी में कला आलोचना और संगीत, नृत्य, नाट्य पर बेहतरीन सामग्री के नहीं होने का जो रोना रोया जाता है, उसका एक बड़ा कारण क्या यही नहीं है कि हमारे यहाँ जो कुछ नवीन होता है, उसमें हिंदी का कहीं कोई स्थान ही नहीं रखा जाता। जो कुछ छपता है अंग्रेजी में। जो कुछ प्रस्तुत किया जाता है अंग्रेजी में। हिंदी की शायद वहाँ जरूरत ही नहीं महसूस की जाती। हिंदी को फिर क्यों दोष दिया जाए!

बहुतेरे हिंदी की बेचारगी पर अफसोस जताते हैं, परंतु मुझे अपनी हिंदी कभी बेचारी नहीं लगती। इसलिए कि मेरे चिंतन का आधार यही भाषा है। इसलिए भी कि मुझे विचार का आलोक इसी से मिलता है, इसलिए भी कि हिंदी ने ही मुझे सबकुछ दिया है। मुझे पता है, मेरे हिंदीभाषी बहुतेरे मित्र अंग्रेजी का सहारा इसलिए लेते हैं कि उनके पास उस भाषा के अलावा अपने को

व्यंजित करने का खास कोई विचार नहीं है। अंग्रेजी का महत्त्व बहुत से स्तरों पर इसीलिए शायद है कि इसके जरिए आप अपने को स्थापित करने की जुगत बिठा सकते हैं। पर हिंदी हमारी संस्कृति है और इसी से हम अपने आपको जड़ों से जोड़े रख सकते हैं। जड़ों से विलग होकर दीर्घ समय तक कोई अपने को खड़ा नहीं रख सकता है।

□

शब्द ब्रह्म संस्कृति

शब्दों की संस्कृति के लिए यह संकट का दौर है। इस विकट समय में बाजार-पोषित मूल्य कुछेक शब्दों में ही जीवन चलाने को प्रेरित कर रहे हैं। संकट हिंदी शब्दों का ही नहीं, बल्कि दूसरी भाषाओं के शब्दों को बचाने का भी है। इमोजी के दौर में शब्द हाशिए पर है। हमारी हर हरकत पर बाजार की नजर जो है! इंटरनेट से जुड़े किसी भी माध्यम पर आपने कुछ पसंद किया, अपने विचार रखे नहीं कि बाजार अनुभूति कराएगा कि आपके मन को हमने बाँच लिया है और फिर जो कुछ स्क्रीन पर दिखेगा, उस पर ही बटन दब जाएगा। फेसबुक को ही लें। पहले इमोजी तक ही विकल्प थे, पर अब तो पोस्ट के आधार पर हिंदी और अंग्रेजी में पहले से गढ़े 'लाजवाब', 'बहुत सुंदर', 'बधाई', 'सुपर' और भी बहुत सारे शब्द जैसे नूंत देते दिखने लगे हैं। पर सोचिए, इस शब्द एकरसता से हमारे मन का कितना कुछ छीना जा रहा है!

शब्द प्रयोग में ही सदा बढ़त करते हैं। हिंदी में अधिकतर शब्द संस्कृत से आए हैं। पर लेखक बहुत से स्तरों पर स्वयं भी बहुतेरी बार नए-नए शब्दों से भाषा को समृद्ध, संपन्न करते रहे हैं। भाषा 'सिंटेक्स' से ही आगे बढ़ती है। हर शब्द को बरतने की अपनी परंपरा, संस्कार होते हैं, इसलिए शब्द को व्याकरण ही नहीं, ध्वनित अर्थ से भी देखा जाना चाहिए। विशेष शब्दचय, विशेष संदर्भों में अपनी निजता लिये होते हैं। मेरे कला-लेखन में परंपरा के साथ अपनी मायड़ भाषा राजस्थानी की लय से प्रेरित बहुत से शब्द अनायास प्रयुक्त हुए हैं, कुछ नए बने भी हैं। गौर किया तो पाया कि बहुत से स्तरों पर उनका चलन हो गया। ऐसा ही होता है! देशज शब्दों से

लेखक की अपनी रुचि से गढ़ने, बरतने से ही शब्द-संपदा बढ़ती है।

शब्द तब तक शव है, जब तक कि उनका प्रयोग न हो। 'कादंबिनी' अब तो बंद हो चुकी है, परंतु जब यह पत्रिका प्रारंभ हुई तो इसका नामकरण महादेवी वर्मा ने किया था। बहुतों को पत्रिका के शीर्षक का यह शब्द बहुत क्लिष्ट लगा, पर बाद में बहुत कम समय में 'कादंबिनी' शब्द लोकप्रिय हो गया। अब सोचिए, क्लिष्ट मानकर यदि शब्दों का प्रयोग ही न हो तो बहुत सारे शब्द सदा के लिए क्या हमसे जुदा नहीं हो जाएँगे!

बहरहाल, कुबेरनाथ राय के निबंध संग्रह हैं—'गंधमादन', 'रस आखेटक', 'मराल', 'पर्णमुकुट', 'निषाद बाँसुरी' आदि। पढ़ेंगे तो शब्द-शब्द मन मथेगा। बकौल कुबेरनाथ राय, उनके निबंध वाक्यों के चंदन-काष्ठ हैं, जिनसे भावों और विचारों की सुगंध प्राप्त करने के लिए पाठक को थोड़ा सा निर्मल-तरल मन देकर इन्हें कष्टपूर्वक घिसना पड़ेगा।

यह सच है, चंदन को घिसेंगे तभी न उससे सुगंध आएगी! हम कहते हैं—'बम-बम भोले!' कहाँ से आए ये शब्द? महादेव की अष्टमूर्ति व्योम से। व्योम माने महादेव। वह, जो निराकार, शून्य सत्ता का प्रतिनिधित्व करता है। पर 'व्योम-व्योम महादेव' रुचता कहाँ है! शब्द उच्चारण और बरतने की हमारी सौंदर्य दृष्टि यही है। कला या साहित्य में सपाट कुछ भी रंजक नहीं होता। लिखे में शब्द अर्थगर्भित हों और कलाओं में अर्थ के आग्रह से मुक्त व्यंजना होगी, तभी अंतर्मन आलोकित होगा। शब्द की संस्कृति उसे बरतने, नए शब्द गढ़ने से ही बढ़त करेगी; और हाँ, शब्द बचेंगे, तभी हम व हमारा मूल बचा रहेगा। विचारें, आखिर ऐसे ही तो शब्द को ब्रह्म नहीं कहा गया है।

□

संवेदना और रचनात्मक मूल्य

अपने युग से कला जब संवाद करती है तो निश्चित ही उससे जुड़ी घटनाओं, परिघटनाओं को अपने में समाहित करके चलती है। कंप्यूटर के इस दौर में जब विज्ञान और तकनीक कला पर निरंतर हावी होती जा रही है, यह सोचने की बात है कि तकनीक क्या कला हो सकती है? वह कलात्मक तो हो सकती है, परंतु उसे कला कैसे कहा जाए?

दरअसल, तकनीक बाजार की जरूरत है। वह यदि रचनात्मकता पर हमला करती है तो फिर उससे कला-जगत् को सतर्क होने की आवश्यकता है। 'फ्रीडम ऑफ क्रिएटीविटी' के तहत कला में इधर तकनीक के जरिए बहुत से स्तरों पर बेहतरीन कार्य भी हुआ है, परंतु उसकी अपील सार्वकालिक, सार्वदेशीय है भी अथवा नहीं, इस पर विचार किए जाने की जरूरत है। तकनीक के साथ इधर इंग्लैंड, अमेरिका और ऑस्ट्रेलिया में कलाकार अपने शरीर तक का इस्तेमाल तथाकथित अपनी कला में करने लगे हैं। कुछ समय पहले कोडिस गैलरी ने नया काम करनेवाले विभिन्न कलाकारों को बुलाया था। मकसद था—कला में नवीन करनेवालों की कला का प्रदर्शन। इसमें इंस्टॉलेशन के लिए अमेरिकी कलाकार गुइलर्मो वर्गाज जिमनेज हेबाकक ने एक कुत्ते को तब तक बाँधे रखा, जब तक कि वह भूख से बिलबिलाकर मर नहीं गया। इस तथाकथित कला को इंस्टॉलेशन कला का सर्वश्रेष्ठ नमूना घोषित किया गया। सोचने की बात यह है कि कला के नाम पर इस तरह का प्रयोग हमारी संवेदना को कहाँ पहुँचा सकता है! आज कुत्ते का प्रयोग क्या कल मनुष्य में परिणत नहीं होगा?

कलाकार अंतर्मन में बननेवाली छवियों और स्थान विशेष के साथ जुड़ी यादों के बिंबों को सहज और आत्मीय संस्थापनों के जरिए ही कला में

अभिव्यक्त करता है। इस अभिव्यक्ति में आभासी (वर्चुअल) और वास्तविक के बीच के द्वंद्व को तकनीक बेहतरी से अभिव्यक्त कर सकती है, परंतु इमेजोलॉजी के अंतर्गत यदि बगैर किसी रचनात्मक सोच के साथ कुछ किया जाता है तो वह तकनीक का प्रदर्शन भर होगा। तकनीक अंतर्मन के अनुभवों और संवेदनशीलता को उजागर करने का साधन तो हो सकती है, परंतु कला का साध्य नहीं। कला व्यक्ति की संवेदनाओं को चक्षु देती है। यह कला ही है, जिसमें विचार और प्रतिक्रियाएँ गहन आत्मान्वेषण से मुखरित होती है। ऐसा जब होता है तो कलाकार इस बात की परवाह नहीं करता कि उसके किए सृजन का क्या महत्त्व होगा? उसका बाजार में क्या मूल्य होगा? कला रचनात्मकता का अनुभव है। इस अनुभव में जीवन की लय संवेदना से जुड़ी हो, न कि चौंकाने या चमत्कृत करने के लिए। आप क्या कहेंगे?

□

कला का नया आकाश

कला का इधर जो नया रूप सामने आ रहा है, वह अतिशय उत्तेजक, बहुआयामी प्रक्रिया लिये हुए कलाकारों के अनुभव और चिंतन को नया रूप दे रहा है। यह न्यू मीडिया आर्ट है। इसमें डिजिटल इमेजेज हैं, वीडियो है, साउंड है और बहुत सा आभासी, यानी वर्चुअल भी है। सारनाथ बैनर्जी, सोनल जैन, अतुल डोडिया, विभा गेहरोत्रा, रनबीर, किरण सुबैया, साईना आनंद जैसे कलाकार इस दिशा में बहुत अच्छा कर रहे हैं, तो कुछ ऐसे भी हैं, जो तकनीक के जरिए कलाकार का दर्जा पाने में लगे हैं।

चंडीगढ़ में 'नेशनल आर्ट वीक ऑफ न्यू मीडिया' में भाग लेते लगा, जैसे कला की नई दुनिया में प्रवेश कर गया हूँ। इसमें रचनात्मकता तो है, परंतु तकनीक हर ओर, हर छोर जैसे हावी है। अंतिम दिन विमर्श में न्यू मीडिया आर्ट की चर्चित कलाकार विभा गेहरोत्रा अंग्रेजी कला पत्रिका 'आर्ट एंड डील' के संपादक राहुल भट्टाचार्य के साथ इस कला के विभिन्न पक्षों पर विशद विमर्श हुआ। राहुल और विभा ने न्यू मीडिया ऑफ आर्ट की समकालीनता पर अपनी दृष्टि दी तो इन पंक्तियों के लेखक ने स्पष्ट किया कि कला के साथ तकनीक और विज्ञान का मेल तो हो सकता है, परंतु इस मेल में ही यदि कोई कला की आधुनिकता की तलाश करता है तो यह सही नहीं है। इसलिए कि कला वस्तु मात्र नहीं है और ऐसा जब नहीं है तो उसकी व्याख्या भी वस्तु की तरह नहीं की जा सकती। विज्ञान और तकनीक कला को एक आधार दे सकती है, बशर्ते कि उसमें रचनात्मक सौंदर्य की मानवीय दृष्टि निहित हो। अवधेश ने कला में आधुनिकता के

नाम पर भयावह प्रयोगों की सिहरन का अहसास कराते कहा कि यही न्यू मीडिया कला है तो उसकी फिर कोई सार्थकता नहीं है।

ललितकला अकादेमी की यह सर्वथा नई पहल थी। 'न्यू मीडिया आर्ट' पर भारत में संभवतः पहली बार इस प्रकार का राष्ट्रीय आयोजन हो सका। आमतौर पर कला संबंधी इस प्रकार के आयोजनों में दर्शकों, श्रोताओं की अधिक रुचि नहीं होती, परंतु चंडीगढ़ में समयबद्ध सारे कार्यक्रमों में प्रेक्षागृह खचाखच भरा रहा। विमर्श से एक दिन पहले अल्का पांडे ने न्यू मीडिया आर्ट से संबंधित कलाकारों के साथ ही इस कला के भविष्य पर स्लाइड शो के जरिए कुछ महत्त्वपूर्ण मुद्दों पर प्रकाश डाला। भारत में तेजी से न्यू मीडिया आर्ट के तहत हो रहे कार्य की चर्चा के साथ ही अल्का की साफगोई भी भाई। उन्होंने पहले ही स्पष्ट कर दिया कि न्यू मीडिया से उनका गहरा नाता नहीं है, इसीलिए जब इस पर बोलने का निमंत्रण मिला तो सबसे पहले उनकी बेटी ने ही उन्हें टोका था, परंतु अपने क्यूरेटर अनुभवों के साथ ही अध्ययन के आधार पर उन्होंने जो बोला, उससे न्यू मीडिया के संबंध में बहुत कुछ समझा जा सकता था। वैसे भी यह वैश्वीकरण का दौर है, चीजें तेजी से बदल रही हैं। तकनीक भी हर रोज बदल जाती है, ऐसे में आर्ट में न्यू मीडिया का प्रयोग स्वाभाविक ही है।

आस्ट्रिया में इस संबंध में बेहद महत्त्वपूर्ण काम हो रहा है। आस्ट्रिया काउंसिल के अनुसार न्यू मीडिया आर्ट वह है, जिसमें कलाकार नवीन तकनीक का इस्तेमाल करते हुए इस प्रकार का कार्य सृजित करता है, जिससे उसकी कला का नया कलात्मक संप्रेषण हो। इस नवीन तकनीक में कलाकार की ब्रश और कूची कंप्यूटर, सूचना प्रौद्योगिकी, इंस्टालेशन और ध्वनि की अधुनातन तकनीक है। इस परिप्रेक्ष्य में यह भी जोड़ा जा सकता है कि न्यू मीडिया आर्ट का सत्य या यथार्थ नहीं, बल्कि उसकी खोज की एक प्रकार से प्रस्तावना है। इस प्रस्तावना में न्यू मीडिया आर्ट में संभावनाओं का अनंत आकाश है।

ललितकला अकादेमी ने इधर कला आयोजनों की जो स्वस्थ परंपरा विकसित की है, उसमें इस पहल का इसलिए भी स्वागत किया जाना चाहिए

कि नई पीढ़ी सूचना एवं संचार प्रौद्योगिकी की है। स्वाभविक ही है कि कला में भी आनेवाले कल में अब उसकी कूची और ब्रश न्यू मीडिया ही होगा।

बहरहाल, तकनीक का उपयोग कलाकार अपनी अंत:दृष्टि के अंतर्गत रचनात्मक ऊर्जा को नया रूप देने के लिए करता है, तब तो ठीक है, परंतु केवल प्रयोग के लिए, चमत्कृत करने के लिए ही ऐसे जतन होते हैं तो फिर उसमें कला की संभावनाओं को फिर तलाशा भी क्योंकर जाए? तकनीक को भला कला का पर्याय कहा जा सकता है?

□

कला का छाया-छवि दौर

सम और कृति से बना शब्द है संस्कृति। अभिप्राय है, संशोधन अथवा उत्तम करने का कार्य। सम माने ठीक प्रकार से और कृति, यानी करना। इसीलिए कहें, संस्कृति कोई भी बुरी नहीं होती। भले वह पाश्चात्य हो या फिर भारतीय। पर इधर देश में आर्थिक उदारीकरण के बाद उपभोक्तावाद का नया दौर प्रारंभ हुआ, उसने जैसे संस्कृति को भी बाजारीकरण के मोल से जोड़ दिया है। मुझे लगता है, अब सबकुछ जो हमारे इस संसार में सुंदर है, वह सौंदर्य के भाव से नहीं, बल्कि मूल्य से आँका जाने लगा है। कला, साहित्य और संस्कृति भी इससे अछूते नहीं रहे हैं। देशभर में कलाकृतियों का बाजार बन गया है। ऐसे लोग, जिन्हें कला का क ख ग भी नहीं पता, वह कला आयोजनों के प्रमुख और कला पारखी बन गए हैं। कलाकृतियाँ आनंदानुभूति के बजाय बाजार विक्रय की वस्तु जो हो गई है। यही हाल संगीत और नृत्य कलाओं का भी हुआ। संगीत, नृत्य की प्रस्तुतियों में पोशाक और तड़क-भड़क के साथ कोरियोग्राफी में चमक-दमक के नूतन का अधुनातन रचा जाने लगा। संगीत में रागदारी और नृत्य में थिरकन का लोप हो गया। प्रस्तुतियों में उन्हीं की भागीदारी अधिक होने लगी है, जो रंजन के बजाय मूल्यों के भंजन में अधिक विश्वास रखते हैं।

कला में बाजार का आलम यह हो गया है कि निजी कलादीर्घाएँ ही नहीं मध्यम वर्ग का एक तबका भी, इसीलिए सोने और चाँदी की कीमती धातुओं की तरह ही कलाकृतियों को अपने घर का हिस्सा बनाने लगा है। यह सोचकर कि अभी खरीद लेते हैं और जब फलाँ कलाकार की कलाकृतियों का मूल्य बढ़ेगा या वह इस संसार में नहीं रहेगा तो उसे बेच देंगे। माने कला

भी निवेश की वस्तु हो गई। इसका कलाकारों को लाभ भी हुआ। कुछेक कलाकारों को उनकी कला के अच्छे-खासे दाम मिलने लग गए। रातोंरात गरीबी से अमीरी के ठाठ में भी बहुत से कलाकार आ गए, परंतु जो बाजार से जुड़ न सके, उसकी समझ को भुना न सके, वे फिर भी हाशिए पर ही रहे। हाँ, इस सबका एक बड़ा नुकसान यह हुआ कि कलाएँ आमजन से धीरे-धीरे दूर होती चली गई हैं या कहें, अभिजात्य होती जनसरोकारों से उनकी दूरी हो गई है।

कहने को लिटरेरी फेस्टिवल, आर्ट समिट जैसे आयोजनों की शुरुआत इसीलिए हुई है कि इनके जरिए साहित्य और कलाओं में लोगों की अधिकाधिक भागीदारी की जा सके, परंतु यह आयोजन भी बाजार पोषित व्यवस्था के हिस्से बनकर ही रह गए हैं। जयपुर में लिटरेरी फेस्टिवल प्रारंभ होने के दो-एक बरस तक तो ठीक-ठाक रहा, परंतु शनैः-शनैः वह भी व्यावसायिकता का शिकार हो गया। उत्सव में हिंदी और राजस्थानी तथा दूसरी भारतीय भाषाओं के लेखकों की उपस्थिति होती है, परंतु उनसे अधिक शोर और प्रचार अंग्रेजीदाँ उन लेखकों को मिलता है, जिन्हें बाजार या कहें, उनके प्रकाशक अधिक बिक्री के लिए पोषित करता है। यही हाल आर्ट समिट जैसे आयोजनों का है। वहाँ देशज कलाकारों की कला की कोई पूछ नहीं है, जबकि लोक कलाओं का सहारा अपने संस्थापन में लेनेवाले बड़े बाजार पोषित कलाकारों की चाँदी है। ऐसे में कुछ लोगों के पास अपनी कला के बजाय अपने आपको दिखाने का शिगूफा ही बचा रह जाता है। ऐसे आयोजनों की मीडिया कवरेज देखेंगे तो यह भी पाएँगे कि वहाँ कला की सूक्ष्म सूझ के बजाय अपने आप को प्रदर्शित करनेवालों को ही अधिक स्थान मिलता है। संस्थापन के नाम पर चाहे जो करनेवाले या फिर अश्लीलता को प्रचार हथकंडा मान परोसनेवालों को मीडिया भी तवज्जो अधिक देता है। इसीलिए कलाकृतियों में रंग, तान और रेखाओं के बजाय अपने आप को रँगनेवाले, गुलाल बिखेरकर चाहे जैसे उसे अपने तईं व्याख्यायित करनेवालों को अधिक प्रचार मिल जाता है। माने जो कला का प्राकृतिक सहज सौंदर्य है, उसके बजाय चमक-दमक ही इस समय प्रमुख हो गई है।

बहरहाल, एक समय था, जब गान में गायक और वादक श्रोता के राग-अनुराग की सोचते हुए अपने को साधते थे। प्रस्तुति से पहले रियाज पर ध्यान दिया जाता था, परंतु अब स्थितियाँ बदल गई हैं। अब आप किसी संगीत सभा में जाएँगे तो पाएँगे कि कलाकार महोदय प्रस्तुति से पहले तबले की थाप और यंत्रचलित तानपूरे की ध्वनि पर खाँसने के अभ्यास को ही अपने ध्यानाकर्षण का जरिया बनाए हुए हैं। बाद की उनकी प्रस्तुति में भी स्वयं के बजाय सहगायक-गायिकाएँ अलापते हैं। भीड़ भी इस बात पर जुटती है कि कलाकार के साथ चमक-दमक कितनी है। याद है, भारत भवन, भोपाल में एक व्याखान के लिए जाना हुआ था। जिस होटल में ठहराया गया था, वहीं अपने ही शहर के एक नामी-गिरामी वादक भी ठहरे हुए थे। उनकी भी प्रस्तुति थी, परंतु उससे पहले उन्होंने अपने बालों को रँगा, मेकअप किया और अपने आपको प्रस्तुति की स्टाइलिश पोशाक में फिट करने में कोई तीन-चार घंटे लगाए। गोया कलाकार के बजाय उसके लटके-झटके और उसका ताम-झाम ही प्रधान हो गया है। नृत्य के साथ भी यही हो रहा है। वहाँ थिरकन और भाव-भंगिमाओं की सहज प्रस्तुति के बजाय कोरियोग्राफी की सज्जा प्रधान हो रही है। वह समय बीत गया, जब साधारण सी पोशाक पहने, बीड़ी पीने के बाद उस्ताद बिस्मिल्ला खाँ की शहनाई बजने लगती तो लोग उनके वादन से विभोर हो पूरी-पूरी रात उन्हें सुनते। उनकी शहनाई मन को सुकून देती लोगों के दिलों पर छा जाती।

पर समय का सच यही है कि हर चमकनेवाली चीज हीरा है। अभी कुछ दिन पहले की ही बात है। परिवार में एक शादी समारोह में जाना हुआ था। देखा, बहुत से निकट के परिजनों ने बाकायदा कोरियोग्राफर से फिल्मों में किए जानेवाले नृत्य के लटके-झटके सीखे हुए थे। पत्नी ने टोकते हुए कहा, "आप न तो सीखते हो, न हमें सिखाने का कोई जतन करते हो।"

मैंने त्वरित कहा, "किसने कहा, मुझे नृत्य नहीं आता। मैं भी नाच सकता हूँ।" सबके आग्रह पर मैंने भी अपनी चमकदार प्रस्तुति दी। मैंने कुछ नहीं किया। हाथ और पैरों की नृत्य से जुड़ी भंगिमाएँ कुछ इस तरह से कर स्थिर खड़ा हो गया, जिससे छायाकार मेरी उन भंगिमाओं की भिन्न

कोणों से छवियाँ ले सकें। भौचक्के होते मेरे परिजनों ने कहा, "यह कौन सा नृत्य हुआ!"

मैंने तुरंत कहा, "यह 'फोटोग्राफी डांस' है।" सच ही था, तमाम दूसरों से मेरा वह नृत्य भारी था। जब छायाचित्रों का आस्वाद कैमरे से किया गया तो उसमें भरत नाट्यम, कथक, कथकली और तमाम दूसरे शास्त्रीय नृत्यों के मेरे ऐसे दृश्य थे, जिनसे कोई कह नहीं सकता कि मैं नृत्य नहीं जानता। संगीत, नृत्य और चित्रकला का आज का सच क्या यही नहीं है! प्रस्तुतियाँ भले मन को रंजित नहीं करें, उनकी छाया-छवियाँ तो मन को भाती ही हैं।

□

हम सब में बसे राम

दूरदर्शन द्वारा प्रसारित किए गए धारावाहिक 'रामायण' ने हाल ही में दुनिया में सर्वाधिक देखे जानेवाले धारावाहिक के रूप में विश्व रिकॉर्ड बनाया है। दूरदर्शन चैनल के आधिकारिक अकाउंट से जारी एक ट्वीट में बताया गया कि दुनिया भर में रिकॉर्ड व्यूअरशिप के साथ रामायण 7.7 करोड़ दर्शकों के साथ दुनिया का सबसे ज्यादा देखा जानेवाला मनोरंजन शो बन गया। दर्शकों के मामले में इस धारावाहिक ने विश्व भर में सर्वाधिक लोकप्रिय टी.वी. शो 'गेम ऑफ थ्रोन्स' को भी पीछे छोड़ दिया। सवाल यह है कि यह कैसे संभव हुआ?

इसमें कुछ योगदान कोरोना के चलते घरों में रहने की हमारी मजबूरी कही जा सकती है, परंतु अधिक महत्त्वपूर्ण बात यह है कि दर्शक संवेदना से लबरेज ऐसे धारावाहिक अभी भी अधिक पसंद करते हैं, जिन्हें बगैर किसी घालमेल के बनाया गया हो। जिनमें व्यावसायिक हितों की अपेक्षा मानवीय मूल्य केंद्र में हों और जिनमें भव्यता के नाम पर दिव्यता को बिसराया नहीं गया हो। आज से कोई 33 साल पहले जब यह धारावाहिक दूरदर्शन से प्रसारित हुआ, तब भी यह इतना ही लोकप्रिय था। याद पड़ता है, यह उन दिनों की बात है, जब मैं 10वीं में पढ़ता था और उन्हीं दिनों शिमला जाना हुआ था। रविवार के दिन की बात है, पर्यटक घूमना-फिरना छोड़ माल रोड पर उस एक दुकान पर ही लंबी कतार में खड़े हो गए थे, जिसमें टी.वी. से यह धारावाहिक प्रसारित हो रहा था। कह सकते हैं, उन दिनों लोगों के पास विकल्प नहीं थे, इसलिए यह धारावाहिक इतना लोकप्रिय हुआ होगा, परंतु इन दिनों तो ऐसी कोई स्थिति नहीं है। बहुत से चैनल हैं, चकाचौंध भरे धारावाहिकों के भी कम विकल्प नहीं हैं, फिर भी सर्वाधिक दर्शक इसे मिले हैं तो इसका अर्थ स्पष्ट है

कि अच्छेपन को हर कोई चाहता है। डरावने, आपराधिक मसलों के नाटकीय रूपांतरण, नाग-नागिनों, सास-बहुओं आदि की बेसिर-पैर की कथाओं के अंतहीन चलनेवाले धारावाहिकों के प्रसारक चैनलों ने असल में इधर दर्शकों की रुचियों को मोड़ा नहीं है, बल्कि बाजार की ताकतों के चलते उन्हें नशीले पदार्थों के सेवन की मानिंद अपना आदी बनाने का एक तरह से चक्रव्यूह रचा है। दर्शकों को इस कदर असहाय भी किया है कि वे चाहकर भी उनके रचे जाल से इसलिए मुक्त नहीं हो पाते कि कथित ऐसे मनोरंजन धारावाहिकों में ऐसे पेच, दृश्य डाले जाते हैं कि अगली कड़ी देखने की चरम उत्सुकता पैदा होती है। देखनेवाला जानता है, जो कुछ वह आँखों से ग्रहण कर रहा है, उसमें सब कुछ बेसिर-पैर का है, परंतु फिर भी इसलिए देखता है कि कहीं और अच्छा कुछ प्रसारित ही नहीं होता है।

व्यक्ति एकांत तो चाहता है, परंतु अकेलापन उसे नहीं भाता। आपाधापी नहीं हो, कहीं जाने की उतावली नहीं हो और इस बात की फिक्र नहीं हो कि सब भाग रहे हैं, मैं कहीं पीछे नहीं रह जाऊँ, तभी ठहरकर अपने भीतर झाँकने का वक्त मिलता है। अनर्गल कुछ भी सहने से तब वह बचने का भी उपाय तलाशता है। कोरोना में कुछ-कुछ ऐसा ही समय हरेक को मिला है। यह यदि नहीं मिलता तो संभव है, दूरदर्शन प्रसारित 'रामायण' भी विश्व रिकॉर्ड नहीं बना पाता। पर अनचाहे ही सही, घरों में ठहर सोचने के इस वक्त से व्यक्ति में संस्कृति की जड़ों को परखने का अवकाश मिला है और फिर यह बात भी सच है कि 'रामायण' ने भारतीय जनमानस को सदा ही अपनी ओर आकृष्ट किया है। मुझे लगता है, रामानंद सागर की बनाई 'रामायण' इसलिए भी अधिक चावी-ठावी बनी कि इसमें उन्होंने दर्शकों को खींचने के लिए अपनी ओर से ताम-झाम में अनर्गल कुछ गढ़ा नहीं। वाल्मीकि, तुलसी और कंब की लिखी रामायण के तथ्यों से इतर, चाहे जो दिखाने का प्रयास नहीं किया, बल्कि मूल के कारण ही दर्शकों के बहुत से भ्रमों का भी इस प्रसारण से निवारण हुआ।

'रामायण' असल में भारतीय जीवन मूल्यों के गहरे तत्त्वों का अर्थोद्घाटन है। रोचक, विस्मित करते इसके प्रसंग अद्भुत तो हैं, पर कथा में जीवन जीने

के हम-सबके भीतर सँजोए अर्थ बसे हुए हैं और इसी कारण इस कथा को जितनी बार देखें, सुनें और पढ़ें, ऊब नहीं होती। 'रामायण' भारतीय जनमानस के आंतरिक मनोभावों को ध्यान में रखते हुए सिरजी गई है। मानव जीवन का अंतरसत्य यहाँ है। कर्तव्य-अकर्तव्य, न्याय-अन्याय के मध्य विवेक के साथ कैसा आचरण होना चाहिए, यह कथा एक तरह से सिखाती है। दूरदर्शन ने इसके प्रसारण से इस मिथक को भी तोड़ दिया कि सरकारी माध्यमों के प्रसारण उम्दा नहीं होते।

यह सच है, कोरोनाकाल ने बहुत से और मिथकों को भी तोड़ा है। इसमें सबसे बड़ा यह मिथक भी है, जो सुनियोजित तरीके से गढ़ा गया है कि सरकारी क्षेत्र में काम नहीं होता। गौर करें, इस समय कोरोना से बचाव की पूरी बागडोर देशभर में सरकारी क्षेत्र ने ही सँभाल रखी है। बगैर किसी अतिरिक्त लाभ के विचार के, चाहे वह पुलिस हो, प्रशासन हो, चिकित्सकीय सेवाएँ हों या फिर सूचना एवं संचार की राजकीय सेवाएँ। सदा पार्श्व में रह कार्य करनेवाली जनसंपर्क सेवा ने इस दौरान तथ्यपरक सूचनाओं के प्रसार में अपना विरल योगदान दिया है, दे रही है। यह बात दीगर है कि इस सेवा के कार्य का श्रेय सदा ही अन्य सेवाओं के खाते में जाता है। पर सोचिए, कोई कहे—जंगल में मोर नाचा, पर सवाल तो यही होगा न कि, किसने देखा?

बहरहाल, 'रामायण' की लोकप्रियता के पार्श्व में जाएँगे तो पाएँगे कि जनमानस को यह इसलिए अधिक सुहाती है कि इसमें सामूहिक अवचेतन के अंतर्निहित भारतीय संस्कारों की अभिव्यक्ति है। प्रकृति की मानवीय व्यंजना है। नैतिकता में यह कथा दरअसल आम आदमी में ईश्वरत्व के वास का अनूठा उदाहरण है। भारतीय इतिहास पौराणिक कथाओं में ही प्रस्तुत हुआ है और यह कथाएँ हर आम और खास के अंतर्मनों की ही एक तरह से व्यंजना हैं। 'रामायण' के राम इसीलिए पुरुषोत्तम, यानी पुरुषों में सबसे उत्तम हैं कि वह जीवनपर्यंत त्याग के साथ आदर्श जीवन का उदाहरण प्रस्तुत करते हैं, हालाँकि बहुत से स्थानों पर अतिरंजना भी होती दिखती है, परंतु व्यक्ति के भावों को परिष्कृत करती मनुष्यता का विकास यह कथा करती है। राम की कथा इसलिए हमारी अपनी, हरेक को भाती हुई है कि वहाँ राम चमत्कार

नहीं करते। मुनष्य की भाँति रहते दुःख सहन करते हैं, जटिल-से-जटिल परिस्थितियों का सामना करते हुए, संघर्ष करते हुए दुरूह स्थितियों को निरंतर अपने पुरुषार्थ से संभव करते चले जाते हैं। मर्यादा में रहते वह हर कार्य करते हैं, इसीलिए मर्यादा पुरुष कहाते हैं।...और आप देखिए, यह राम का ही चरित्र था, जिसने गांधीजी को इतना अधिक प्रभावित किया कि उन्होंने अपना तमाम जीवन उनके आदर्शों को ध्यान में रखते हुए ही जिया और अंत समय में भी 'हे राम!' को ही उच्चारित किया।

मुझे लगता है, हम-सब में कुछ-कुछ राम बसता है। इसीलिए तो जब कहीं कुछ बुरा होता है, कोई कुछ गलत करता है तो औचक मुँह से निकलता है, 'राम निसरग्यो!' माने इसके भीतर का राम चला गया है। बात 'रामायण' धारावाहिक की चल रही है और इसी संदर्भ में यह कहने में हमें कोई गुरेज नहीं होना चाहिए कि जनमानस को वह सुहाता है, जो आदर्श की स्थापना करता है, पर इसके लिए ठहरकर सोचने, देखने की घड़ी होनी चाहिए। कोरोना ने शायद यह घड़ी दर्शकों को प्रदान की है, इसीलिए सास-बहू, नाग-नागिन, क्राइम पेट्रोल, हॉरर और फूहड़ हास्य धारावाहिकों और 'गेम ऑफ थ्रोन्स' जैसे कथित मनोरंजक कहे जानेवाले प्रसारणों को छोड़ दर्शकों ने रूढ़, बोदी कही जानेवाली कथा को भी निरंतर देखा और इसे सर्वाधिक पसंद किया। मुझे लगता है, यह वक्त मनोरंजन शब्द के वास्तविक अर्थों को समझने का भी है। मनोरंजन माने वह जिससे मन रंजित हो। षड्यंत्रों, डरावनी, अश्लीलता परोसनेवाली कथाओं से मन रंजित नहीं होता, बल्कि त्रासदियों, अपराधबोध और अंततः अवसाद से ही घिरता है। स्वस्थ मनोरंजन अंतर्मन संवेदनाओं को अर्थ प्रदान करनेवाला, भीतर से संपन्न करनेवाला होता है। 'रामायण' धारावाहिक की लोकप्रियता को क्या इसी अर्थ में नहीं लिया जाना चाहिए!

□

पौराणिक चित्रों में रूपक

परंपरा से पोषित होने के बावजूद कलाकार की नई रचना स्वतंत्र आंतरिक प्रेरणा से ही जन्म लेती है। तैलरंगीय चित्रों को ही लें। कला की यह शैली विदेश से भारत आई है, परंतु कला की अभिव्यक्ति का सामर्थ्य और सर्जनात्मक ऊँचाइयाँ इसे भारतीय कलाकारों ने अपनी स्वतंत्र आंतरिक प्रेरणा से ही प्रदान की।

राजा रवि वर्मा, बी.पी. बनर्जी, एम.ए. घोष, माधव विश्वनाथ, जामिनी प्रकाश आदि चित्रकारों की जवाहर कला केंद्र की सुकृति कला दीर्घा में लगी 'प्रिंट टू दी मास' प्रदर्शनी का आस्वाद करने लगा, भारतीय कला ने सर्वव्यापी व शाश्वत तत्त्वों को अपने सम्मुख आदर्श के रूप में रखा है। वहाँ कलाकार कला के बाह्य रूप तक ही सीमित नहीं रहे हैं, बल्कि यथार्थ, आख्यान के भीतर निहित संवेदना, उसके उत्स और भावनाओं पर अधिक गए हैं। यही कारण है कि दर्शकीय दीठ में चित्रकार दार्शनिक और कवि रूप में भी प्राय: मिलता है। क्रोमोलिथोग्राफ्स और ओलियोग्राफ्स तकनीक से मुद्रित शिव-पंचायत, राधा-कृष्ण, नृसिंह भगवान्, विष्णु, सिद्धी विनायक और ऐसे ही पौराणिक आख्यान के दूसरे चित्रो की भाव-भंगिमाएँ रूपकों की निर्मिती करती हैं। ऐतिहासिक चरित्रों के भी जो चित्र तब कलाकारों ने बनाए, वे व्यक्ति चित्र नहीं होकर किसी आख्यान को नाटकीय रूप में उजागर करते हैं। तत्कालीन लोक जीवन की अनुगूँज भी इन चित्रों में विशेष रूप से दिखाई देती है। रामदरबार के एक प्रिंट में यहाँ राम मूँछों सहित हैं। लोकाख्यान की यह कला परिणति बहुत से स्तरों पर दूसरे ओलियोग्राफ्स में भी दिखाई देती है। लगभग सभी चित्रों में रेखाओं की रंगसंगति चमकीली व आकर्षक है,

परंतु महत्त्वपूर्ण यह है कि पश्चिम से प्रेरणा के बाद भी कला की इस शैली में भारतीय परंपरा कहीं विलुप्त नहीं हुई है।

बहरहाल, ओलियोग्राफ, यानी तैलरंगीय छाप चित्रों के अंतर्गत पहले-पहल फ्लेमिश कलाकार यान वान आइक ने चमकीलापन डाला। उनके इस प्रयोग को बाद में इटली के चित्रकार आंतोनेलो द मेस्सिना ने भी अपनाया और बाद में तो निम्न परत, मोटी परत, सूक्ष्म छटांकन आदि तरीकों को अपनाते हुए तैल चित्रण पद्धति पूर्णतः विकसित होती चली गई। थिओडोर जेन्सन नाम के इंग्लिश चित्रकार से तैलरंगीय चित्रण पद्धति की शिक्षा प्राप्त करने के बाद राजा रवि वर्मा ने भारतीय जीवन, व्यक्ति व पौराणिक विषयों को सांगोपांग ढंग से उकेरा। तैलरंगीय चित्रों को भारत में शास्त्रीयता प्रदान करने का श्रेय उन्हें ही जाता है। उन्होंने ही कला की इस तकनीक को बहुसर्जक और एक प्रकार से मनोहारी भी बनाया। उनके बाद ऐसे चित्रों की एक प्रकार से हमारे यहाँ परंपरा सी ही बन गई और घरों में आज भी दीवारों पर ऐसे बनाए चित्रों की प्रतिकृतियाँ के कैलेंडर टँगे हम देख सकते हैं।

□

रिल्के के पत्रों में सेंजा

कलाएँ सौंदर्य के अन्वेषण में बसे कला-मन की परिणति है। कहें नया कुछ रचने, गढ़ने के लिए चलनेवाली अकुलाहट। सोचता हूँ, सूक्ष्म और स्थूल आकार पर यदि किसी रंग का नाम लिख दें तो क्या वह आकार उस रंग में दिखाई देगा ? नहीं ही दिखाई देगा, क्योंकि चित्र की भाषा शब्द नहीं, आकृति और रंग हैं। चित्रकला दृश्यकला इसीलिए तो है कि यह पढ़ने या सुनने की चीज नहीं, देखने की चीज है। पर कितना अच्छा हो, चित्रों को देखकर नहीं, उनके बारे में पढ़कर मन संवेदित हो !

बहरहाल, यह लिख रहा हूँ और जेहन में सेंजा के चित्र और उनमें बरते रंगों की भाषा जैसे ध्वनित हो रही है। कारण यह नहीं है कि सेंजा के चित्र मैंने देखे हैं, बल्कि यह है कि उनके चित्रों पर रायनर मारिया रिल्के द्वारा क्लारा रिल्के को लिखे पत्रों की भाषा को मन ने पढ़ा और सहेजा है। जोल एजी के अंग्रेजी में अनुदित पत्रों और हाइनरिख वाहगंड पत्सेज की पठनीय प्रस्तावना को पिछले दिनों कवि संजय कुंदन ने हिंदी में भाव भरे रूप में पाठकों को सौंपा है। असल में 'रायनर मारिया रिल्के : पत्रों में सेंजा' पुस्तक रजा पुस्तकमाला के तहत प्रकाशित हुई है, जिसमें रिल्के के कवि-मन को ही नहीं, उनके कलाओं की परख से जुड़े अंतर्मन को पढ़ा ही नहीं, बाँचा जा सकता है। इसमें उनका अचंभित करनेवाला वाक्य 'अचानक सही आँख मिल गई' हो या फिर पत्रों में व्यक्त सेंजा के अनोखे नीले रंगों की निष्क्रिय, लाल और सुंदर अंत:करण, ठंडे नाममात्र के नीले समुद्र, नीले पंडुक धूसर आदि व्यंजनाएँ—सभी में रंग संवेदना का अद्‍भुत काव्य कहन है। रिल्के के पत्र कलाकृतियों के निर्माण के अंतर्निहित में ले जाते खतरे उठाने और अनुभव

बढ़ाते कला को असीम तक पहुँचाने से साक्षात् कराते हैं तो कलाकार की सर्जना में निहित तत्त्वों के साथ स्वयं उनके प्रकृति और कला से जुड़े सरोकारों से भी हमें जोड़ते हैं।

रिल्के के इन पत्रों में सेंजा के चित्रों में उपजे रोष, हू–ब–हू बनाने की उनकी जिद से जुड़ी विडंबनाओं, पेरिस में उनके अपने ही बनाए रेखाचित्रों को देख न्यूड बनाने की सनक, उनके बरते गहरे नीले, लाल, हलके हरे और लालिमायुक्त काले रंग के साथ ही गजब तरीके की रंगहीनता का विरल वर्णन है। उनके ये पत्र इस मायने में भी महती हैं कि इनमें वैन गॉग के जीवन का मर्म है तो मूर्तिकार रोंदा के कलाकर्म और अनुशासन की थाह भी गहरे से ली गई है। रिल्के पत्रों में भी दृश्यभाषा रचते हैं। मन उसमें गहरे से रमता है। काश! हिंदी में भी कला और कलाकारों के अंतर्मन से जुड़ी ऐसी पुस्तकों का आकाश बने।

□

सांस्कृतिक नीति भी है जरूरी

कलाओं का मूल आधार संस्कृति है। जीवन से जुड़े संस्कारों की नींव संस्कृति से ही तो तैयार होती है। साहित्य, संगीत आदि कलाएँ संस्कृति का ही रूप हैं और हमारा आंतरिक इनसे ही तो उद्‍घाटित होता है, परंतु हमारी जीवन-पद्धति और मूल्य भी तो संस्कृति का ही हिस्सा हैं। स्वाभाविक ही है कि संस्कृति प्रत्येक व्यक्ति के लिए अनिवार्य है या कहें उसमें हरेक की भागीदारी जरूरी है।

इस समय की बड़ी चुनौती तेजी से खत्म होते जा रहे जीवन-मूल्य ही हैं। बड़ा कारण इसका संस्कृति के जीवंत मूल्यों से निरंतर हो रही हमारी दूरी भी है। संस्कृति को जीवन के व्यापक संदर्भों से जोड़ने की पहल की दिशा में यदि सर्वोच्च प्राथमिकता से कार्य हो तो दूसरे कार्यों में इससे अपने आप ही शुरुआत हो जाएगी। सरकारी अकादमियाँ और संस्थाएँ सांस्कृतिक, साहित्यिक उन्नयन का कार्य कथित रूप में करती भी हैं, परंतु उनकी प्राथमिकताओं में संस्कृति से जुड़े पहलुओं का स्थूल रूप भर है, यानी साहित्य अकादेमी साहित्य के लिए, संगीत नाटक अकादेमी संगीत, नृत्य और नाट्य के लिए, ललितकला अकादेमी प्रदर्शनकारी कलाओं के लिए कार्य करती हैं, परंतु संस्कृति इनसे ही नहीं है। संस्कृति समुदाय के आचरण से है। संस्कृति मनुष्य का व्यवहार और जीवन जीने का ढंग है, जैसे बीज हम बोएँगे—फल वैसा ही मिलेगा। इस दीठ से संस्कृति भविष्य की नींव तैयार करती है।

सांस्कृतिक आयोजन श्रव्य, दृश्य से जुड़े होते हैं, परंतु सांस्कृतिक चेतना के अंतर्गत संस्कृति व्यापक संदर्भों के साथ जीवन को पोषित करती है। स्वाभाविक ही है कि इसके लिए सरकार की दृढ़ इच्छाशक्ति से ही कार्य हो

सकता है। सरकार सर्वोच्च प्राथमिकता रखते हुए इस ओर पहल करे तो बेहतर परिणाम सामने आ सकते हैं और फिर संस्कृति और सत्ता को अलग नहीं किया जा सकता। राज्य में सरकार को जो अपार जनमत मिलता है, उसकी भी माँग शायद यही होती है कि राज्य की अपनी एक सांस्कृतिक नीति बने। संस्कृति मूल्यों की सृष्टा और संपोषक जो है! साहित्य और कला अकादमियों के गठन और वहाँ पर अध्यक्ष, सदस्यों के मनोनयन या फिर किसी तरह के साहित्य, कला उत्सव करने से संस्कृति पोषित नहीं होती। साहित्य और कला के साधनों और सुविधाओं का विकास तो एक बात है, परंतु इससे भी बड़ी जरूरत यह है कि कलाएँ अभिजात या फिर सीमित वर्ग तक की पहुँच के साथ तमाम जनता तक पहुँचे। स्वस्थ और दीर्घकालीन नीति यदि संस्कृति की बनती है तो उसमें साहित्य और कलाओं का ही नहीं व्यक्ति की सोच बदलने तक की ताकत है। यह बड़ी बात है, पर पहली आवश्यकता तो अभी यही है कि प्रदेश की अपनी सांस्कृतिक नीति हो, ऐसी जिसमें साहित्य और कलाएँ व्यापक संदर्भों से जुड़े।

साहित्य और प्रदर्शनकारी कलाओं में जो मठाधीश लोग हैं, उनकी बजाय सर्जन के सरोकारों से जुड़े मूल लोगों को जोड़ते हुए, उनसे परामर्श करते हुए सांस्कृतिक नीति बनाई जाए। ऐसी सांस्कृतिक नीति, जिसमें मायड़ भाषा राजस्थानी के लिए कार्य हो, जिसमें संगीत, नृत्य चित्रकला और खासतौर से लोक-कलाओं का जमीनी स्तर पर संरक्षण हो। संस्कृति की जीवंतता किससे है? अंतर्विरोधों की पहचान से ही तो! अच्छे-बुरे की समझ से। इसलिए जरूरी यही है कि पूर्वग्रहों से मुक्त होते हुए हम एक सुनियोजित सांस्कृतिक नीति के तहत सांस्कृतिक हों। संस्कृति जिससे जीवंत हो, जीवाश्म न बने। आखिरकार तमाम हमारी कलाओं और दर्शन पर संस्कृति का ही तो प्रभाव रहता है। वह समृद्ध होगी तो हम भी समृद्ध-जीवंत रहेंगे।

□

शिक्षण और कलाएँ

शिक्षण में कलाएँ संस्कारों की सूझ देती हुई बोझिलता को दूर करती हैं। यह है, तभी तो राष्ट्रीय पाठ्यचर्या में कुछ समय पहले शिक्षण में कलाओं को जोड़े जाने की बात कही गई थी। पर कुछेक संस्थानों को छोड़ अधिकांश में अभी भी यह दूर की कौड़ी है। प्रतिवर्ष शिक्षण संस्थाओं से युवाओं की जो खेप निकलती है, उसका अंतिम लक्ष्य नौकरी प्राप्त करना भर होता है। पढ़ाई शायद इसीलिए व्यक्तित्व निर्माण, संस्कारों की खेती नहीं कर पाती और जिन्हें नौकरी नहीं मिलती, वे युवा भटक भी जाते हैं। पढ़ाई नौकरी की विवशता नहीं, संस्कारों की संवाहक बने। स्वाभाविक ही है, कलाओं से जुड़ाव इसमें मदद कर सकता है।

उच्च शिक्षण संस्थानों में अतिथि अध्यापन के अंतर्गत निरंतर जाना रहता है और पाता हूँ, बोझिल पढ़ाई की यंत्रणा जैसे वहाँ चेहरों पर झाँक रही है। पर देखता हूँ, कला-संस्कृति से जुड़ा कोई आयोजन वहाँ होता है तो विद्यार्थी खिल-खिल जाते हैं। सोचता हूँ, क्या यही अच्छा हो, इस तरह का उल्लास शिक्षण के दौरान भी रहे! यह मुश्किल नहीं है, बशर्ते तकनीक में कलाओं का छौंक भर लगा दिया जाए। 'मालवीय राष्ट्रीय प्रौद्योगिकी संस्थान' में छायांकन के कला सरोकारों पर विद्यार्थियों को व्याख्यान देने के लिए इस बार जाना हुआ तो इसे गहरे से महसूस किया। कक्षा में दाखिल हुआ था, तब चेहरे बुझे-बुझे साफ दिखाई दे रहे थे, जैसे कह रहे हों, 'लो...झेलो, फिर एक पाठ!' सच भी है, सुनने की विवशता उदासी ओढ़ाती है। पर जब किस्से-कहानियों में उनसे बतियाया, कला-संस्कृति के उनके भीतर बसे संसार को बाहर निकाला तो पता ही नहीं चला, कब मिनट घंटों में तब्दील हो गए! दो

घंटे बीते तो सुकून इस बात का नहीं था कि संप्रेषित हुआ हूँ, यह था कि बूझे चेहरे खिले हुए थे। सोचता हूँ, पढ़ाई में कला संस्कृति सरोकार जुड़ेंगे, तभी यह सुनना यंत्रणा भरा न होगा। छायांकन तकनीकी शिक्षा का अंग है, पर उसका अध्ययन कैमरे रूपी यंत्र की समझाइश भरा ही होगा तो उसके कला सरोकार गौण नहीं हो जाएँगे!

□

जीवन से जुड़े कला के प्रश्न

कला के प्रश्न जीवन के प्रश्न हैं। जीवन स्थितियों और जीवन प्रवृत्तियों से जुड़े प्रश्न। कुछ दिन पहले जयपुर में 'प्रोग्रेसिव आर्टिस्ट ग्रूप' द्वारा राज्य सरकार के साझे से आयोजित वृहद् कला आयोजन में देश के ख्यातनाम कलाकारों से संवाद, उनकी कलाकृतियों से रू-ब-रू होने का अवसर मिला तो सुखद लगा। कला समीक्षक, कलाकार आर.बी. गौतम, विनोद भारद्वाज, विद्यासागर उपाध्याय, मृदल भसीन, टिम्मीकुमार और उनके जैसे ही और कलाकारों के उत्साह से ही आयोजन परिणत हो पाया, पर आवश्यकता नहीं होते हुए भी हिंदीभाषी क्षेत्र में आंग्लभाषा का बोलबाला यहाँ भी अखरा।

बहरहाल, सुखद यह है कि साहित्य के साथ कलाओं पर भी जयपुर देश के बड़े संवाद केंद्र के रूप में उभर रहा है। कलाओं से जुड़े जीवंत प्रश्नों के एक सत्र में कवि, संपादक मंगलेश डबराल, प्रयाग शुक्ल, संस्कृत मर्मज्ञ कलानाथ शास्त्री के साथ इस नाचीज ने भी भागीदारी की। सुखद यह था कि इस सत्र पर अंग्रेजी की छाया नहीं थी। यह भी कि यही वह सत्र था, जिसमें कला व्यापार से जुड़े सवालों की बजाय कला की संवेदनशीलता, उसमें निहित संवेगों और कलाकृतियों में अंतर्निहित बहुतरे मसलों पर विशद चर्चा हुई। प्रयाग शुक्ल की 'कला के अयाचित क्षेत्र' की सूक्ष्म दीठ में कलाकारों को अनछूए के अन्वेषी, अयाचित क्षेत्रों का संदेश ग्रहणकर्ता जैसी लयात्मक अभिव्यंजा मोहक थी। वह जब स्वामीनाथन, रामकुमार की यात्राओं और गायतोंडे के महीनों तक कैनवस के समक्ष बैठकर सृजित उनकी कलाकृतियों पर बोल रहे थे तो बहुतेरी कलाकृतियाँ भी आँखों के समक्ष जैसे उद्घाटित हो

रही थीं। प्रयागजी कलाकृतियों और यात्राओं में गहरे से रमते हैं। ऐसा है, तभी तो उनका कहन मन को छूता है।

इसी सत्र में मंगलेश डबराल 'कला में देखना' से जब नाता करा रहे थे तो डच कलाकार फरमीर और खिड़की से आनेवाले प्रकाश स्रोत के बहाने जैसे कलाओं के सर्जन को गहरे से जिया। कलाकृति का स्रोत कुछ भी हो सकता है, खिड़की से आता प्रकाश भी और औचक घटित कोई अनुभूति का क्षण भी। इसीलिए उन्होंने यह भी कहा कि कलाएँ देखने की सघनता पर निर्भर करती हैं। मंगलेशजी कवि हैं, सो उन्होंने जब कहा कि कविता हमारे समक्ष उड़ती-मँडराती रहती है, जो देख ले वह कवि। सच ही तो है! देखना दृश्य की संवेदना से ही जुड़ा भर नहीं है, इसमें अनुभूति को आत्मसात् करने की दीठ भी तो है। रोंदे, रामकिंकर बैज, हिम्मत शाह, मदन लाल जैसे मूर्तिशिल्पियों ने जो गढ़ा, उसमें दिखनेवाली वस्तु ही महत्त्वपूर्ण कहाँ है? वहाँ दृश्य से परे जीवन से जुड़ी उस छाया का अधिक महत्त्व है, जिसे देखनेवाला अपने तईं सदा ही दूसरों से अलग व्यंजित करता रहा है।

बहरहाल, जरूरी है कि कलाओं पर संवाद की इस तरह की परंपरा कायम रखी जाए। हाँ, कलाओं पर विमर्श के लिए विषय चयन में भारतीयता और हमारी अपनी भाषा हिंदी को न बिसराया जाए। विडंबना यह है कि इधर अंग्रेजी की चमक-दमक से हर कोई मोहित है। अंग्रेजी लेखन, अंग्रेजी परिवेश की भयाक्रांतता का इससे बड़ा उदाहरण क्या होगा कि उस अंग्रेजी लेखन को पूजा जा रहा हैं, जिसमें हमारा अपना न तो अतीत है, न भविष्य और न अपनी भाषा हिंदी में लिखे के भविष्य की किसी प्रकार की कोई आहट? भाषा का ज्ञान, बल्कि किसी भी क्षेत्र का ज्ञान व्यक्ति को संपन्न ही करता है, परंतु जब दैनंदिनी जीवन में हम अपनी भाषा को जीते हैं, उसी में हमारी सहजता है, तो फिर ऐसी क्या मजबूरी है कि ऐसे आयोजनों का परिदृश्य और परिवेश अंग्रेजी में रचा-बसा ही हो! कहीं यह हमारी अपनी ही हीनभावना तो नहीं!

□

संस्कृति से जुड़ा प्रकृति पर्व

प्रकृति पल-प्रति-पल अपना रंग बदलती है। या यों कहूँ कि अपना परिष्कार करती है। हमारी धर्म की परंपराओं के मूल में भी प्रकृति का यही सूक्ष्म रूप छुपा हुआ है। प्रकृति के साथ व्यक्ति अपने आपको साधे। वह परंपराओं को ढोए नहीं, उनसे अपने आपको जोड़ता हुआ निरंतर अपना परिष्करण करे। कुंभ में स्नान का माहात्म्य नदी में नहाना भर नहीं है। नदी के पानी से शरीर को स्वच्छ करना भर नहीं है। शारीरिक शुचिता के साथ मानसिक शुचिता को प्राप्त करना भी है। मन को उदार बनाते उसकी शुद्धि करना है। पाप धुलने का अभिप्राय है, आप धुलें।

स्नान करने पर पुण्य मिलता है। धर्म यही कहता है, परंतु उसका मर्म धरित्रि की प्रार्थना से जुड़ा है। प्रार्थना सिर्फ अपने लिए नहीं, दूसरों के लिए भी। पुण्य को सँजोना है, इस जन्म के लिए नहीं, अगले जन्म के लिए भी। यानी अनवरत चलना है यह क्रम। जाने-अनजाने हम जो कुछ गलतियाँ करते हैं, जो कुछ अनर्थ करते हैं, जो कुछ नहीं करनेवाला करते हैं, उनका प्रायश्चित्त नदी का स्नान कराता है। लोग भोर से पहले ही आकर गंगा और दूसरी नदियों के तट पर एकत्र होने लगते हैं।

कुंभ में स्नान की याद से भी मन जुड़ा है। उसकी धुँधली सी याद भर है। हरिद्वार में अलसुबह ही गंगा तट पर परिवारजन एकत्र हो गए। दादी ने सभी को जगाया। कुंभ स्नान के लिए शायद रातभर वह सोई भी नहीं थी।...सभी को साथ ले नदी तट पर आई थी। भीड़ का रेला लगा था, परंतु फिर भी जैसे हर व्यक्ति अकेला था। इस अकेलेपन में भाव था, अपने आपको मनसा, वाचा और कर्मणा से शुद्ध करने का। तभी पहली बार लगा था, समूह में ऊँच-नीच

के भाव तिरोहित हो जाते हैं। पहली बार भीड़ में होते हुए भी भीड़ से अलग अकेलेपन का भाव भी तभी लगा था। नदी पर स्नान की परंपरा में सम्मिलित होने की उस याद में पितरों के साथ आनेवाली पीढ़ी के कल्याण का हरजस भी दादी के मुँह से निकल रहा था। नदी तट पर कमर तक डूबे अभ्यर्थना में उठे हाथ हर ओर हर छोर।

मुझे लगता है, कुंभ में अपने आपको भीतर और बाहर से शुद्ध करने की मंशा ही दूर-दराज से लोगों को एक स्थान पर खींच ले आती है। सूर्य को अर्घ्य देते हाथ। डुबकी लगाकर अपने आपको शुद्ध करने के साथ भविष्य के सद्‌कर्मों के लिए अपने आपको संकल्पबद्ध करते जन। किसी भी धर्म का यही सबसे बड़ा मर्म है। हम अपने आपका मूल्यांकन करें। अपना आत्म-विश्लेषण करें। कुंभ इसी का प्रतीक है। एक ही घाट पर जाति, संप्रदाय के भेदभाव से परे वहाँ हर व्यक्ति इनसान होता है। सबके लिए उसके भाव सम होते हैं। गरीब और अमीर की कोई खाई नहीं है। वय का कोई बंधन नहीं है। सभी एक डुबकी भर लगाने को आतुर हैं। मन में उठनेवाले ईर्ष्या, द्वेष के भाव नदी तट पर आकर जैसे तिरोहित हो जाते हैं। मनुष्य केवल और केवल मनुष्य रह जाता है। स्नान से पहले ही धुलने लगता है मन का मेल। डुबकी लगी नहीं कि उदात्तता के भाव अपने आप ही जगने लगते हैं। सांस्कृतिक अस्मिता की अर्थ बहुल ध्वनियाँ यदि सुननी हों तो एक बार कुंभ पर्व पर जरूर सम्मिलित होना चाहिए। उत्सवधर्मिता के इस पर्व में मन में उमंग और उत्साह का नया प्रवाह होता है।

बहरहाल, नदियों में स्नान की परंपरा शायद इसलिए है कि नदी के प्रवाह से हम सीख लें। कहते हैं, जल यदि बहता नहीं है, एक ही जगह रुक जाता है तो सड़ाँध मारने लगता है। ऐतरेय ब्राह्मण का बहुश्रुत मंत्र भी तो यही है, 'चरेवैति, चरैवेति…' अर्थात् चलते रहो, चलते रहो। नदी की तरह। नदियों का प्रवाह जीवन का पर्याय है। शून्य से आती अनंत में समाती नदी। वे बहती हैं तो अपने साथ बहुत कुछ बहाकर ले जाती हैं। धूल, कंकड़, मिट्टी, बड़े पेड़ों के तने और तमाम गंदगी। मुझे लगता है, पुण्य सरिताओं के प्रवाह को देखें नहीं, उसे सुनें और फिर गुनें। प्रवाह में कितने वेग, संवेग झेलती है नदी।

उतार-चढ़ाव में पत्थरों की बाधाओं को पार करती नदियाँ बिना थके बहती हैं। कभी मंद तो कभी तेज।

नदी का प्रवाह गति में आगे बढ़ता रहता है। जीवन में भी तो यही है। जीवन प्रवाह क्या नदी के समान नहीं है? कितने उतार-चढ़ाव आते हैं। आशाएँ-निराशाएँ उत्पन्न होती रहती हैं। संकट आते हैं। दुःख से उत्पन्न होती है पीड़ा, परंतु हम कई बार अपने प्रवाह को रोक देते हैं। दुःखों से घबरा जाते हैं। नदी नहीं घबराती। उसका प्रवाह कम नहीं होता। नदी की शक्ति उसकी गति है। हम गति को कम कर देते हैं। गति को समाप्त कर देते हैं। सोचिए, यदि जीवन में गति ही नहीं रहे तो क्या सब कुछ थम नहीं जाएगा। गति जीवन की सहजता है। गति का अर्थ है चलते रहना। साँस भी तो चलती है। यदि उसका चलना रुक जाए तो!

...तो बहती नदी के प्रवाह को सुनें। उसमें भीगें। कुंभ से बड़ा और बहाना इसका और हो भी क्या सकता है! कुंभ स्नान कर जब लौटें तो अनुभूत करें, आप जो पहले थे, अब वह नहीं रहे। कवि घाघ कहते हैं—

'क्षणे क्षणे यन्नवतामुपैति तदेव रूपं रमणीयतायाः'

अर्थात् क्षण-क्षण में जो वस्तु को अपूर्व सुंदरता अथवा नवीनता प्राप्त होती है, वही रमणीयता का सच्चा स्वरूप है। इसीलिए जो हर पल, हर क्षण सुंदर है। उसे हाथ से न जान दें। कुंभ में स्नान का हर क्षण, हर पल रमणीयता प्रदान करता है। कुंभ पर विचार करते ही रैदास का किस्सा स्मरण हो आया है, प्रयाग में कुंभ का मेला भरा था। संत रैदास भी वहाँ पहुँचे। शिष्यों और उनके भक्तों ने उनका स्वागत किया, आदर-सत्कार किया। प्रयाग के पंडित चिढ़ गए। तय यह हुआ कि दोनों ओर के प्रतिनिधि हाथ में शालिग्राम लेकर गंगा में बहाएँगे। जो सच्चा होगा, उसके शालिग्राम तैरते रहेंगे। रैदास की शालिग्राम मूर्ति तैरने लगी। रैदास ने तभी कहा था, 'मूरती माँहि बसे परमेश्वर तो पानी माँहि तिरै रे।'

कुंभ यानी घड़ा। जिसमें जल भरा जाता है। कुंभ के बारे में विचारता हूँ तो बहुत से बिंब मन में तैरने लगते हैं। एक कुंभ वह जो अमृत से भरा है। क्षीरसागर के मंथन से निकला। वह जिन-जिन स्थानों पर छलका और भू-तल

पर रखा गया और जिस-जिस ग्रह के कालबिंदु पर रखा गया, उन-उन स्थानों पर उस ग्रहयोग के कालबिंदु पर प्रति बारह वर्ष के बाद कुंभ पर्व मनाया जाता है। एक कुंभ वह है, जिस प्रक्रिया में साँस भरकर रोकी जाती है। यह शरीर भी तो कुंभ ही है। कबीरदासजी तभी तो कहते हैं—

यह तन कच्चा कुंभ है, लियां फिरै या साथि।
ढक्का लगा फुटि गया, कछु न आया हाथि॥

अर्थात् यह जो शरीर है, वह कच्चा कुंभ है, मिट्टी का बना, जिसे लिये तू यों ही फिर रहा है। धक्का लगते ही यह फूट जाएगा, फिर कुछ भी हाथ नहीं लगना है। भावार्थ यह कि भौतिक चीजें यहीं रह जानी हैं। मिट्टी का बना यह शरीर मिट्टी में ही मिल जाना है।

…तो कुंभ जीवन चक्र का प्रतीक है। एक फेरे से मुक्ति के बाद दूसरा चक्र प्रारंभ हो जाता है। अमृत का अर्थ है न मरा होने का भाव। शरीर के मरने को एक स्नान के रूप में देखने का भाव। इसीलिए कुंभ में स्नान किया जाता है। कुंभ का स्नान तन और मन दोनों की ही शुद्धि का पर्व है। आस्तिक ही नहीं नास्तिक भी निस्पृह भाव से नदियों में स्नान करते हैं। स्नान करके अपने आपको नवीन करते हैं। पुराने भाव तिरोहित हो जाते हैं। नूतनता का संचार हो जाता है।

'नवो नवो भवसि जायमान:'

लोक के अनहद नाद का यही मूल स्रोत है। नएपन में ही तो व्यक्ति की असल यात्रा प्रारंभ होती है। भीतर की यात्रा। अकेलेपन की यात्रा। खुद को खोजने की यात्रा। कुंभ स्नान के बाद जब यह यात्रा करके व्यक्ति बाहर आता है तो वह पूर्वग्रहों से मुक्त हो जाता है। पंडित विद्यानिवास मिश्र कहते हैं, 'कुंभ पर्व एक निमंत्रण है अपने गाँव-घर, अपने जाति, कुल, अपने धन-वैभव को भूलकर एकदम अकिंचन बनकर जुड़ो एक-दूसरे से और जब जीवन की पवित्र धारा से रागी-वैरागी, सब एकत्र हों, काल के उस बिंदु को पहचानो, देश के उस बिंदु को पहचानो, जहाँ अमृत का कुंभ है। वह एक समय हरिद्वार में, दूसरे समय प्रयाग में है, तीसरे समय महाकाल की नगरी उज्जयिनी में है, चौथे समय गोदावरी के उद्गमस्थल नासिक में है। कोटि-कोटि आस्थाएँ

जुड़ती हैं जीवन के इस मूर्त प्रवाह से पत्थरों के हृदय से निकली हुई रसधार से कोटि-कोटि साँसें एक महाश्वास बनती हैं, साँसों का मेला होता है तब एक पर्व बनता है। पर्व का अर्थ है, वह संधि जो भरे हुए रस की रक्षा करती है, गन्ने की दो पारों के बीच ही तो गन्ने की मिठास है। समष्टि जीवन का माधुर्य संचय ही पर्व है।'

कुंभ का शास्त्रीय पक्ष ज्योतिष शास्त्र से जुड़ा है। कुंभ शब्द की व्युत्पत्ति है, कुं भूमिं, कु कुत्सितं उम्भति पूरयति इति कुम्भः। अर्थात् दिन का वह भाग, जब क्षितिज पर राशि चक्र का उदय होता है। अलग-अलग स्थानों पर कुंभ का अलग अलग योग होता है।

कं जलं उम्भति पूरयति अवर्षणादि दुर्भिक्षेम्यो दूरयति इति कुम्भः॥

यानी बारह वर्षों में घटित वह ग्रह योग, जो दुर्भिक्ष तथा अवर्षण को दूर करके सबको समृद्धि प्रदान करता है, वह कुंभ है। इसीलिए हरिद्वार से ही कुंभ की परंपरा की शुरुआत मानी गई है। कुंभ लोक पर्व है। प्रकृति से जुड़ने का पर्व। कुंभ पर एकत्र जन समुदाय भीतर से खाली होता है। हरेक वहाँ मनुष्यता के भाव से ही खिंचा चला आता है। कुंभ महात्माओं के मिलन का पर्व है, बल्कि यों कहें कि जब पृथ्वी पर लोकहित के लिए एक स्थान पर महात्मा एकत्र होते हैं तो वह कुंभ योग होता है। कुंभ स्नान के अंतर्गत एकत्र होनेवाला जन समुदाय जो भाव लेकर वहाँ उपस्थित होता है, वह महात्मा का भाव ही तो होता है। इसीलिए शायद कहा गया है—

कुं पृथ्वीं उम्भतेऽनुगृह्यते उत्तमोत्तम महात्म संगमैः
तदीय हितोपदेशै यस्मिन् स कुम्भः॥

अर्थात् जब पृथ्वी पर अनेक महात्मा एकत्र होकर लोकहितकारी उपदेशों का प्रवचन करें, वह कुंभ योग है। लोक के बिना जीवन-सत्त्व का उद्घाटन कैसे हो! लोक में ही उत्सवधर्मिता और जीवन-धर्म का उद्भव होता है। लोकतत्त्व का जब स्पंदन होता है तो संस्कृति और दूसरी कलाएँ मुखरित होते देखी जा सकती हैं। महाभारत के उद्योग पर्व में भी तो वेदव्यास कहते हैं—

'प्रत्यक्षदर्शी लोकानाम् सर्वदर्शी भवेश्वरः'

अर्थात् जो लोकदर्शन में शामिल होकर खुद उसे अपने अंतर्मन से

देखता है, वही मनुष्य सच्चे रूप में लोक को समझ सकता है। भारतीय संस्कृति विश्ववरणीय इसीलिए है कि उसमें लोक-जीवन का साधकीय रूप है। लोक उत्सवधर्मिता की अपनी परंपरा के अंतर्गत निरंतर अपने आपको साधता है। निरंतर साधने के लिए तन और मन दोनों की ही शुद्धि जरूरी है।

और कुंभ की पौराणिक कथाएँ! सहज ही मन में कथाओं की गूँज होती है। सागर-मंथन से निकले अमृत कुंभ की कथा जेहन में सबसे पहले कौंधती है। अमृत की खोज में देवता और असुर दोनों ही साथ मिलकर जुट गए हैं। अमृत कलश जैसे ही हाथ में आया, दोनों में ही उसे पाने का युद्ध छिड़ गया। लड़ाई चलती रही, चलती ही रही। कहते हैं, जिन स्थानों पर यह लड़ाई चली, वहाँ कालांतर में पर्व मनाया जाने लगा। इन स्थानों पर स्नान को मोक्षकारक माना जाने लगा।

एक और भी कथा है 'मत्स्य पुराण' की। अमृत कलश लेकर गरुड़ उड़ रहे हैं। उड़ान के दौरान अमृत कलश की बूँदें जहाँ-जहाँ छलकीं और जहाँ बूँदें गिरीं, वहाँ कुंभ पर्व विश्रुत हुआ।

आख्यान और भी है।...गरुड़ नागमाता कद्रू से अपनी माता को दासत्व से मुक्ति दिलाने के लिए 'अमृत कलश' हठात् छीनकर ले आए हैं। नागलोक में वासुति द्वारा रक्षित अमृत कलश के यों गरुड़ के छीनकर ले जाने पर नागों को बहुत क्रोध आता है। नाग उनका पीछा करता है। 'अमृत कलश' प्राप्ति के लिए नाग गरुड़ पर चार बार प्रहार करते हैं। चारों बार 'अमृत कलश' पृथ्वी पर रखकर गरुड़ को युद्ध करना पड़ा। कहते हैं, पृथ्वी पर जहाँ-जहाँ अमृत कलश रखा गया, वे ही स्थान 'कुंभ स्थली' से जाने गए।

विष्णुद्वारे तीर्थराजेऽअवन्त्यां गोदावरी तटे।
सुधाविन्दु विनिक्षेपात् कुम्भ पर्वेति विश्रुतः॥

हरिद्वार का कुंभ प्रथम कुंभ है। प्रयाग, नासिक तथा उज्जैन में क्रमशः कुंभ घटित होता है। कुंभ अभावों को दूर करता है। जीवन में नवीनता का संचार करता है। यह जब घटित होता है तो मंगल होता है। पृथ्वी में समृद्धि व्याप्त होती है। हर ओर, हर छोर अनिष्टकारी प्रवृत्तियों का शमन होता है।

मंगल कामनाओं के स्वर धरित्रि पर गूँज उठते हैं। अपने लिए नहीं बल्कि पूरे संसार के लिए मंगलकामना के स्वर—

सर्वे भवन्तु सुखिनः सर्वे सन्तु निरामया।
सर्वे भद्राणि पश्यन्तु मा कश्चित् दुःख भाग्भवेत॥

□

एकांत में गुनते मौन

कोरोना वायरस के इस दौर में जब हर ओर चुप्पी, सड़कों पर सन्नाटा पसरा है और घरों से बाहर जीवन थमा पड़ा है, मन का मौन जैसे भीतर के अनगिनत सवालों का जवाब है। मौन के गर्भ से ही तो भीतर की प्रज्ञा, बोध-शक्ति से साक्षात् होता है। यही वह समय भी है, जब कई बार मन आकाश बनता, जैसे उड़ने को आतुर हो उठता है। मुझे लगता है, एकांत ही हमें इच्छाओं, अपेक्षाओं से मुक्त करता है। इसलिए कि अपने भीतर झाँकने, सोचने का अवकाश अकेले में ही मिलता है। अन्यथा तो भौतिकता में, काम के बोझ में हम अपने से निरंतर दूर, बहुत दूर हुए जाते हैं।

भोर में उजास रोज ही होता है, पर उसको देखने का अवकाश जैसे इन दिनों ही मिल रहा है। पुस्तकें पढ़ते लगता है, ठीक से समझ वह अभी ही आ रही है। यह जो एकांत है, अपना खुद का चुना हुआ नहीं है, इसलिए बहुतेरी बार बहुत बोझिल प्रतीत होता है। पर पुस्तकों में पढ़े हुए को गुनता हूँ तो जैसे आलोक की किरणें यत्र-तत्र-सर्वत्र बिखरी दिखाई देती हैं। इंतजार करता हूँ, साँझ का कि घर की छत पर पहुँच आकाश देखूँ। पहले छठ-छमास ही घर की छत पर जाना होता था। पर इधर जब सब ओर बंद का आलम है, घर से बाहर, दुनिया के द्वार बंद हैं तो स्वाभाविक ही है, रोज ही छत पर जाना होता है। आकाश पर नजर जाती है। उसका नीलापन औचक मन का सूनापन जैसे मिटा देता है। निरंजन जो है, वह। विकार रहित। अनादि-अनंत। शाश्वत-सनातन। मन में विचार आते हैं, इसके गर्भ से ही गृह नक्षत्रादि बनते और मिटते हैं। पर उनके अस्तित्व का अनुचिह्न कभी आकाश अपने पास शेष नहीं रखता। एकांत का यह रस निरंजन है।

कबीर की याद आती है, 'एक नाद से राग छत्तीसो, अनहद बानी बोले।' एकांत के नाद में ही अनहद वाणी को सुना जा सकता है। अंदर की पुकार सुनने का यही तो समय है।

साँझ घिरने लगी है। सूर्य का ताप कम होता जान, फिर से छत पर पहुँच जाता हूँ। देखता हूँ, दिन भर पृथ्वी के कोने-कोने को भरपूर प्रकाशित करने के बाद थका-हारा सूर्य अब अपने घर लौट रहा है। आकाश में धूप की सफेदी के बाद श्यामली छाँव का बसेरा होने लगा है। दूर कहीं पक्षियों की पूरी-की-पूरी एक टोली दिखती दूर कहीं विलीन हो गई है। थोड़ी देर में ही पश्चिम में सिंदूरी होता व्योम अँधेरे की आहट सुनाने लगा। छत पर टहलते पता ही नहीं चला, कब आकाश में तारों ने दस्तक दे दी। सर्वत्र छाए मौन में बचपन के वह दिन जैसे फिर से लौट आए हैं, जिनमें घर की छत पर सोते असंख्य तारों को गिनते-गिनते ही नींद आ जाती थी। पर अब कहाँ छत के वह दिन और तारों की वह गिनती और भरपूर नींद! यही सोच रहा हूँ कि औचक आसमान में चमकते-दमकते चाँद ने जैसे अपनी ओर देखने को आवाज दी। तारों की छाँव के मध्य हीरे की अँगूठी की धज-सा सुंदर चमकता चाँद! आसमान में छाए अँधेरे में चाँद-तारों की रोशनी का चित्रपट और उसे निहारते विचारों का यह प्रवाह। कोरोना में थम-से गए समय की अनुभूति से ही तो उपजा है मौन का यह मुखर।

ऐसा पहली ही बार हुआ है, जब सामूहिक चेतना में कोरोना से निजात पाने को हम सबने एकांत को चुना है। इसी से हम अपने मनों से, आत्म से भी जुड़े हैं। जीवन के बने-बनाए ढर्रे, शोरोगुल और अधिक-से-अधिक पाने की ऊहापोह में अपने से ही गुम होते जाने की होड़ में यह वक्त हमें अपने होने का अहसास करानेवाला है। यह बचपन की यादों को जीवन में वापस लाने के दिन हैं। कुबेरनाथ राय का लिखा याद आता है, 'पत्तियों का झरना धरती के सौंदर्य की करुणतम अवस्था है। करुणा में एक उदास सौंदर्य की उपलब्धि एक सर्वसाधारण अनुभव है।' पर इस बात को भी समझें, करुणा विषाद नहीं है। महर्षि अरविंद ने बुद्ध की मूर्ति में उनके नेत्रों और ओष्ठों के भावों की अर्थपूर्ण व्याख्या की है। उनके अनुसार

भारतीय बुद्ध प्रतिमाओं में करुणा का जो भाव घनीभूत रूप में विद्यमान है, वह उनका अपना दुःख नहीं, अन्य सबका दुःख है। जगत् के लिए करुणा है। वहाँ जो उत्कंठा दृष्टिगोचर होती है, उसमें दुःख के निस्तार का आध्यात्मिक मार्ग छुपा है। यह सच है, करुणा में आस्था और विश्वास छुपा होता है। अच्छे-से-अच्छा होने की आस का बोध होता है। विषाद मृत्यु का बोध करानेवाला होता है। इसीलिए कहूँ, यह घड़ी विषाद की नहीं है। हाँ, यह मानवता पर छाए कोहरे के प्रति करुणा के दिन हैं। इसे उदासी का वक्त न कहें। आस्था और विश्वास की डोर हमें भविष्य के जीवन के नए सौंदर्यबोध से जोड़ेगी। इसलिए एकांत के इस वास को आत्म की पुकार समझें।

छत पर टहलते यही सबकुछ मन विचार रहा है। लगता है, घनीभूत एकांत की इस वेला में प्रदूषणरहित आकाश में तारों की चमक रोशनी की राह है। आँखों में नींद घुल रही है। छत की सीढ़ियाँ उतर रहा हूँ। कुबेरनाथ राय का पढ़ा फिर से याद आने लगा, 'एकांत जितना पकहा होगा—मन उतना ही श्रीमद्भागवत का पन्ना बनता जाएगा।' और इसी के साथ खयाल आता है, प्रकृति के मौन को सुनने, पक्षियों का कलरव सुनने, चाँद की रोशनी में नहाने और क्षण-क्षण की चेतना, आकाश की चित्रोपमता को अनुभूत करने के लिए कुछ समय के लिए थमना जरूरी है। एक ही स्थान पर स्थिरता आवश्यक है। विचार करें, यह ऐसा ही समय है। घरों में रहें। समय के विलाप का नहीं, अपने विश्वास, आस्थाओं में जीवन-चक्र को अनुभूत करते जीवंतता को कायम रखें। खुद-से-खुद का संवाद ही इसकी सबसे बड़ी राह है।

गुरु गोरखनाथ का जयघोष है—'अलख निरंजन'। अलख का अर्थ होता है—जगाना। निरंजन माने आकाश। वह अनंत, जहाँ कुछ भी शेष नहीं रहता। तो आइए, अपने को खाली कर, भीतर के प्रकाश से संपन्न होवें। कोरोना के इस प्रकोप में 'अलख निरंजन' के नाद के जयघोष में भविष्य के सुनहरेपन को देखें। अपनी चुनी यांत्रिकता, शोरोगुल और भागमभाग में अपने भीतर न झाँक पाने की अज्ञानता से मुक्त हों। यह सांस्कृतिक मनोपचार का दौर है। भले कुछ

समय के लिए हम त्रासदी भोग रहे हैं, पर खुद-से-खुद के वार्त्तालाप का यही वह एकांत समय भी है, जो लौटकर फिर नहीं आएगा। इसे गुनें और पुस्तकें पढ़ते, अच्छा कुछ सोचते, देखते, प्रकृति और जीवन की उदात्तता पर विचारते भविष्य के सुनहरेपन में इसे बुनें।

□

संस्कृति की जीवंतता

संग्रहालय ज्ञान के अनुपम भंडार होते हैं। ऐसे जिनसे किसी देश या स्थान की ऐतिहासिक और सांस्कृतिक विरासत के बारे में जाना जा सकता है। मुझे लगता है, अतीत में प्रवेश करने, उसमें झाँकने की दीठ कहीं है तो वह संग्रहालयों में ही है। यह है तभी तो देश आजाद होने के कुछ ही समय बाद 1949 में कलकत्ता के कला सम्मेलन में राष्ट्रीय आधुनिक कला संग्रहालय (नेशनल गैलरी ऑफ मॉडर्न आर्ट) की आवश्यकता महसूस की गई और 1954 में फिर इसकी स्थापना नई दिल्ली स्थित जयपुर हाउस में हुई। आज इस कला संग्रहालय में 18 हजार से अधिक कलाकृतियों का अनूठा संग्रह है और निरंतर इसमें वृद्धि ही हो रही है। बाद में इसकी दो और शाखाएँ भी मुंबई और बेंगलुरु में खुलीं। देश के 150 वर्षों की सांस्कृतिक धरोहर को अंवेरे यह संग्रहालय भारतीय संस्कृति का जीता-जागता उदाहरण है।

अभी बहुत समय नहीं हुआ, लखनऊ स्थित डॉ. शकुंतला मिश्र राष्ट्रीय पुनर्वास विश्वविद्यालय ने अपने यहाँ करीब 5 हजार वर्ग मीटर क्षेत्र में 18 करोड़ रुपए की लागत से 'समकालीन कला संग्रहालय' स्थापना की घोषणा की है। किसी विश्वविद्यालय में इस तरह की शुरुआत की पहल बेहद महत्त्वपूर्ण है। इसलिए कि वहीं से नई पीढ़ी को भविष्य के संस्कार मिलते हैं। यह सही है, शिक्षण से अर्जित ज्ञान असीम होता है, पर इतना ही सच यह भी है कि शिक्षण के साथ यदि कलाओं के संस्कार भी मिलें तो एक सुंदर समाज की रचना स्वयमेव हो जाती है।

मुझे लगता है, विश्वविद्यालयों में तमाम तरह की विधाओं के ज्ञान के साथ कलाओं के सौंदर्य बीज भी बोए जाने चाहिए। संग्रहालय एक तरह

से अतीत का वातायन ही होते हैं। ऐसा वातायन जहाँ से हमारी विरासत में झाँककर हम भविष्य की अपनी दृष्टि में बढ़त कर सकते हैं। कुछ समय पहले समकालीन कला पर आयोजित एक राष्ट्रीय संगोष्ठी में बोलने के लिए डॉ. शंकुतला मिश्र राष्ट्रीय पुनर्वास विश्वविद्यालय जाना हुआ था। कुलपति डॉ. निशीथ राय और संगीत एवं कला संकाय के अध्यक्ष व देश के ख्यातनाम मूर्तिकार डॉ. राजीव नयन ने तभी विश्वविद्यालय में स्थापित किए जानेवाले आधुनिक कला संग्रहालय की पूरी रूपरेखा बताई। सुखद लगा यह जानकर कि वह अपने यहाँ ओपन एरिया गार्डन के साथ प्रिंट, मूर्तिकला और चित्रकला का ऐसा अनुपम भंडार करने जा रहे हैं, जिसमें दृष्टिबाधित बच्चे भी कलाओं का स्पर्श कर उन्हें भीतर से महसूस कर सकें। ऐसा अगर होता है तो यह अपने आप में अनूठी कला संग्रह सर्जना होगी। विश्वविद्यालय में वाणिज्य सहित दूसरे विषयों के भी बहुत से संकाय हैं, परंतु यह देखना सुखद था कि मुख्य परिसर में देश के ख्यातनाम कलाकारों द्वारा सर्जित मूर्तियाँ, संस्थापन और कलाकृतियों के प्रदर्शन से सौंदर्य का अनूठा कला संसार मन को मोहता है।

बहरहाल, कुछ बरस पहले केंद्रीय ललित कला अकादेमी के आमंत्रण पर एक व्याख्यान के लिए बनारस जाना हुआ था, तभी बनारस हिंदू विश्वविद्यालय प्रांगण में स्थित भारत कला भवन भी जाना हुआ था, तभी एशिया के उस सबसे बड़े विश्वविद्यालय संग्रहालय से साक्षात् हुआ था। सुप्रसिद्ध कलाविद् राय कृष्णदास ने भारत कला भवन की स्थापना की और आज इसमें 12वीं से 20वीं शती तक के चित्र और मूर्तियों का अनूठा संग्रह है। पर यह विडंबना ही है कि इसके बाद किसी विश्वविद्यालय में कला संग्रहालय के लिए इस तरह से कभी कोई विचार नहीं हुआ।

होना यह भी चाहिए कि देश के तमाम प्रांतों के प्रमुख विश्वविद्यालय अपने यहाँ पर पृथक् से क्षेत्र–विशेष में सृजित कलाओं की एक दीर्घा अपने यहाँ विकसित करें। ऐसा यदि होता है तो न केवल स्थान–विशेष की कलाओं के महती पहलुओं को संरक्षित किया जा सकता है, बल्कि विश्वविद्यालय में अध्ययनरत विद्यार्थियों की सौंदर्य सूझ भी इससे स्वतः विकसित होगी।

कला संग्रहालयों की स्थापना में यह भी ध्यान में रखा जाए कि वहाँ कला के शास्त्रीय रूपों के साथ ही परंपरा और लोक के बीज भी हों। राजस्थान में रियासतों के एकीकरण से पहले लगभग सभी प्रांतों में राजा-महाराजाओं ने अपने तईं संग्रहालयों की स्थापना की थी। यह सही है कि इनमें पुरा वस्तुओं का अनुपम भंडार है, परंतु अधिकतर संग्रहालयों में राजसी वैभव की ही महिमा का अधिक गान है। राजा-महाराजा कैसे रहते थे, उनके द्वारा उपयोग में लाई गई वस्तुएँ, वस्त्र, अस्त्र-शस्त्र आदि इनमें अधिक हैं। हाँ, कुछेक निजी स्तर के प्रयासों को दरकिनार नहीं किया जा सकता। इसी संदर्भ में देश के चर्चित कलाकार विनय शर्मा ने अपने तईं इधर अपने यहाँ जो निजी संग्रहालय विकसित किया है, वह भी अनुकरणीय है। विनय का निजी संग्रहालय कलाओं की दृष्टि से बेहद संपन्न है। पुरखों की सहेजी वस्तुओं के साथ ही पुराने समय की बहियाँ, भोजपत्र, चित्रकलाओं के आधार और छायांकन के सौंदर्य के साथ ही संगीत, नृत्य और आधुनिक ध्वनि यंत्र रेडियो के इतिहास को उन्होंने अपने निजी संग्रहालय में करीने से जुनून की हद तक जाकर सँजोया है। मुझे लगता है, इस तरह के प्रयासों को राजकीय स्तर पर तरजीह दी जानी चाहिए, ताकि जो कुछ हमारे अतीत का हमारे पास है, उसे सँजोया जा सके।

संग्रहालय हमारी सांस्कृतिक विरासत और इतिहास से रू-ब-रू होने के महती स्रोत हैं। उनका होना अपने आप में सौंदर्य से संपन्न होना ही है। समकालीन कलाओं में प्रदर्शन के हदभात आग्रह से उपजी अर्थहीन छवियों के इस दौर में विश्वविद्यालयों, शिक्षण संस्थाओं में यदि कला संग्रहालयों की स्थापना होती है और निजी स्तर पर ऐसे प्रयासों को संरक्षण मिलता है तो सुंदर समाज की नींव अपने आप ही तैयार हो सकेगी।

□

कला का अंत

कलाएँ रूप की सृष्टि है। वहाँ दृश्य का ही नहीं, जो कुछ अदृश्य है, उसका भी अनुकरण करते रूप को उभारा जाता है। पार्कर ने इसीलिए कभी कला को इच्छा के काल्पनिक व्यक्तीकरण की संज्ञा दी थी और अब तो कला कैनवस तक ही सीमित नहीं रह गई है, उसके अभिव्यक्ति सरोकार भी बदल गए हैं। किसी स्थान विशेष की संवाहक होने की बजाय वह बाजारजनित मूल्यों में संवेदना से परे, बहुत से स्तरों पर जीवन से दूर भी हुए जा रही है। कैनवस हासिए पर है। रंग और रेखाओं की सर्जना में ब्रश-प्लेट गायब है। डिजिटल तकनीक के साथ संस्थापन में जो चाहे किया जाने लगा है। संभवत: इसी से कला-अकला का द्वंद्व भी इधर तेजी से उभरा है।

राजस्थान हिंदी ग्रंथ अकादेमी के पुस्तक पर्व में 'इक्कीसवीं सदी में कला का अंत' सत्र शायद यही सोचकर रखा गया था। कला में उभरी नवीनतम प्रवृत्तियों के एक प्रकार से निष्कर्षनुमा इस विमर्श में प्रयाग शुक्ल, विनोद भारद्वाज के साथ इन पंक्तियों के लेखक से संवाद किया गया था। 'कला के अंत' पर भला कोई सहमत होगा? सो इस बाबत जब ममता चतुर्वेदी ने सवाल किया तो आनंद कुमार स्वामी के कहे पर ही गया, 'नवीनता नवीन बनाने में नहीं, नवीन होने में है।' नवीन जो बनाया जा रहा है, उसमें कलाकार और हम स्वयं कितना नवीन होते हैं। असल मुद्दा यह है। यूँ भी कला माने, जिसका कलन होता हो। काल में जिसकी गणना की जा सके। काल से जुड़े का भी अंत हो सकता है! मुझे लगता है, यह कला ही तो है, जो अपनी व्यापक सांस्कृतिक प्रतिक्रिया के तहत समाज में तमाम अपनी स्मृतियाँ, विस्मृतियाँ, विशेषताओं और बेशक खामियों के साथ हर दौर में मौजूद रहती है। इसलिए

उसमें नवीनता जब-जब होती है, पुराने को न छोड़ पाने के मोह के कारण ऐसे सवाल भी उठते रहते हैं।

विनोद भारद्वाज ने इसीलिए 'कला के अंत' की बजाय कैनवस के अंत के प्रश्न को मौजूँ बताते हुए कहा कि सत्र का शीर्षक कुछ ऐसा ही होना चाहिए था। इसके बहाने उन्होंने बदलते समय में कलाकार के जीवन मूल्यों में आए बदलाव की ओर इशारा किया। उनका कहना था, 'पहले कलाकार के पास कैनवस था तो समय था, अब जब माध्यम बदल गया है तो बाजार भी प्रमुख हो गया है।' कैनवस छूटने के साथ ही कलाकार के पास अब समय ही नहीं है। वह बाजार की दौड़ में इस कदर भाग रहा है कि अपने और अपनों से ही दूर हुए जा रहा है। हुसैन की हर अदा मीडिया में साया होती तो गायतोंडे और अंबादास जैसे महत्त्वपूर्ण कलाकारों के अंत से भी मीडिया अनजान बना रहा। प्रयाग शुक्ल ने कला में आए बदलावों के साथ छीजती संवेदनाओं पर गहराई से रोशनी डाली।

बहरहाल, 'इक्कीसवीं सदी में कला का अंत' पर विमर्श के बहाने कला में उभरती नवीनतम प्रवृत्तियाँ और बाजार मूल्यों की गहरे से पड़ताल हुई। संवाद में इन पंक्तियों के लेखक ने 'टाइम' मैगजीन में 1923 में प्रकाशित मशहूर कला आलोचक क्रिस्टल के उस लेख की भी याद दिलाई, जिसमें कलाकारों के पागल हुए जाने की बात कही गई थी। अप्रत्यक्षतः कला के अंत का ही प्रश्न उसमें उठाया गया था। माने हर दौर में जब भी कुछ नया होता है, लीक से हटकर कुछ किया जाता है तो उसमें इसी तरह के प्रश्न शायद उठते हैं। 'कला के अंत' की बात बहुत से लोगों को भले अखरी होगी, परंतु यह वह सांस्कृतिक प्रतिक्रिया है, जिसमें बदलते रूप माध्यमों में कला नए आयाम ले रही है। बेशक आयाम के इस सफर में बहुत कुछ खराब भी हो रहा है, परंतु खराब के डर से क्या कला अभिव्यक्ति की बेहतरीन संभावनाओं को नकारा जा सकता है?

□

शिल्प-चित्र विरासत

कावड़ राजस्थान की समृद्ध लोक-धरोहर है। ऐसे दौर में जब हम अपनी परंपराओं को विस्मृत करते जा रहे हैं, हमारे बहुत से पर्व लुप्त होती कलाओं को सहेजने का जैसे संदेश ही देते हैं।

कावड़ माने धार्मिक, ऐतिहासिक और लोक-कथाओं में गुंफित शिल्प का चित्रघर। डिब्बेनुमा काष्ठ आकृति, जिसकी दरो-दीवारों पर कथाओं का मनोरम चित्रण होता है। कावड़ में गाथाओं को बुना जाता है और फिर जब यह तैयार हो जाती है तो बुने को बाँचते हुए गुना भी जाता है। काष्ठ निर्मित कलात्मक रूपाकारों में ईसर, तोरण, बाजोट, मुखौटे और देवी-देवताओं की प्रतिमाएँ भी होती हैं। कविता के छंद की भाँति चमकदार रंगों का सौंदर्य वहाँ प्रधान होता है। एक रंग दूसरे का पूरक बनता, इसीलिए मन को वहाँ भाता है। कावड़ में शिल्प की गढ़न के साथ चित्रांकन की सूक्ष्म दीठ होती है। कहें, वास्तु और शिल्प का मेल है कावड़। परत-दर-परत कपाटों से खुलता है चित्रों का कथा कोलाज। कावड़ बाँचनेवाले कपाट खोलते इसे ही बाँचते हैं। यह ठीक वैसे ही है, जैसे आप किसी कलादीर्घा की वर्चुअल सैर कर रहे हैं। विविध कपाटों में परत-दर-परत मनोरम चित्रों के जरिए प्रभु की झाँकी के पाट खुलते-बंद होते धार्मिक कथा को यहाँ जीवंत करते हैं। इसीलिए कहें, कावड़ चलता-फिरता देवघर है।

कावड़ कला की शुरुआत घर पर तीर्थ, पुण्य प्रदान करने की सोच से कभी हुई। ऐसे लोग, जो तीर्थ नहीं जा पाते, प्रभु स्वयं पहुँचकर कावड़ के जरिए उन्हें तीर्थ लाभ देते। कावड़ के पाट खुलने का अर्थ ही है, पुण्य की प्राप्ति। उसे भी, जो कावड़ चित्र कोलाज देखता है और उसे भी, जो कावड़

बाँचता है। पड़ की तरह कावड़ बाँचते भाट मोर पंख का स्पर्श कराके कावड़ के पाट खोलते-बंद करते ही कथा पूरी करता है। सभी प्रकार के कपाट खुलने पर अंत में राम-सीता के दर्शन होते हैं। कथा की इस पूर्णता के साथ ही आरती होती है। कावड़ पूरी हो जाती है। बैलगाड़ियों पर सजी-सँवरी कावड़ कभी गाँव-गाँव, शहर-शहर घूमती थी।

बहरहाल, कावड़ डेढ़ से दो इंच की भी होती है और बीस फीट की बड़ी भी होती है। प्रायः यह अरडू, धाक, धोरनी, खिरनी, आम की लकड़ी से बनती है। पर इधर घरों में सजावट के लिहाज से सागवान से भी निर्मित होने लगी है। गोपीचंद भरतरी, रामायण, महाभारत, लोक देवी-देवताओं ऐतिहासिक कथाओं के साथ ही इधर प्रयोगधर्मिता के चलते समसामयिक संदर्भों के चित्र भी कावड़ में बनने लगे हैं। रंग जो प्रयुक्त होते हैं, उनमें लखारी, यानी लाल रंग प्रमुख होता है, फिर इसमें हरतल यानी हरा, प्यावड़ी यानी पीला, काजल, यानी काला आदि रंग मिलाए जाते हैं। आवश्यकतानुसार रंगों को गोंद मिलाकर घोंटा लगाया जाता है। घोंटा, यानी इंटाला। सूखने पर फिर से उसमें गोंद मिलाकर विविध पारंपरिक रंगों से क्रमवार कथाओं का चित्रण होता है। कथा चित्रों को सजाने के लिए माँडणे तथा अन्य अलंकरणों में लोक-सौंदर्य के चितराम भी काष्ठ पर माँडे जाते हैं। कहते हैं, कावड़ कला का उद्गम चित्तौड़ के बस्सी गाँव से हुआ। वहाँ के रावत गोविंददास ही पहले-पहल कावड़ कलाकार प्रभातजी सुथार को 1652 में मालपुरा टोंक से लेकर आए थे। उन्होंने तब बहुतेरी काष्ठ की कलाकृतियाँ बनाकर रावत गोविंददास और महाराणा मेवाड़ को भेंट कीं। राजस्थान का छोटा सा कस्बा बस्सी काष्ठ-कला का आज भी गढ़ है।

□

कला-पर्व आखातीज

अंत:सत्ता से संबद्ध व्यक्ति की आनंदवृत्तिमूलक सर्जना ही हमारी तमाम कलाओं का हेतु है। बाहरी सौंदर्य का महत्त्व ही वहाँ नहीं है, बल्कि आंतरिक भावों का गहरा अंकन भी उनमें है। सच ही तो है! कलाओं का अर्थ कहना नहीं है, व्यंजित और ध्वनित होना है। समय के अनवरत प्रवाह की द्योतक यह भारतीय कलाएँ ही हैं, जिनमें व्यष्टि के स्थान पर समष्टि के भाव हैं। आस्थाओं, विश्वास से उपजी हमारी कलाएँ दर्शिता विश्वरूपा है। इसे लौकिक उत्सवों में गहरे से अनुभूत किया जा सकता है।

वैशाख शुक्ला तृतीया माने आखातीज, अक्षय तिथि। यह कलाओं की संपन्नता का, उत्सवधर्मिता का पर्व है। कहते हैं, त्रेतायुग का आरंभ इसी तिथि को हुआ। इसी से यह युगादि तिथि मानी जाती है। अबूझ दिन। तीन प्रमुख अवतार नर-नारायण, परशुराम और हयग्रीव इसी दिन हुए। बदरीनाथ के कपाट इसी दिन खुलते हैं तो वृंदावन में श्री बिहारीजी के चरणों के दर्शन वर्ष में एक बार इसी दिन होते हैं। किसी भी कार्य को करने का अनपूछा मुहूर्त है—आखातीज।

कलाओं के सर्जन का पर्व भी तो है यह आखातीज। अलंकृत घड़े, खड़ाऊँ, छत्ते आदि दान करते यत्र-तत्र-सर्वत्र लोग दिखाई देंगे। इस पर्व पर घड़े का, भाँति-भाँति की पंखियों का निर्माण—यह सब कलाओं का सर्जन ही तो है। अक्षयतृतीया पर लक्ष्मी सहित नारायण की पूजा का विधान है। वाणी जब सुसंस्कृत होती है, तब उसे सरस्वती का स्वरूप प्राप्त होता है, परंतु शब्दों को फटक-फटककर भाषा का जब निर्माण हुआ तो लक्ष्मी ने ही वाणी को निधि समर्पित की। वाणी, निधि सभी प्रतीक हैं। गूढ़, मनोगत अर्थों को प्रकट करते, इन्हीं में तो रूप सादृश्य का अभिप्राय होता है। मनुष्य की रसिकता,

मंगलकामना और आध्यात्मिकता को नवजीवन और पोषण देते प्राय: सभी उत्सवों में हम प्रतीकों का ही तो वरण करते हैं।

आखातीज पर प्रतीक रूप में पतंग उड़ाने का भी रिवाज है। जी हाँ, बीकानेर में कड़ी धूप, तेज चलती लू में भी घरों की छतें इस दिन आबाद होती हैं। पतंगें उड़ती हैं। स्थानीय भाषा में इन्हें 'किन्ना' कहते हैं। वैशाख शुक्ला तीज, 1545 के शनिवार के दिन बीकानेर शहर की स्थापना हुई थी। स्थापना की उमंग में बीकानेर में उत्सव मनाया गया। घरों में खीचड़ा बना। घी भर इसे लोगों ने खाया और जी भर पिया इमली का शरबत। आखातीज पर राव बीका ने खुशी का इजहार करते, आसमान में उड़ते मनों के प्रतीक रूप में बड़ा सा चिंदा, यानी बड़ी पतंग उड़ाई। बस तभी से परंपरा हो गई। पूरे विश्व में शायद बीकानेर एकमात्र जगह है, जहाँ तपते तावड़े (धूप) में छत पर चढ़कर लोग पतंगें उड़ाते हैं। कागज पर कोरे चित्र, आकृतियों से सजी कलात्मक पतंगें! इन्हें उड़ाना भी अपने आप में कला है। आसमान में गोते खाती पतंगों के उड़ाके तगड़े लड़ाके होते हैं। दूसरे की पतंग काटने में मजबूत डोर नहीं, बल्कि कला की दीठ वहाँ होती है। ऐसी, जिसमें कलाबाजियाँ खिलाते पतंग को अनायास ढील या औचक कसते हुए काटने के गुर निहित जो होते हैं।

…तो मन के उत्साह, उमंग की अभिव्यक्ति का पर्व है आखातीज। सच्ची कला यही तो है, जिसमें अनायास मानव मन अपने अंत:करण को प्रसन्न करने की जुगत कर बैठता है। व्यष्टि नहीं, समष्टि की भावना के साथ। ऐसे ही जाग्रत् होती है भीतर की हमारी उदात्त भावनाएँ। यही तो है कला का सत्यं, शिवं और सुंदरम्! आप क्या कहेंगे?

□

घूमर रमवा नै जावा दै...

लोक-जीवन के ताने-बाने में ही संस्कृति के बीज बिखेरती हमारी तमाम लोककलाएँ गूँथी हुई हैं। लोकगीत, नृत्य किसी एक जनपद का नहीं है, थोड़े बदलाव के साथ उसके सरोकार हर ओर मिलेंगे। घूमर ऐसा ही लोकनृत्य है। मूलत: राजस्थान का, पर अब प्रांतीय सीमाओं से परे विश्व भर का। हाल ही एक अंतरराष्ट्रीय ट्रैवल पोर्टल ने दुनिया भर के जिन दस श्रेष्ठतम नृत्यों को परखा है, उनमें 'घूमर' को चौथा स्थान मिला है। राजस्थान की कला और संस्कृति का विश्व-विस्तार यही तो है!

बहरहाल, घूमर लोक-संस्कारों से सिंचित नृत्य है। लोक से जुड़े समाज के सनातन मूल्यों को अंवेरता। घूमर माने घूमना। गोल वृत्ताकार में घूमते हुए किया जानेवाला लोकनृत्य। समूह की सर्जना। रूपविन्यास, भाव-सौंदर्य और पद कर संचालन, थिरकन की विविधता का अद्‍भुत नृत्य। प्रांजल मनोभावों की सुमधुर परिणति। एक ही स्थान पर घूमने की भ्रमर गति भी घूमर में है तो आगे-पीछे, दाएँ-बाएँ नृत्य का सांगोपांग विस्तार भी है। पार्श्व ध्वनियाँ की बजाय समूह पदचाप, स्वयं नृत्यांगनाओं का गान और गरदन एवं नेत्रों का लयबद्ध संचालन। गाते हुए बोलों में नृत्यांगनाएँ जैसे रम जाती हैं। गति में इसीलिए वहाँ भावानुरूप मंद और तेज प्रभाव स्वयमेव होता है। गीत और नृत्य में कोई भेद नहीं। नृत्य होगा तो घूमर-गीत होगा और घूमर-गीत होगा तो नृत्य होगा ही। कहें, अकेले घूमर या उसके गीत का कोई महत्त्व नहीं।

घूमर एक नृत्य-गीत है, जिसमें अविवाहित कन्या अपनी माँ से कहती है, मुझे फलाँ जगह, फलाँ जाति में मत ब्याहना। इसके साथ ही वह कारण भी बताती है, फिर कहती है, चाहो तो वहाँ दे देना। इस कहन में वह लोगों

और वहाँ के भौगोलिक परिवेश की तमाम विषेषताओं को उघाड़ती चली जाती है—गुण-दोषों के साथ। ऐसे ही 'करियो' में ढोला-मरवण में उस ऊँट की कहानी है, जो ढोला को मरवण के पास ले गया था। घूमरें और भी हैं, उन पर जाएँगे तो न जाने कितने पन्ने भर जाएँ, पर कथ्य की नृत्य परिणति में जिस सौंदर्य की सर्जना घूमर में होती है, वह किसी और में कहाँ! मुझे लगता है, नारी सौंदर्य के शास्त्रगत आख्यानों का साकार है घूमर। कमर की लचक के साथ नाचने को तत्पर सुजला। तीव्रतम गति का घेरदार घुमाव तो घूँघट के सौंदर्य-भावों का दर्शाव भी। नृत्य में घाघरे के दोनों कोनों को पकड़ पालनी मुद्रा जब नृत्यांगना अपनाती है तो लगता है, मयूरी मगन हो नाच रही है। एक बार चारों ओर घूमने से घाघरा वृत्ताकार में फैल जाता है। एक स्थान पर रहते हुए अंग-प्रत्यंगों का तब जो संचालन नृत्य में दिखाई देता है, उसे चाहकर भी शब्द कहाँ बयाँ कर सकते हैं! घूमना तीव्रगति में भी और मंद गति में भी। कभी हौले-हौले मुँह से निकलते बोलों में पैरों की थिरकन भर। पग कर संचालन में एक ताल स्वयं पैदा होती है। माने ताल नृत्य में ही है, बाहर नहीं। अर्थगर्भित सौंदर्य-भावों की गमक। धीरे-धीरे घूमर तेज होती है और तब औचक लगता है, आँखें किसी शास्त्रीय नृत्य का आस्वादन कर रही हैं। सच! घूमर है ही लोक की शास्त्रीय अभिव्यंजना, प्रकृति की गति से संगति, नृत्य नहीं, साधना; नख-शिख अवयवों का मेल।

याद पड़ता है, बचपन में स्टेडियम में विद्यालयी छात्राओं का घूमर देखने जाते थे। बीकानेर भर के तमाम विद्यालयों की छात्राओं का उसमें प्रतिनिधित्व होता। पूरा स्टेडियम घूमर के रंग से रँग जाता। तन-मन में तब अद्‌भुत सौंदर्य छटा वास करती। धीरे-धीरे संस्कृति का यह चास-बास भी लोप होता चला गया। घूमर अवसर-विशेष की औपचारिकता भर रह गया। हाँ, वीणा समूह के के.सी. मालू ने घूमर को अपने तईं फिर से जीवंत किया। लोक की सहज धुनों से बगैर किसी छेड़छाड़ करते। भले व्यावसायिक उद्‌देश्य से ही सही, घूमर के सौंदर्य को उन्होंने अपने डिटिलाइजेशन तकनीक से विश्वजनीन तो किया ही है!

□

गळियाँ में आवै गौरा झूमती

जब-जब होली का त्योहार नजदीक आता है, मन अवर्णनीय उमंग, उल्लास से भर उठता है। यह उमंग होली के रंग खेलने से कहीं अधिक उन 15 दिनों को जीने की होती है, जिसमें आस-पड़ोस कभी गवर पूजे जाने के दिनों की याद जुड़ी हुई है। इधर होलीका दहन हुआ, उधर गवर पूजन शुरू। सामूहिक स्वर माधुर्य, 'पातळिया ईसर, गळियाँ में आवै गौरा झूमती' और ऐसे ही दूसरे गवर गीतों से ही भोर की आँख खुलती। संगीत स्वरों की वह सुबह इस कदर सुहानी होती कि मन चाहकर भी उसे कहाँ बिसरा पाया है! पर उत्सवधर्मिता के दिन पंख लगाकर उड़ जाते। पखवाड़े बाद गणगौर मेले में गवर विसर्जन के साथ ही जैसे उमंग-उत्साह के दिन बीत जाते।

गणगौर ऐसा ही लोकपर्व है। संस्कृति की लय अंवेरता। माँ से पूछता हूँ, अभी भी बीकानेर में गवर पूजती लड़कियाँ 15 दिन सुबह उठकर वैसे ही सामूहिक गीत गाती हैं? माँ का जवाब 'हाँ' भी होता है और 'न' भी। भाव यह है कि गणगौर पर्व पखवाड़ा होता तो अभी भी है, परंतु उसमें वह उमंग, उत्साह और लड़कियों के गान के दिन अब नहीं रहे।

बहरहाल, गणगौर में दो शब्द है—गण और गौर। 'गण' माने शिव और 'गौर' यानी पार्वती। कन्याएँ शिव समान अच्छे वर के लिए गवर पूजती हैं, पर इस पूजन भाव में भक्तिवाला गांभीर्य नहीं है, यहाँ सखी-भाव प्रधान है और पूजने की बजाय 'खेलने' पर अधिक जोर है। मोहल्ले-गली की लड़कियों एकत्र होकर सामूहिक रूप में गवर पूजने के बहाने जैसे आपस में घुल-मिल खेलती हैं। याद पड़ता है, होली के बाद जब सोते तो आँख घर के पास से आते सामूहिक गीतों के मधुर स्वरों से ही खुलती थी। पता चल जाता, बहन

पहले ही उठ गणगौर पूजने चली गई है। पूरे पखवाड़े तक सुबह गवर गीतों से ही सुहानी होती। सामूहिक सोल्लास भोर भर ही नहीं, बल्कि पूरे 15 दिन तक अनुभूत होता। महिलाएँ-कन्याएँ गीत गाती हुई दूब लाने जातीं और गणगौर का शृंगार करतीं। होली की राख के पींडे बनाए जाते और उन्हें पूजन के बहाने सजाया-सँवारा जाता। लड़कियाँ गीत गाती जातीं और गान के साथ-साथ ही गुलाल के विभिन्न रंगों के माँडणे धरा पर माँडतीं।

बीकानेर पाटों का शहर है, सो गली-मोहल्ले में पाटों पर 'ईसर-गणगौर' की लकड़ी की गहनों, कपड़ों से सजी सुंदर प्रतिमाएँ सजतीं। रंग-बिरंगे वस्त्र, गहने, साज-शृंगार से सजी एक से बढ़कर एक सुंदर गवरें। पूरे 15 दिन बहने गवर पूजती और उनके साथ हम भी जैसे उनके उमंग और उत्साह के साथी होते। कहें, तब गवर को लेकर मन में अवर्णनीय उत्साह, उमंग रहता और गणगौर मेले में यह उत्साह चरम पर पहुँच जाता, परंतु यह गवर विदा का समय होता। अलसुबह ही कुँआरी कन्याएँ, महिलाएँ, बूढ़ी दादियाँ एकत्र हो जातीं। मिट्टी के पालसिए में उगाए ज्वारे और गुलाल लिये गवर का विसर्जन करने पास के कुओं, तालाबों में मेला सा भरता।

मुझे लगता है, गणगौर समुह भावना को जीवंत करता पर्व है। एक दिन नहीं, पूरे 15 दिन तक के लिए। इसमें संगीत है, नृत्य है और है लोकानुरंजन; और हाँ, जीवन से जुड़ा अनुराग भी। जयपुर में आए दो दशक से अधिक का समय हो गया है। मित्र कहते हैं, अब तो मूल निवास प्रमाण-पत्र भी चाहो तो यहाँ का बन सकता है। सच है, पर अब जबकि होली नजदीक है, गणगौर गान के सामूहिक स्वरों से जुड़ी उन यादों का क्या करूँ? कोई बताए कहाँ से पाऊँ माधुर्य का वह राग और उससे जुड़ा अनुराग? आप ही बताइए, भौतिकता की अंधी दौड़ में क्या हम अपने से ही लगातार ऐसे ही दूर नहीं हुए जा रहे हैं?

□

आलोक पर्व

भारतीय कला-दृष्टि सृष्टि का पुन:स्थापन है। एक प्रकार से सृष्टि का अनुकरण। सृष्टि माने भाँति-भाँति के रंग। भाँति-भाँति की ऋतुएँ, उत्सव और पर्व। इस सब में ही तो है जीवन की समग्रता। कला का परम सौंदर्य। शायद इसीलिए कवींद्र रवींद्र ने कभी कहा—'सौंदर्य अभिव्यंजना मात्र नहीं है, वरन् आत्मा में निवास करता है।' यह कला ही तो है, जो मन को रंजन और उद्‍बोधन देती है। मुझे लगता है, कला प्रकृति की प्रतिकृति है। नहीं, इससे भी आगे, प्रकृति का बिंब-प्रतिबिंब है। हम सभी उत्सवधर्मी हैं। शायद इसलिए कि कला से हमें अनुराग है। उसमें बसते, सदा कुछ नया रचना चाहते हैं। इस रचे को जीना चाहते हैं।

दीपावली से बड़ा हमारा और कौन सा कला का पर्व होगा! बाहर और भीतर के आलोक के इस पर्व पर घर-आँगन सज उठते हैं। मन हिलोरें लेता सौंदर्य की सर्जना को आतुर हो उठता है। लक्ष्मी के स्वागत के बहाने, रंगोली सजती हैं। कुमकुम के उसके पगलिये हम घरों में माँडते हैं। मुझे याद है, बीकानेर में सीमेंट के आँगन को भी हम सब दीपावली पर गोबर से लीपते, उस पर हिरमच, हल्दी और दूसरे प्रकृति प्रदत्त रंगों से माँडणे माँडते। जहाँ दीपावली पूजन होता, वहाँ पर स्वस्तिक और षट्‍कोणीय आकृतियाँ दीवारों पर बनाते। बाकायदा इनके नीचे 'लाभ' और 'शुभ' लिखा जाता। पता नहीं, तब कहाँ से भीतर का कलाकार जाग उठता और हम भाँति-भाँति की रंगोलियाँ बना डालते। हम ही क्यों, प्रजापति कुम्हार की कला भी दीपावली पर ही तो परवान चढ़ती है। करीने से बनाए एक से बढ़कर एक सुंदर दीये।

बाजार जाना हुआ तो इस बार दीपकों की पारंपरिक आकृतियाँ से अलग

दीपक भी इस बार दिखाई दिए। बेहद सुंदर दीपक। अलंकारिक। लगा, समय के साथ कुम्हार का कलाकार मन भी समाज को पढ़ लेता है। इस पढ़े हुए को ही वह अपने सर्जन में आकार देता है। दीये ही क्यों, बहुत सी और मृण आकृतियाँ भी तो कुम्हार हम लोगों के लिए दीपावली पर बनाता है। दीये रखनेवाली छेद करी हँड़िया, घंटियाँ, मिट्टी के मिष्टान्न पात्र और भी दूसरी बहुतेरी कलात्मक चीजें। इन सबसे ही तो सजती है हम सबकी दीपावली। हमारा घर-आँगन।

यह हमारा कलाकार मन ही तो है, जो पारंपरिक प्रजापति कुम्हार के बनाए दीये जतन से घरों में सजाता है। थाली में, आँगन के चौक में, घर के बाहर की दीवारों पर, छत की दीवारों और घर के कोने-कोने में, हर एक दरवाजे और हर खिड़की के पास दीये रखे जाते हैं। एक साथ जब ये दीये जलते हैं तो मन में भी अनूठा आलोक होता है। दीपकों के झिलमिल प्रकाश में घर-आँगन में भी हर कोई अनूठी सजावट करता है। लक्ष्मी के स्वागत को तैयार मन प्रतीक रूप में उसके कुमकुम पगलिये माँडता है। कहते हैं, दीवाली की रात लक्ष्मीजी विष्णु की शेषशय्या त्यागकर अपनी बहन दरिद्रा के साथ भू-लोक पर विचरण करती है। जो घर कलात्मक सजा है, स्वच्छ सौंदर्य का जहाँ वास है, उसी में लक्ष्मी प्रवेश करती हैं और जहाँ गंदगी है, कला नहीं है, वहाँ दरिद्रा चली जाती है। इसी लोक विश्वास के चलते दीपावली का आलोक हर ओर, हर छोर होता है। कला सर्जन के इस पर्व में हर क्षण अपूर्व होता है। जीवन की पूर्णता, समृद्धि, शांति के समस्त सांस्कृतिक भाव इस एक पर्व में ही जो निहित हैं।

चंद्रमा की सोलह कलाएँ होती हैं। सोलहवीं कला अमावस्या की अदृश्य कला है। यही अमृता है। अमृता का अर्थ है—समाप्त न होना। दीपावली के जगमगाते दीयों का आलोक हरेक मन को भाता है। सौंदर्य की अद्‌भुत सृष्टि वहाँ है, नेत्रों को तृप्ति प्रदान करती हुई। जब हम यह कहते हैं कि दीपकों के प्रकाश से यह जहाँ आलोकित है तो इस आलोक के निहितार्थ पर भी जाना होगा। आलोक माने प्रकाश। प्रत्यक्ष का भेद। आलोकित दरअसल आकोर की सत्ता का बोध कराता है। इसीलिए दीपकों के प्रकाश से आलोकित है जहाँ।

कला दीठ की यही समग्रता है। मन की हमारी कलात्मक संवेदनाओं को ये दीपक ही तो रूपायित करते हैं। इन्हीं में है अंतर के आनंद का रस।

…तो आइए, दीपावली के आलोक में नहाएँ। चित्रकला की चित्रोपमता, संगीत के माधुर्य को इस पर्व में अनुभूत करें। यह दीपावली ही है, जिसमें कला के लिए अवकाश के क्षण हम निकाल ही लेते हैं, वरना कहाँ है इस भागमभाग में अवकाश! आइए, सहेजें कला के इन अवकाश के क्षणों को। आज के लिए नहीं; सदा के लिए। इन्हीं में तो है लोक का हमारा आलोक।

□

दीपक ज्योति नमोस्तुते!

पर्व-त्योहार आखिर किसलिए मनाते हैं? इसीलिए न कि जीवन का उजास, उत्सवधर्मिता का नाद उनमें है और दीपावली तो है ही उजाले की प्रतीक। सोचिए, अमावस्या के अंधकार को हरने ही तो जलता है, नन्हा सा एक दीप।

दीप पर्व दीपावली अंतर्मन के उजास का संवाहक है। मुझे लगता है, भारतीय संस्कृति का यह अनूठा कला-पर्व है। इस पर्व पर भीतर का हमारा सर्जक जाग उठता है। दीपावली इसीलिए तो हरेक के मन को भाती है कि इस एक पर्व में कलात्मक सृजन के भाँति-भाँति के आयामों को हम अनायास छू लेते हैं। रंग-रोगन कराते कलाकार नहीं होते हुए भी घर के किसी कोने को अपने भीतर के कलामन से सँवारने की दीठ आप में अनायास जगती है। गाँवों में तो दीप पर्व से पहले ही घरों को गोबर से लिपने-पोतने का कला कर्म शुरू हो जाता है। मिट्टी और गोबर का मेल। उसमें हिरमिच और हल्दी का घोल। घर-आँगन में मंडते कलात्मक माँडणे।...और यही क्यों, लक्ष्मी पूजा-स्थल तक कुमकुम से लक्ष्मी के अलंकारिक पगलियाँ भी तो माँडे जाते हैं।...दीपकों की जो रोशनी घर-परिवार में होती है, वह भी तो मिट्टी के आकर्षक दीयों से ही होती है। कुम्हार की चाक से ढले मिट्टी के दीपक पानी से धोकर साफ करते हैं और फिर उनकी खूशबू के साथ यत्र-तत्र सर्वत्र उजास फैलता है।

दीप पर्व में जीवन को आलोकित करने का मंतव्य गहरे से निहित है। आज से नहीं, युग-युगों से। मोहनजोदड़ो की खुदाई से ईंटों के घरों में दीपक जलाने की परंपरा ज्ञात हुई है और अँधेरी गुफाओं में निर्मित बारीक चित्रों को देखकर भी सहज यह अनुमान होता है कि दीपक तब भी थे। मुझे लगता है,

सभ्यता और संस्कृति के अनहद नाद हैं दीपक। पंचतत्त्वों से एक अग्नि का प्रतीक दीपक। जन्म से लेकर मृत्यु के बाद तक की रस्में निभाता दीपक। अंधकार से मुक्ति का आह्वान करता मर्त्य में अमर्त्य दीपक!

दीपक अंतर्मन प्रकाश की खिड़की खोलने का संदेश देते हैं। अभी बहुत दिन नहीं हुए, वाराणसी जाना हुआ था। काशी की एक साँझ गंगा में नाव में विचरते दीपमालिकाओं से साक्षात् हुआ। लगा, एक साथ पंक्तिबद्ध जलते दीपकों में जीवन की लय को गहरे से अंवेरा गया है। तभी मन में खयाल यह भी आया···अँधेरा नहीं हो तो इस रोशनी को क्या हम इस रूप में देख पाते? माने अंधकार में ही प्रकाश की शोभा है।···तो सृजन के लिए जरूरी है अंधकार। दिन के बाद रात न हो तो! यह दीपक ही है, जो रात्रि के अँधेरे में अपने होने को जताता, जैसे हमें अपने भीतर झाँकने का यूँ अवसर देता है। बनारस में गंगा आरती के अद्भुत दृश्य में रमते जैसे हम अपने होने की ही तलाश कर रहे थे। नाव पर बैठे गंगा आरती की दिव्यता और भव्यता में ही डूबे थे कि पास ही आ लगी एक और छोटी सी नाव। हाथ में मिट्टी के दीपक और घी से सनी बाती के साथ छोटे-छोटे बच्चे उन्हें खरीद गंगा में प्रवाहित करने का आग्रह कर रहे थे। हमने दीपक ले, बाती को प्रकाशित किया। जगमग दीपकों को जब गंगा में प्रवाहित किया तो लगा, कुछ अनूठा अनायास ही हो गया है। पंक्तिबद्ध रोशनी बिखरते दीपक थोड़ी देर में ही पानी की एक लहर के साथ हमसे दूर चले गए···परंतु उनका उजास मन में जैसे अभी भी बसा हुआ है!

कहीं पढ़ा हुआ, औचक जेहन में कौंध रहा है। निर्वाण के समय बुद्ध शांत लेटे हुए हैं। उनका शिष्य आनंद विलाप कर रहा है, 'हमें छोड़कर क्यों जा रहे हैं? अब कौन करेगा हमारा पथ प्रशस्त?' बुद्ध के मुँह से निकलता है, 'अप्प दीपो भव!' अर्थात् स्वयं अपना प्रकाश बनो। जलो, ताकि आलोकित हो रूप। दीपावली में हम सब यही संकल्प लें कि अपनी ज्योति आप बनें! 'दीपक ज्योति नमोस्तुते!'

□

दीया जलाएँ, पर जतन से...

अंधकार से लड़ने की कला का पर्व है दीपावली। उपनिषद् कहते हैं, 'तमसो मा ज्योतिर्गमय', माने अंधकार से प्रकाश की ओर गमन हो। आलोक की यही तो है हमारी आराधना। दीपावली इस आराधना का ही तो संवाहक पर्व है। हमारी संस्कृति में प्रातः सूर्य को अर्घ्य देकर दिनचर्या प्रारंभ होती है। सूर्य को अर्घ्य देकर यही तो कहा जाता है, हे सूर्य! तम को हर आलोकित करें। करते ही रहें। आपके तेज का अंश ग्रहण कर धरा भी आलोकित हो और यही क्यों, सूर्य गमन के साथ ही संध्या फिर से दीप प्रज्वलन के साथ हम करते हैं, दीप नमन। भाव होते हैं, 'शुभम् करोति, कल्याणं, आरोग्यं, सुख-संपदा आत्म-वृद्धि प्रकाशाय, दुष्ट बुद्धि विनाशाय, दीपक ज्योति नमोस्तुते।' प्रकाश के प्रति हमारा यह प्रणम्य भाव ही तो हमारी संस्कृति है।

कथा आती है। चलते-चलते सूरज थक गया। निराश हो सोचने लगा, अँधेरे में चलनेवाले को कौन दिखाएगा राह? आराम की चाह पर राह कहाँ? औचक उठ एक नन्हे से दीप ने विनम्रता से कहा, 'आप जाएँ सूर्यदेव! आराम करें। आपके आने तक प्रयास करूँगा कि अँधेरा जीवन पर हावी न हो। भले स्वयं इसके लिए मुझे मिटना पड़े।' आश्वस्त हो सूर्यदेव घर की ओर चले। लौटे तो देखा बाती समाप्तप्राय हो रही थी, पर फिर भी अपने को जला, लौ को प्रज्वलित किए था नन्हा सा वह दीप। सूर्य को देख बुझती लौ और तेजी से प्रकाशित हो शांत हो गई। दीपक बूझ चुका था, परंतु सूर्य में समाहित उसका तेज फिर से जीवन को आलोकित कर रहा था।

यही तो है जीवन के उदात्त भाव, उत्तिष्ठत जाग्रत् प्राप्य वरान्निबोधत।

माने उठो, जागो, जो श्रेयस्कर कार्य है, उसे पहचानो। सोचता हूँ, कैसा होगा वह क्षण, जब मृत्युशय्या पर लेटे होंगे बुद्ध! मन में विचार आ रहे हैं, उनका प्रिय शिष्य आनंद समीप खड़ा है। बुद्ध का बिछोह उसे सहन नहीं हो रहा है। दुःखी मन से वह रोने लगा। शांत बुद्ध पूछ रहे होंगे, 'अरे! रो रहे हो!' आनंद ने तब कहा होगा, 'प्रभु आप जा रहे हैं! अभी तो मुझे पूरा ज्ञान भी नहीं मिला!' तभी बुद्ध ने शायद कहा होगा, 'अप्प दीपो भव', यानी अपना दीपक आप बनो। सच भी यही है! हमें अपना दीपक आप ही बनना है। अंतर आलोकित होगा तो सर्वत्र उजास ही उजास पाएँगे। याद करें, कभी रैदास ने भी तो कहा, 'प्रभुजी तुम दीपक, हम बाती।' दीपक की बाती बन हम आलोक के संवाहक बनें।

दीपावली, यानी कार्तिक अमावस की घनघोर रात। यह वह रात्रि है, जब चाँद और सूरज एक राशि में आ जाते हैं। चाँद अपनी तमाम कलाओं को खो देता है। इसी से पसर जाता है धरा पर घटाटोप अँधेरा। धरा के तम को हरने को ही तो जलाते हैं हम दीप। घर-आँगन एक साथ असंख्य दीपकों की झिलमिल से रोशन हो उठता है संसार। अँधेरे की अब क्या बिसात! दीपावली के झिलमिलाते दीप मन में अवर्णनीय आनंद का ही तो उजास करते हैं।

प्रकाश हो तो अंधकार का अस्तित्व ही न हो। कोई कह रहा था, अंधकार ने एक बार ब्रह्माजी से प्रकाश की शिकायत की। कहने लगा, 'यह हर वक्त मेरा पीछा करता रहता है। इसे रोकिए!' ब्रह्माजी ने तुरंत प्रकाश को बुला भेजा। कहने लगे, 'अंधकार ने तुम्हारी शिकायत की है।' प्रकाश हैरान, बोला, 'अंधकार ने कहा! पर मैं तो उसे जानता ही नहीं। कभी उसे देखा ही नहीं। आप सामने लाइए।' अंधकार को प्रकाश के सामने आने को कहा गया। कहते हैं, ब्रह्माजी तब से इंतजार ही कर रहे हैं। प्रकाश के सामने अंधकार आने का अर्थ है, उसका अस्तित्व ही न रहना, फिर बताइए, वह आता भी कैसे? जहाँ ज्ञान है, वहीं तो प्रकाश है। अज्ञान के अँधेरे की प्रकाश के सामने आने की हिम्मत हो भी कैसे सकती है! ज्ञान की ज्योति जल जाए तो फिर अज्ञान कहाँ ठहरेगा?

तो आइए, इस दीपावली मन से जलाएँ एक नन्हा सा दीप। भीतर के अपने तम को हरने। संस्कृति का यही तो चिरंतन चिंतन है। कालिदास

इसीलिए तो कहते हैं, दीपक शरीर है, प्रकाश प्राण। एक दीप की लौ से दूसरा दीपक और दूसरे से तीसरा।'''प्रकाश की लौ पकड़कर ही हम बढ़ते जाएँ आगे और आगे। अंधकार को दूना होने दें। प्रकाश इसी से और अधिक शक्तिमान होगा। दीया जलाएँ, पर जतन से। यह दिया सत्य पर टिका हो। इसमें तप से तेल मिले। बाती दया से पूरी गई हो। क्षमा की लौ हो। इस दीपावली जलाएँ—अंतर को आलोकित करता नन्हा सा एक दीप।

□

दीपो यत्नेन वार्यताम्

कार्तिक उत्सवधर्मिता का मास है। आम आदमी के कला सरोकारों, संस्कृति और परंपरा के पोषण का महीना। धार्मिक अर्थ में सूर्योदय से पहले स्नान का पावन मास। तमाम महीनों में श्रेष्ठतम। अनगिनत पर्व-परंपराओं का संयोग इसी माह में होता है। शरद पूर्णिमा आती है। करवाचौथ आती है। धनतेरस, छोटी दीवाली, बड़ी दीवाली, गोवर्धन पूजा, अन्नकूट, भैयादूज, गोपाष्टमी, देव उठानी एकादशी, तुलसी विवाह और भी बहुत सारे उत्सव के दिन। मुझे लगता है, भीतर की हमारी कलाओं का पोषण इन सबमें ही तो होता है। करवाचौथ में सोलह शृंगार कर छलनी से चाँद निहारने की परंपरा हो या फिर शरद पूर्णिमा में खीर बना उसे चाँद की रोशनी में रखवाने की परंपरा हो या फिर गोवर्धन पूजा के अंतर्गत गोबर में हिरमच और दूसरे रंग मिला माँडणे माँड दीप जला पूजने की रीत, सबमें उत्सवधर्मिता के साथ कलाओं को ही तो हम गहरे से जीते हैं। दीपावली आती है तो एक साथ असंख्य दीपकों का प्रकाश मन में भी उजास भरता है।

बहरहाल, कार्तिक माह में स्नान का विशेष महत्त्व है। याद पड़ता है, बीकानेर के अपने घर में दादी जब कार्तिक नहान करती थी तो घर उत्साह के अनगिनत रंगों से भी जैसे रँग जाता था। भोर के उजास से पहले दादी उठती। हरजस गाती ईश्वर को स्मरण करती। पौ फटने से पहले नहा लेती। ठंडे जल से। सुबह हम उठते तो स्नानघर के पास जगमगाते दीपक की लौ और हरजस का माधुर्य मन में अवर्णनीय आनंद की अनुभूति कराता। दादी कहती, 'नदी में स्नान होता तो और पुण्य मिलता।' नदियाँ यहाँ कहाँ! दादी

स्नानघर में ही नदियों को बुला लेती। अचरज होता कभी स्कूल नहीं गई दादी, परंतु तमाम हमारी धार्मिक नदियों का संस्कृत आह्वान करती थी—

पुष्करादीनि तीर्थानिगङ्गाद्या:सरितस्तथा।
आगच्छन्तुपवित्राणिस्नानकालेसदा मम॥
गङ्गे चयमुनेचैवगोदावरिसरस्वति।
नर्मदेसिंधु कावेरिजलेऽस्मिन्संनिधिंकुरु॥

कला का यही जीवन उत्स है। जो नहीं है, अपूर्ण है, उससे पूर्णता की ओर गमन। किसी विशेष अनुभूति को निपुणता द्वारा अभिव्यक्त करना ही तो है कला। नदी नहीं है, परंतु नदी को अनुभूत करना। उसमें नहान के आनंद की यह अभिव्यक्ति ही क्या कला नहीं है?

मानव संस्कृति का आवश्यक अंग ही कला है। जीवन के सहज आनंद की अभिव्यक्ति के अलावा कला का कोई अन्य उद्‌देश्य हो भी कैसे सकता है? महात्मा गांधी ने इसीलिए तो कला को आत्मा का ईश्वरीय संगीत कहा है। कार्तिक नहान की परंपरा को पुण्य प्राप्ति से जोड़ा गया है। इस माह में नहान, माने बाह्य और आभ्यंतर की पवित्रता।

बहरहाल, परंपराओं से ही कलाएँ पोषित होती है। धर्म, संस्कार, रीति-रिवाज के तमाम हमारे कर्म कलाओं के ही तो हेतु हैं। दीप-पर्व दीपावली तो कला का सिरमौर पर्व है। मिट्‌टी के जगमगाते दीयों की अनवरत शृंखला के सौंदर्य की दीठ इसी पर्व पर होती है। प्रजापति कुम्हार मिट्‌टी के दीये गढ़ता है और भी बहुत सारी मूर्तियाँ बनाता है। मोलेला मृण मूर्तियों के लिए विश्व विख्यात है। अभी कुछ दिन पहले ही उदयपुर जाना हुआ तो वहाँ भी गया। पता चला, सड़क के मोड़ पर है यह गाँव, सो इसका नाम कभी था—'मोडेडा'। कालांतर में परिष्कृत होते यह 'मोलेला' बन गया। कार्तिक माह में मोलेला की मूर्तियाँ, दीपकों की सर्वाधिक बिक्री होती है। वहाँ बनी लोक देवी-देवताओं की मिट्‌टी की फड़ तो अब हर आम और खास में लोकप्रिय है। मिट्‌टी की फड़ माने लोक देवी-देवताओं की मूर्तियों का कोलाज। सोचता हूँ तो पाता हूँ कि जीवन में तमाम कलाओं का उत्स हमारी परंपराओं, उत्सवधर्मिता की संस्कृति से ही तो है। उत्सवधर्मिता का उजास जीवन में होता है, तभी

तो कलाओं का सृजन होता है। दीपावली को ही लें, कला की उत्सवधर्मिता इस त्योहार पर अपनी पूर्णता में होती है। शहरों में तो नहीं, परंतु गाँव और बीकानेर जैसे हमारे कस्बाई शहर में घरों में दीपावली पर लक्ष्मी के आगमन के लिए प्रतीक रूप में कुमकुम से उसके पगलिये अभी भी बनाए जाते हैं। सुंदर पगलिये, माँडणे, मिट्टी के सुंदर दीपक घरों में लाए जाते हैं। उन्हें पहले धोकर साफ किया जाता है, फिर तेल-बाती डाल घर के हर कोने में रखा जाता है। दीवारों पर दीपकों की पूरी-की-पूरी शृंखला बनाई जाती है। दीपक जलाते हैं, परंतु पूर्ण जतन से, कला की समग्रता से। 'दीपो यत्नेन वार्यताम्' अर्थात् दीया जलाओ, पर जतन से जलाओ।

□

संक्रांति पर संस्थापन

मकर राशि में सूर्य का संक्रमण, यानी मकर संक्रांति। इससे पहले दक्षिणायन होता है। माने देवताओं के शयन का समय। संक्रांति के बाद होता है उत्तरायण। बसंत आगमन का आभास। देव जागने का समय। प्रकृति इसी समय सुनाती है जीवन का संदेश। शुरू होता है शुभ और मंगल का उल्लास।

पतंगबाजी का कला पर्व भी तो है मकर संक्रांति। हर ओर, हर छोर उड़ती पतंगें आसमान के कैनवस पर इस दिन अनूठे रंगों की जैसे सर्जना करती हैं। कहीं डोर संग लटकती कन्नी तो कहीं लहराती कटी पतंग। फर्र-फर्र उड़ती भाँति-भाँति की पतंगें। जयपुर के महाराजा रामसिंह द्वितीय के शासनकाल में सिटी पैलेस में देश-विदेश के पतंगों के संग्रह के लिए बाकायदा कभी पतंगखाना भी बनवाया गया। पतंग उड़ाने का इतिहास हकीम लुकमान से भी जुड़ा है, तो नवाबों की पतंगबाजी के किस्से भी कम मशहूर नहीं हैं। पतंग उड़ाई में वाजिद अली शाह भी कम निष्णात न थे। हर साल पतंगबाजी के लिए वह अपनी टोली के साथ दिल्ली आते और आसमान पतंगों से भरते। पतंग उड़ाने के आशिक अंतिम मुगल सम्राट् बहादुरशाह जफर भी रहे हैं। जयपुर मकर संक्रांति पर पतंगमय होता है तो मेरे अपने शहर बीकानेर में अक्षय तृतीया पर आसमान में किन्नों के पेच भिड़ते हैं। राव बीका ने बीकानेर की जब स्थापना की तो खुशी में एक बड़ा सा चिंदा उड़ाया। चिंदा माने बड़ी पतंग। बस तभी से मकर संक्रांति की बजाय वहाँ मई-जून की भीषण गरमी में पतंगें उड़ाने का रिवाज हो गया, जो आज भी चल रहा है।

बहरहाल, मकर संक्रांति से पहले ही इस बार जयपुर के जवाहर कला केंद्र की एक कला दीर्घा पूरी की पूरी पतंग के अनूठे कला उत्सव से सराबोर थी। प्रयोगधर्मी कलाकार गौरीशंकर सोनी ने संस्थापन में उत्सवधर्मिता की अद्‌भुत सौंदर्य सृष्टि की। कला की उसकी इस दीठ में अनुभव और विचार का कैनवस पर ही नहीं, बल्कि चरखी, पतंगों पर भी गजब का रूपांतरण हुआ। कलादीर्घा में भाँति-भाँति की छोटी-बड़ी पतंगें। एक बड़ी सी और बहुत सी छोटी टँगी चरखियाँ। चरखियों पर मंडा रेखाओं, रंगों का उजास। कैनवस की अमूर्त-मूर्त आकृतियों पर करीने से टँगा माँझा। माँझे की लच्छियाँ और लच्छियों की जैकेट। माँझे की रंग-बिरंगी गेंदे। गौरीशंकर ने मन में उड़ती उमंग, उल्लास के प्रतीक रूप में पतंगों को संस्थापन कला के बहुविध आयाम दिए तो चरखी पर उकेरी सामयिक-ऐतिहासिक प्रसंगों से जुड़ी आकृतियों के भी अनूठे बिंब दिए।

हमारे यहाँ संस्थापन, यानी इंस्टॉलेशन का बेहद पुराना इतिहास रहा है। दुर्गा और गणेश विसर्जन के साथ ही जनमाष्टमी पर सजनेवाली झाँकियाँ आदि सभी में संस्थापन ही तो है। अतुल डोडिया, विवान सुंदरम, सुबोध गुप्ता, अर्पणा कौर सरीखे कलाकारों ने संस्थापन को सामयिक संदर्भ दिए हैं। विडंबना यह भी है कि इधर अधिकांश हमारा संस्थापन पश्चिम से ही प्रेरित हो रहा है। तकनीक का वहाँ बोलबाला है। ऐसे में आधुनिकता के साथ परंपरा के संस्कारों की गौरीशंकर सोनी की कला को देखकर बेहद सुखद भी लगा। गौरीशंकर ने पतंग, डोर, चर्खी को भिन्न आयामों में एक छत के नीचे एक अवकाश में रखते संस्थापन की अद्‌भुत दीठ दी। विषय-वस्तु और फॉर्म का सोनी का संयोजन विचार में रूपांतरित होता, जिस परिवेश की सृष्टि करता है, उसमें उत्सवधर्मिता के अनूठे रंगों का औचक अहसास होता है।

संस्थापन स्थापत्य से जुड़ी कला है। कलानुभव के स्थापत्य से जुड़ी कला। बहुत सारी चीजों को तकनीक के जरिए बेतरतीब बिखरा देना, उनसे चमत्कारिक परिवेश की तलाश करना संस्थापन हो सकता है, कला नहीं। कला माने कोई दीठ। ऐसी, जो सोचने पर विवश करे। इस दृष्टि से गौरीशंकर

का यह संस्थापन कला का अनूठा सौंदर्य-भाव लिये है। इसलिए कि वहाँ पहले से आ रही उत्सवधर्मी हमारी परंपरा का सामयिक कला पोषण है। संस्कृति से जुड़े सरोकार वहाँ हैं। पश्चिम से प्रेरित संस्थापन नहीं, बल्कि उत्सवधर्मी संस्कृति का देशज नाद।

□

परकोटों से झाँकता अतीत

उपयोगिता में सौंदर्य की सृष्टि का प्रयास यानी कला। किले, गढ़ और महल रहने के लिए, सुरक्षा के लिए बनाए गए, परंतु वहाँ कलात्मकता का भी कोई ओर-छोर नहीं है। हवेलियों को ही लें। जैसलमेर और बीकानेर की हवेलियाँ सौंदर्य में अप्रतिम हैं। वहाँ आवासीय उपयोगिता और कलात्मकता का अद्भुत मेल है। 'स्थपतेः कर्म स्थापत्यम्', यानी स्थापन का कार्य स्थापत्य है। नगरों की बसावट में स्थापत्य और वास्तुकला का योग ही तो रहा है। लगभग सभी पुराने नगर कलात्मक परकोटों से घिरे मिलेंगे और अलंकारयुक्त परकोटों से भी। भले बेतहाशा बढ़ती आबादी में परकोटों को तोड़ नगर अपनी सीमाएँ बढ़ा रहे हैं, परंतु नगरों के भीतर के परकोटे-द्वार जैसे आज भी निर्माण-कला की गवाही देते हैं।

परकोटों से घिरा जयपुर कभी विश्व का सर्वाधिक सुनियोजित शहर रहा है। कनक वृंदावन स्थित मंदिरों में जब भी जाता हूँ, आमेर घाटी से दूर तक दिखाई देनेवाला शहर का सुंदर से परकोटे का अंश मन मोह लेता है। औचक, मन में यह अहसास भी होता है कि किसी नगर का रक्षा-कवच ही नहीं, बल्कि सुंदर वस्त्राभूषण परकोटा ही तो रहा है।

बहरहाल, परकोटे अब अतीत बन रहे हैं। जनसंख्या बढ़ी तो शहर की सुरक्षा के ये पहरेदार गिरा भी दिए गए। कहीं-कहीं अभी भी परकोटे हैं, परंतु शहर से बाहर नहीं, शहर के अंदर, यानी पुराना शहर। नया वह, जो इस परकोटे से बाहर बसा है। जैसलमेर का सोनार किला विश्व में शायद पहला ऐसा दुर्ग है, जहाँ आज भी किले में आबादी रहती है। घेरदार घाघरे के मानिंद परकोटे से घिरा विशाल दुर्ग और अंदर बसी आबादी। बाहर से देखें तो किले

के कलात्मक परकोटे से आभास ही नहीं होता कि अंदर पूरी-की-पूरी एक सभ्यता वास कर रही होगी, परंतु सच यही है।

परकोटों को ओढ़े शहरों में मेरा अपना शहर बीकानेर भी है, जहाँ परकोटे के द्वारों से गुजरता हूँ। कितने द्वार परकोटे के रहे हैं, शायद बता ही न सकूँ, परंतु कोटगेट के तीन द्वार, जस्सूसर गेट के तीन द्वार एवं नत्थूसर गेट आदि और भी न जाने कितने द्वार अपने परकोटे के सौंदर्य से अभिभूत करते हैं। अब तो खैर सभी स्थानों पर आबादी भी इतनी हो चुकी है कि परकोटे वाले शहर और परकोटे के बाहर वाले शहर का भेद ही नहीं रहा। कभी पुराना और नया शहर कहकर परकोटे और परकोटे-विहीन शहर में जो अंतर किया जाता था, वह भी खत्म हो चुका है। हाँ, जोधपुर में परकोटे के भीतर एक शहर है और बाहर दूसरा। जालौरी गेट, सोजती गेट जैसे कितने ही गेट परकोटे से घिरे शहर में अभी भी प्रवेश कराते हैं।

भारत के साथ विश्व के दूसरे देश भी परकोटे की कला सँजोए हैं। पुर्तगाल का ओबिडोस कस्बा पहाड़ी पर बसा है, जो परकोटे से घिरा है। दूर से देखें तो वह किले का-सा अहसास कराता है। ऐसा ही इजरायल की राजधानी के साथ भी है। पवित्र नगरी यरुशलम परकोटे से घिरा बेहद खूबसूरत शहर है। हाँ, वहाँ भी परकोटे से बाहर बसावट हो चुकी है, परंतु परकोटे के भीतर अभी भी पुराना शहर इतिहास की अपनी विरासत को सँजोए है। यूनाइटेड किंगडम की यार्क सिटी भी परकोटे से घिरी है। यह शहर बारहवीं से चौदहवीं सदी में चारों तरफ बनी लंबी दीवार से घिरा है। चीन के जियान शहर के परकोटे का तो कहना ही क्या! इस परकोटे की दीवारें इतनी चौड़ी हैं कि आराम से वहाँ वाहन चल सकते हैं। ग्यारहवीं शताब्दी के आसपास बना पश्चिमी स्पेन का एविला शहर भी परकोटों की शान लिये खड़ा है। इस शहर की प्राचीर में नौ द्वार बने हुए हैं और 88 टावर हैं। भूमध्य के पर्यटन स्थलों में से एक क्रोएशिया का ऐतिहासिक नगर डबरोवनिक परकोटे के सौंदर्य का अप्रतिम उदाहरण है। एडियाटिक सागर-तट पर बने इस शहर को इसीलिए 'एडियाटिक का मोती' कहा जाता है।

जो भी हो, इस बात से इनकार ही नहीं किया जा सकता कि हमारी जो प्राचीन सभ्यताएँ रही हैं, उनमें सुरक्षा उपयोगिता में भी कला का अद्भुत मेल किया गया था। कला की यही तो सौंदर्य सृष्टि है। इसीलिए तो हमारे यहाँ कला को जीवन से जुड़ा बताया गया है।

□

नटराज राज नमो नमः

संगीत-नाट्य के आदि प्रवर्तक हैं भगवान् शिव। कहते हैं, कभी अपने नृत्य के बाद उन्होंने डमरू बजाया। डमरू की ध्वनि से ही शब्द ब्रह्म नाद हुआ। यही ध्वनि चौदह बार प्रतिध्वनित होकर व्याकरण शास्त्र के वाक् शक्ति के चौदह सूत्र हुए। नृत्य में ब्रह्मांड का छंद, अभिव्यक्ति का स्फोट, सभी कुछ इसी में छिपा है। महर्षि व्याघ्रपाद ने जब शिव से व्याकरण तत्त्व को ग्रहण किया तो इस माहेश्वर सूत्र की परंपरा के संवाहक बने पाणिनि।

आदि देव हैं भगवान् शिव। वे देवों के भी देव हैं, सुर-ताल के महान् ज्ञाता हैं। नृत्य की चरम परिणति शिव का तांडव ही तो है। नटराज जब नृत्य करते हैं तो संपूर्ण ब्रह्मांड में सर्वेश्वर की लीला का उच्छास उनके अंग-प्रत्यंग में थिरक उठता है। शिव का नृत्य तांडव है और पार्वती का लास्य। भरतमुनि के 'नाट्यशास्त्र' के अनुसार, लास्य का अर्थ लीला या क्रीड़ा करना है। स्त्री-पुरुषों के आपसी मनोभावों के आधार पर होनेवाली लीला लास्य है। यह एक ही अर्थ या अलग-अलग अर्थों पर अवलंबित हो सकती है। पारंपरिक मान्यता यह भी है कि नटराज शिव ने पहले-पहल पृथ्वी पर तमिलनाडु के चिदंबरम मंदिर में ही संध्या तांडव किया। चिदंबरम के मंदिर जाएँ तो ध्यान दें, वहाँ नटराज पंचम प्राकार के अंदर हैं। यहाँ उनका आकाश स्वरूप है। यानी कहीं कोई अवकाश नहीं। नटराज की शक्ति-स्वरूपा नाट्येश्वरी भी हैं।

मन में कल्पना होती है, नटराज शिव मगन हो नृत्य कर रहे हैं। वह जब नृत्य करते हैं तो एकाकी कहाँ होते हैं? सृष्टि के विकास में सभी प्रादुर्भूत सहायक शक्तियाँ वहाँ एकत्र है। ब्रह्मा ताल देते हैं। सरस्वती वीणा बजाती हैं।

इंद्र बाँसुरी बजाते हैं और विष्णु मृदंग। लक्ष्मी गान करती हैं। भेरी, परह, भांड, डिंडिम, पणन, गोमुख आदि अनद्ध वाद्यों से गुंजारित हैं यह संपूर्ण ब्रह्मांड।

नटराज प्रवर्तित नृत्य के अनेक प्रकार हैं। तांडव सर्वप्रमुख है। कहते हैं, शिव ने त्रिपुरदाह के बाद उल्लास नर्तन किया। भगवान् शिव उल्लास में आकर पृथ्वी पर अपना पैर पटके, भुजाओं को संकुचित करते हुए अभिनय करते हैं, ताकि यह लोक उनकी भुजाओं के आघात से छिन्न-भिन्न न हो जाए। शिव तीसरा नेत्र खोलें तो यह लोक भस्म हो जाए, सो वह तृतीय नेत्र बंद करके ही नाच करते हैं। भोले भंडारी नाचने लगे तो सबकुछ भूल गए। वे निर्बाध नाचते ही रहे। कहते हैं, तब उन्हें संयत करने के लिए ही पार्वती ने लास्य नृत्य किया। शिव तांडव रसभाव से विवर्तित था और पार्वती का किया लास्य रस-भाव से समन्वित। कालिदास ने 'मालविकाग्निमित्र' में शिव के नृत्य का वर्णन करते हुए लिखा है, 'यह नाट्य देवताओं की आँखों को सुहानेवाला यज्ञ है। पार्वती के साथ विवाह के अनंतर शिव ने अपने शरीर में इसके दो भाग कर दिए हैं। पहला तांडव है और दूसरा लास्य। तांडव शंकर का नृत्य है—उद्धृत। लास्य पार्वती का नृत्य है—सुकुमार तथा मनोहर।'

तांडव नामकरण की भी रोचक कथा है। कहते हैं, महादेव के नृत्य का अनुकरण उनके शिष्य 'तंड' या 'तंड मुनि' ने किया। तंड मुनि द्वारा प्रचारित होने से यह 'तांडव' कहलाया। भरत मुनि के 'नाट्यशास्त्र' में इसका सांगोपांग उल्लेख है। शिव आज्ञा से ही तंडु ने उनके इस नृत्य को अभिनय के प्रयोग निमित्त भरत मुनि को दिया। अभिनवगुप्त की टीका में तंडु को ही भगवान् शिव का प्रख्यात गण नंदी बताया गया है।

बहरहाल, नटराज की नृत्यशाला यह संपूर्ण ब्रह्मांड है। सृष्टि, स्थिति, संहार, तिरोभाव और अनुग्रह, इन पाँच ईश्वरीय क्रियाओं का द्योतक नटराज का नृत्य ही है। शिव के आनंद तांडव के साथ ही सृजन का आरंभ होता है और रौद्र तांडव के साथ ही संपूर्ण विश्व शिव में पुनः समाहित हो जाता है। यह जब लिख रहा हूँ, नटराज स्तुति ही जेहन में कौंध रही है—

'सत सृष्टि तांडव रचयिता नटराज राज नमो नमः
हे आद्य गुरु शंकर पिता

गंभीर नाद मृदंगना धबके उरे ब्रह्मांडना

नित होत नाद प्रचंडना, नटराज राज नमो नमः।'

अर्थात् हे नटराज! आप ही अपने तांडव द्वारा सृष्टि की रचना करनेवाले हैं। आप ही परम पिता और आदिगुरु हैं। हे शिव! यह संपूर्ण विश्व आपके मृदंग की ध्वनि द्वारा ही संचालित होता है। इस संसार में व्याप्त प्रत्येक ध्वनि के स्रोत आप ही हैं। हे नटराज राज! आपको नमन है! नमन प्रभु, नमन!

□

शिव का नृत्य धाम

कैलास-मानसरोवर यात्रा का अर्थ है, शिव के बहाने प्रकृतिमय उनके सनातन सृष्टि स्वरूप से साक्षात्कार। असल में कैलास-मानसरोवर सृष्टि विधान रूप में संगीत और नृत्य के आदिदेव भगवान् शिव का नृत्य-स्थल है। कहते हैं, पहली बार शिव का महानृत्य कैलास पर्वत पर ही हुआ और तब से जगत् की रक्षा के लिए हर साँझ इस पर्वत पर ही होता है शिव का नृत्य।

कम प्रकाश में नृत्य की कल्पना नहीं की जा सकती, फिर भी शिव ने नृत्य के लिए अँधेरे की ओर गमन करती संध्या को ही चुना। पर अँधेरा प्रकाशित किससे होता है? शिव से ही तो! कल्पना करता हूँ, कैलास पर रत्नजड़ित सिंहासन पर जगज्जननी उमा विराज रही हैं। वाग्देवी की वीणा झंकृत हो उठी है और लो, इंद्र ने मुरली भी बजा दी, विष्णु मृदंग और ब्रह्मा करतल से ताल दे रहे हैं। भगवती रमा गा रही हैं। चंद्रमा धारण किए डमरू बजाते शिव का नृत्य प्रारंभ हो गया। चहुँओर भ्रमण करते तारों के साथ घूमने लगा आकाश। यही तो है, शिव का तेजोमय कला रूप! तो बताइए, उनके नृत्य में और प्रकाश की क्या दरकार! यूँ शिव रौद्र रूप हैं, पर सांध्यनृत्य सौम्य और मनोरम। 'शिव तांडव स्रोत' में रावण की व्यंजना है, 'धिमि-धिमि बजते हुए मृदंग के गंभीर मंगल घोष के क्रमानुसार, जिनका प्रचंड तांडव हो रहा है, उन भगवान् शंकर की जय हो!' सोचता हूँ, नृत्य-नाट्य के मूल स्तंभ ही तो हैं भगवान् शिव। नटराज प्रतिमाओं का बाहुल्य दक्षिण में है। शायद इसीलिए नटराज की परिकल्पना वहाँ से मानी जाती है। पर शिव नृत्य के इस रूप का प्रथम स्थल तो कैलास ही है।

यह विडंबना नहीं तो और क्या है ? जिस नटराज रूप का उद्‌गम कैलास से है, वह हमारे देश में नहीं, परदेश में है। यह सही है, राजनीतिक दृष्टि से तिब्बत कभी चीन का हिस्सा नहीं रहा। परंपराओं और संस्कृति में तिब्बत भारत से जुड़ा रहा है। नई दिल्ली में 1947 में एफ्रो-एशियाई सम्मेलन में तिब्बत स्वतंत्र राष्ट्र के तौर पर ही आया था। भयंकर राजनीतिक भूल की परिणति अभी तक देश भोग रहा है। लोहियाजी तो कहते भी रहे, 'तिब्बत आजाद रहता तो हम अपने कैलास-मानसरोवर इलाके को, जो कभी हिंदुस्तान का राजकीय हिस्सा था, उसे तिब्बत की रखवाली में रख सकते थे।' चीन ने दुनिया की छत तिब्बत को तो हड़पा ही, हमारी आस्था पर भी प्रहार करते 1962 में कैलास-मानसरोवर यात्रा पर रोक भी लगा दी। पर 1977 में जनता पार्टी की सरकार बनी तो विदेश मंत्री अटलबिहारी वाजपेयी ने यात्रा खोलने के लिए पहल की। यात्रा तो खुल गई, पर संकटों से सदा ही घिरी भी रही। यह प्रयास जरूरी है कि भगवान् शिव के सांध्य नृत्य-स्थल कैलास-मानसरोवर की यात्रा बाधाएँ दूर कर इसे हर आम और खास के लिए सुगम किया जाए। आखिर हमारी आस्था और संस्कृति की जड़ें कैलास-मानसरोवर में ही तो हैं। यह यात्रा नहीं, अंतर्यात्रा है—शाश्वत, अनवरत!

□

सौंदर्य के कलारूप शिव

शिव सौंदर्य के कला देव हैं। मन के सौंदर्य देवता। सौंदर्य वह नहीं है, जिसके हम आदि हैं। सौंदर्य वह है, जिसमें मन रमता है। कलात्मक सौंदर्य। सोचता हूँ, अकेले शिव ही ऐसे देवता हैं, जो नंग-धड़ंग पूजे जाते हैं और कुछ नहीं तो लँगोटी की जगह चमड़े का टुकड़ा ही लपेट लिया। गहनों के नाम पर गले में साँप धारण कर लिया। चिता की राख लपेटे भी वह हमें लुभाते हैं। आप खुद ही सोचिए! उनकी सवारी भी कोई और नहीं साँड़ है। आप-हम उसके पास जाते हुए भी डरें। भंग-धतूरा उनका भोजन है। कंठ में विष की भंयकर ज्वालाएँ। भूतभावन। समुद्र-मंथन में जब हलाहल निकला तो उसे कौन पिए? भोले भंडारी को ही आगे किया गया। कहा गया, आप ही हैं महादेव। अब पिएँ यह हलाहल। शिव बोले, हाँ महादेव तो मैं ही हूँ। दूषण हलाहल उनके कंठ में पहुँच भूषण बन गया—नीलकंठ। गंगा के प्रचंड वेग को कौन धारण करे? यहाँ भी शिव आगे। कर लिया अपनी जटाओं में उसे धारण। कलंकी चंद्रमा किसके पास जाए? शिव ने उसे भी अपने सिर पर स्थान दिया।⋯तो दूषण सारे शिव के पास पहुँच भूषण हो गए। इसी से तो है शिव का सौंदर्य। कला का अद्‍भुत रूप! शिव लिंग जहाँ है, वहाँ शिव की मूर्ति कहाँ है! माने वह मूर्त भी है और अमूर्त भी। जिस भी भेस में, रूप में हम दर्शन करना चाहें, प्रकट हो वह दर्शन दे देंगे। प्रसीद प्रसीद प्रभो पूर्ण रूप! आशुतोष जो हैं, इसलिए प्रसन्न तो होंगे ही।

श्रावण मास को ही लें। इस मास में शिव से संबंधित किसी भी लीला का वर्णन शास्त्र-पुराणों में नहीं है, पर शिव को यही मास प्रिय है। हिमाचल की पुत्री के रूप में जब सती फिर से जनमी तो श्रावण मास में ही शिव की

विधिवत् पूजा–अर्चना की। शिव प्रसन्न हो पुनः पति रूप में उन्हें प्राप्त हो गए, फिर क्या था! श्रावण शिव का प्रिय मास हो गया। श्रावण में ही होती है, शिव भक्तों द्वारा काँवड़ की कला यात्रा। शिव के प्रति कृतज्ञता ज्ञापन यात्रा। हरिद्वार के रास्ते भर में कंधे पर रंग–बिरंगे काँवड़ उठाकर पैदल जाते भक्त दिखेंगे। अकेले या समूह में। रंगीन कागजों से, मोम से, चमचमाते पोलिथिन से, मोर पंखों से कलात्मक सजे काँवड़। देखेंगे तो लगेगा, रंग कोलाज हैं भाँति–भाँति के काँवड़। गंगाजल भरे ये पवित्र काँवड़ जमीन पर नहीं रखे जाते। काँवड़िए विश्राम करते हैं तो सड़क के किनारे पेड़ों की शाखाओं से बने तख्तों पर इन्हें रखा जाता है।

शिव का रुद्रावतार कला का पर्याय है। संगीत कला का पर्याय। कहते हैं, इसी अवतार में उन्होंने कभी नारद को संगीत कला का ज्ञान दिया था। नारद ने संगीत के पूर्ण ज्ञान के लिए भगवान् शिव की तपस्या की थी। रुद्रप्रयाग जाएँ, भगवान् शिव के रुद्रावतार की मूर्ति के दर्शन होंगे।

'संगीत मकरंद' में शिव की कला का गान है। शिव नृत्य करते हैं तो ब्रह्मा ताल देते हैं, विष्णु ढोल, सरस्वती वीणा, सूर्य–चंद्र बाँसुरी, अप्सराएँ और गंधर्व तान देते हैं, नंदी और भृंगी ऋषि मृदंग बजाते हैं और नारद गाते हैं। महर्षि अरविंद कहते हैं, दक्षिण में चिदंबरम स्थित मंदिर जाएँ तो ध्यान दें। नटराज वहाँ पंचम प्राकार के अंदर हैं। यहाँ है उनका आकाश–स्वरूप। माने कहीं कोई अवकाश नहीं। यहाँ है संगीत के आद्य प्रवर्तक तुंबुरु और देवकथा के गायक नारद। यह संगीत, व्याकरण और नृत्य की त्रिवेणीरूप साधनास्थली है। यह शिव ही हैं, जो निर्गुण निराकार हैं तो माया की उपाधि से सगुण निराकार। उनका लिंगरूप निराकार और मूर्तिरूप साकार बोधक है। शिव माने संपूर्णता। समग्रता, सत्यं शिवं सुंदरम्!

□

कला-पुरुष श्रीकृष्ण

श्रीकृष्ण! बंशी बजैया, कृष्ण कन्हैया। वह, जिसमें सम्मोहन है, आकर्षण है। तमाम हमारी कलाओं के संदर्भ अंततः श्रीकृष्ण से ही तो जुड़े हैं। वह रसेश्वर हैं, वेणुवादक हैं, नर्तक हैं, शंखनाद करनेवाले हैं, कलाओं के युग्म, ईश्वर और चौसठ कलाओं की समग्रता लिये पुरुषोतम भी।

वह श्रीकृष्ण ही हैं, जिनका चरित्र मोर पंखों की मानिंद मनभावन रंगों से रँगा है। सब ओर से विरक्त। स्वयं अनासक्त। 'पर कर्षयति इति कृष्ण', माने श्रीकृष्ण का अर्थ ही है वह, जो आकर्षित करे। इसीलिए तो उन पर हर कोई आसक्त हुआ जाता है। कोई उनकी बाँसुरी की तान पर तो कोई उनकी मधुर मुसकान पर। कल्पना करता हूँ...वह बंशी बजाते होंगे तो वन में सभी भाव-विभोर हो नर्तन ही तो करते होंगे। स्वयं श्रीकृष्ण नर्तक हैं। नृत्य सम्राट्। आनंद, उमंग और उत्सवधर्मिता है उनका नाच। सबको रिझाते, हँसते-गाते हैं। कहते हैं, कृष्ण जब बंशी बजाते तो आठ राग और सोलह हजार उप राग बजाते। उनके रास अंतर्गत ब्रज में ही तो जनमी थी सोलह हजार राग-रागनियाँ। सच! श्रीकृष्ण हैं ही रागानुरागी। उनका रास सृजन है और जो बंशी वह बजाते हैं, उसकी धुन उस सृजन का गीत। इसीलिए तो उनका मनोहरी रूप हमें सदा मोहता है। उनकी मुसकान मन में बसती है। मीरा का यह गान सुनें—'थे तो पलक उघाड़ो दीनानाथ, मैं हाजिर-नाजिर कद री खड़ी।'

स्मरण करें श्रीकृष्ण के मनोहारी रूप को। कौस्तुभादि आभूषण। गले में पुष्प हार। पीतांबरादि वस्त्र। किरीट में मयूर पंख। अधरों पर मुरली। कला का समग्र बोध लिये है श्रीकृष्ण का यह रूप। इसीलिए तो यह मन में घर करता है। चाहकर भी इस मनोहारी छवि से हम कहाँ मुक्त हो पाते हैं! श्रीकृष्ण की छवि में प्रेम झर-झर झरता है। नेह में भीगता है मन। उन्हें पूजने का नहीं, प्रेम करने

का मन करता है। बस, प्रेम करने का। शायद इसलिए कि श्रीकृष्ण न भूत, न भविष्य, न वर्तमान हैं। वे तो बस हैं काल का अविरल प्रवाह, उनका होना मेघ वर्ण, श्याम गात्रवाले, साँवले, सलोने। भरत मुनि के 'नाट्यशास्त्र' के अनुसार, शृंगार का रंग भी साँवला है और श्रीकृष्ण तो शृंगार के ही पर्याय हैं।

बहरहाल, श्रीकृष्ण का जीवन कला के गहरे मर्म लिये हैं। कलाएँ हमें मुक्त करती हैं तमाम बंधनों से। जीवन जीना भी कला है और यह कला कोई श्रीकृष्ण से सीखे। विषमताओं में भी वह बंशी बजाते मिलते हैं। किसी भी परिस्थिति में अरुचिकर गंभीरता को उन्होंने कभी न ओढ़ा। पाने-खोने का गम वहाँ नहीं है। एक बार जहाँ से वह चले गए, फिर पीछे मुड़कर कहाँ देखा! गोकुल छोड़ दिया तो छोड़ दिया। मथुरा छोड़ दी तो बस छोड़ दी। मुझे लगता है, उनका समग्र जीवन निरंतरता का संदेश है, आगे बढ़ने का संदेश। उनका कर्म उपदेश वह है, जिसमें आपके होने का मर्म हो—कर्म। चरम नहीं, परम। गीता के श्रीकृष्ण कर्मयोग का संदेश देते हैं तो भागवत के मुरारी जीवन जीने का धर्म और कला सिखाते हैं। ऐसी कला, जिसमें हँसते, मुसकराते कठिनाइयाँ झेलते हुए भी निर्णय लेने की प्रतिज्ञा है।

यह श्रीकृष्ण के जीवन की विडंबना ही है कि जन्म के समय उन्हें विष दिया तो एक स्त्री ने और मृत्यु का कारण भी स्त्री ही बनी। जन्म लेते ही पूतना ने विष दिया। गांधारी ने उनके संपूर्ण परिजनों के सत्यानाश का शाप दिया, फिर भी वह स्त्री सम्मान के लिए ही ताउम्र लड़ते रहे। द्रौपदी का चीर बढ़ाया। आदिवासी कन्या जांबवती से विवाह किया। नरकासुर की नारकीय कैद से छुड़ाकर उन स्त्रियों को अपनी पत्नी बनने का अधिकार दिया, जिन्हें समाज ने कुलटा, पतिता कहा। वह श्रीकृष्ण ही हैं, जिन्होंने राजसूय यज्ञ में आमंत्रितों के झूठे पात्र उठाए। सारथि दारूक, निर्धन सुदामा को मित्र का मान दिया।

श्रीकृष्ण! माने युगंधर, युग प्रवर्तक। आखिर यूँ ही तो नहीं कहा गया है, श्रीकृष्ण यदि भारतीय जीवन-दर्शन में न रहे तो फिर बचेगा ही क्या? न साहित्य, न संगीत और न जीवन की उत्सवधर्मिता। जीवन जीने की कला के उत्तम पुरुष हैं भगवान् श्रीकृष्ण। वही कृष्ण, जिन्हें अहीर की छोरियाँ छछिया भर छाछ के लिए नाच कराती हैं।

□

कर्षयति इति कृष्णः

कृष्ण का अर्थ है, जो आकर्षित करे। बाह्य रूप में ही नहीं, आंतरिक रूप में भी। इसीलिए कहा गया है—'कर्षयति इति कृष्णः।' वह कृष्ण ही तो हैं, जिन्होंने 64 कलाओं में पूर्णता को जिया। चंद्रमा की भी 14 ही कलाएँ है, परंतु कृष्ण तो तमाम कलाओं की पूर्णता लिये हैं।

श्रीकृष्ण की त्रिभंगी-बाँसुरी बजाती भंगिमा पर मन सदा ही रीझता रहा है। आनंद केन्टेश कुमारस्वामी ने अपनी कृति 'द ट्रासफोर्मेशन ऑफ नेचर इन आर्ट' में प्रकृति और जीवन के कला रूपांतरण की जो विरल व्याख्या की है, उसके मूल में श्रीकृष्ण का बाँकपन भी है और फिर आप यह भी देखिए, हमारे यहाँ लघु चित्रों में कृष्ण की अनेकानेक मोहक छवियाँ कलाकारों ने उकेरी हैं। मिनिएचर चित्रों में कृष्ण हैं तो उनकी बाँसुरी की ध्वनि भी है; धेनु है, कदंब का पेड़ भी है। माने जीवन वहाँ किसी एक रूप में नहीं, सर्वांग रूप में है। पश्चिम की कला में ऐसा नहीं है, वहाँ माइकल एंजेलो हैं तो बस उनकी मांसपेशियाँ ही दिखाई देती हैं।

यह लिख रहा हूँ और 'श्रीमद्भागवत्' में गोचारण के बाद घर लौटती गायों के पीछे गऊओं के खुर से उठती धूल से सने श्रीकृष्ण का रूप वर्णन भी जेहन में अनायास ही कौंध रहा है। चेहरे पर पसीने की छिटकी बूँदें और धूल से लथपथ थका-थका उनका चेहरा अद्भुत शोभा लिये। छवियाँ और भी हैं। राधा संग रास रचाते कृष्ण। सबको थिरकाते स्वयं अचल कृष्ण। वह कृष्ण ही हैं, जिनके लोकरंजक स्वरूप ने जनमानस को सदा ही आनंदित, आह्लादित किया है। नृत्य, संगीत और चित्रकला तो कृष्णलीलाओं से जुड़कर ही सदा समृद्ध होती रही है।

श्रीकृष्ण रास रचानेवाले हैं। रास माने 'रस का उत्स'। कहें, जिस विचार अथवा क्रिया से रस का उद्‍भव हो, वह है—रास। इसीलिए कहा गया है, 'रसोत्पद्यते यस्मात् स रासः।' आत्मा का परमात्मा से मिलन। ऐसा आनंद, जो कभी नष्ट नहीं होता। भगवान् श्रीकृष्ण का रास जीवात्मा और परमात्मा के मिलन का महापर्व ही तो है! जो इसे स्त्री-पुरुष देह के मिलन से जोड़कर देखते हैं, वह बौद्धिक दरिद्र हैं। कृष्ण का रास भगवान् का भक्तों के प्रति उत्कट प्रेम का प्रतीक है। 'रसना समूहो रासः', अर्थात् सभी रसों के समूह का नाम ही रास है। रासलीला कामवासना से मुक्ति है। रास उत्सव का उद्‍देश्य वासनाओं से परे होकर अपने की तलाश है।

भक्तगण 'राधे-कृष्ण' का जाप करते हैं। राधा यहाँ व्यक्तिवाचक नहीं, गुणवाचक है। स्रोत से दूर होता प्रवाह 'धारा' और मूल की तरफ मुड़नेवाला प्रवाह 'राधा।' सोचता हूँ, कवि जयदेव रचित 'गीतगोविंद' की नायिका जनमानस में रुक्मिणी, सत्यभामा आदि पटरानियों को नेपथ्य में धकेल श्रीकृष्ण के वामांग में प्रतिष्ठित हो गई। कालांतर में यही राधा लोक-चरित्र में कृष्ण के साथ रासलीला में प्रतिष्ठित हो गई। पर श्रीकृष्ण के चरित्र में जाएँगे तो उनकी महानता का कोई पार नहीं मिलेगा। उन्होंने आदिवासी राजा जांबवान् की पुत्री-जांबवती से विवाह किया। राजसूय यज्ञ में आमत्रितों के जूठे पात्र उठाए। सारथि दारूक को मित्र का मान दिया। निर्धन सुदामा को मित्र बनाया। कृष्ण संपूर्ण पुरुष हैं, हर स्थिति-परिस्थिति में अपने को साबित करने वाले। अनिष्ट को एक शस्त्र से नहीं, परिस्थिति के अनुसार अलग-अलग उपायों, शस्त्रों से उन्होंने अपनी जीवन-कला से हरा।

□

सर्वशिल्प प्रवर्तकम

भरतमुनि का नाट्यशास्त्र पंचम वेद है। नाम पर जाएँगे तो यह नाट्य विधा से जुड़ा लगेगा, पर गायन, वादन, नर्तन, अभिनय के साथ कोई कला इससे अछूती नहीं है। भारतीय कलादृष्टि के सार इस ग्रंथ की अभिनव गुप्त ने 12वीं शताब्दी में टीका लिखी थी। मंगलाचरण में उन्होंने टीका में नाट्यशास्त्र के 36 अध्यायों की व्याख्या की बात कही है, पर ग्रंथ के अंत में सैंतीसवें अध्याय की समाप्ति की बात है। माने 36 नहीं, नाट्यशास्त्र के 37 अध्याय हैं।

यह विडंबना ही है कि कलाओं के मर्म में ले जाता नाट्यशास्त्र विमर्श में बहुत अधिक कभी रहा नहीं। पाठ्यपुस्तकों से इतर शायद इसे देखा भी नहीं गया। पिछले कोई एक दशक में नाट्यशास्त्र पर लिखे को ढूँढ़-ढूँढ़कर पढ़ा है। लगा, अभिनव की दृष्टि से पृथक् इसे समझने का भी प्रयास नहीं हुआ है। मुकुंद लाठ, राधावल्लभ त्रिपाठी, ब्रजवल्लभ मिश्र और इधर अर्जुनदेव चारण को छोड़ दें तो अन्य किसी का कार्य भी खास कोई उल्लेखयोग्य नहीं लगता।

नाट्यशास्त्र असल में अर्थ की अनंत संभावनाएँ लिये है। जितना इसके मर्म में उतरेंगे, कलाओं की भारतीय दृष्टि से भी गहरे से साक्षात् होते जाएँगे। इसका पारायण करते हुए यह भी निरंतर अनुभूत किया है कि इसके जरिए भारतीय कलाओं से जुड़ी पूरी-की-पूरी एक शब्दावली तैयार हो सकती है। अभिनव ने नाट्यशास्त्र को 'सर्वशिल्प प्रवर्तकम' कहा है। मानो सभी कलाओं का प्रवर्तन इसी से है। उनके प्रयुक्त 'सर्वशिल्प' और अंग्रेजी के शब्द एब्सट्रेक्ट या अमूर्त के स्थान पर 'स्वप्रतिष्ठ' जैसे बहुत से शब्दों को बरतना प्रारंभ करेंगे तो हिंदी में कला की पूरी एक शब्दावली तैयार हो सकती

है और यही क्यों? कलाओं का और भी बहुत सारा इसमें ऐसा समाया हुआ है, जिसमें कलाओं की हमारी दृष्टि आकाश बनती है।

छह हजार श्लोकों के पहले अध्याय में ही इसमें आता है कि देवताओं की प्रार्थना पर ब्रह्मा ने चारों वेदों और उपवेदों का ध्यान कर उनसे सामग्री ली और पंचमवेद के रूप में नाट्यवेद की सृष्टि की। आगे के अध्यायों में कलाओं का सूक्ष्म मर्म उद्घाटित होता है, हममें गहरे से बसता चला जाता है। भरत ने इसमें एक स्थान पर स्पष्ट किया है, नाटक वस्तुतः नाटक नहीं, प्रयोग है। अर्जुनदेव चारण ने अपनी सद्यः प्रकाशित कृति 'पंचम वेद' को इस प्रयोग के संदर्भ में ही व्याख्यायित किया है। उन्होंने अपनी स्थापनाओं में इतिहास और काल के परिप्रेक्ष्य में कलाओं का विशद वर्णन किया है, ऋषि-मुनियों के नामों की वैज्ञानिक व्याख्या से नाट्य को जोड़ा है और ऋषि आत्रेय द्वारा भरत से पूछे प्रश्नों के आलोक में कलाओं के मर्म का पूरा ढाँचा खड़ा किया है।

कितना अच्छा हो, भारतीय कला दृष्टि और संस्कृति के मर्म रूप में नाट्यशास्त्र को हम अपनाएँ। विभिन्न कलाओं ही नहीं, दर्शक-श्रोताओं के लक्षणों, लय के साथ रसों की विरल व्यंजना में इसे जितना पढ़ेंगे, मन मथेगा।

□

चाक्षुषयज्ञ

रंगकर्म चाक्षुषयज्ञ है। माने आँखों का अनुष्ठान। बतौर नाट्य दर्शक या कहूँ आलोचकीय दीठ से विचारता हूँ तो लगता है, किसी भी नाट्यकृति का यदि मंच पर असरदार मंचन होता है, तभी उसकी सार्थकता नहीं है, सार्थकता तब है, जब उस नाट्य प्रस्तुति का आनंद दर्शक लें और उसी अनुपात में वह उन पाठकों तक भी पहुँचे, जो नाटक देखने नहीं पहुँचे हैं।

जयशंकर प्रसाद ने बहुत से नाटक लिखे, परंतु उनके नाटक मंच पर अधिक खेले नहीं गए, लेकिन 'स्कंदगुप्त' को जब ब.व. कारंत जैसा निर्देशक मिला तो वह बेहद लोकप्रिय हुआ। पर इससे भी बड़ी बात जो मैं आपसे साझा करना चाहता हूँ, वह यह है कि ब.व. कारंत निर्देशित नाटकों की लोकप्रियता में बड़ा योगदान उन नाट्य आलोचकों का भी है, जिन्होंने सूक्ष्म सूझ से उनके नाटकों के सभी पक्षों के सबल पक्षों को उद्घाटित ही नहीं किया बल्कि इस तरह से नाट्य मंचन पर लिखा कि नए दर्शक भी नाटकों के तैयार हुए।

संगीत, नृत्य, नाट्य, चित्र, वास्तु आदि सभी कलाएँ संस्कृति के उपादान हैं। इन्हीं से हम संपन्न और अधिक संपन्न होते हैं, परंतु कलाओं की प्रस्तुतियों के अनुपात में उन पर लिखा बहुत कम प्रकाश में आ रहा है। हाँ, लगभग हर दैनिक पत्र कला-प्रस्तुतियों की 'लीलाओं' से रँगे आपको हर रोज ही मिलेंगे, परंतु उनसे कलाओं के प्रति रुचि बढ़ी है या फिर नए दर्शक तैयार हुए हैं, नहीं कहा जा सकता। असल में यह कलाओं पर लेखन है ही नहीं। यह प्रस्तुति होने की सूचना भर होती है। जैसे ही नए दिन का अखबार आता है, उससे पहले दिन का अखबार बासी हो जाता है। ठीक वैसे ही कला प्रस्तुतियों की सूचनाओं का हाल है।

दरअसल, हमारे यहाँ कला आलोचना, विशेष रूप से नाट्य आलोचना की ही बात करूँ तो वह कभी विमर्श में रही ही नहीं है। जबकि लोकानुरंजन का मूल हमारे यहाँ नाट्य ही रहा है। इसलिए कि वहाँ धरती, आकाश, भूत-भविष्य-वर्तमान सहज ही अनायास प्रस्तुति में सिमट आते हैं।

लिखने का मेरा आरंभ सांस्कृतिक पत्रकारिता कर्म से हुआ। इसी कर्म के चलते मुंबई में भी कुछ समय रहा, राजधानी दिल्ली भी रहने का सुयोग हुआ। पत्रकारिता कर्म और इसके बाद भी देशभर में नाट्य प्रस्तुतियाँ देखता आ रहा हूँ। बहुत से नाट्य उत्सवों में भाग लिया है और नवभारत टाइम्स, दैनिक हिंदुस्तान, ब्लिट्ज आदि के संपादकों ने मुझ पर भरोसा रखते हुए विशेष नाट्योत्सवों को कवर करने के लिए भेजा और रंगकर्म पर लिखने का भरपूर अवसर दिया। इसी से ब.व. कारंत, कावालम नारायण पणिक्कर, रतन थियम, हबीब तनवीर जैसे मँजे हुए रंग-निर्देशकों के नाटकों की प्रस्तुतियों से निरंतर साक्षात् होता रहा।

राजस्थान में भी सरताज नारायण माथुर, अर्जुनदेव चारण, अशोक राही और बहुत सारे निर्देशक, जो निरंतर नाट्यकर्म में सक्रिय रहे हैं, उनके नाटकों ने मुझे निरंतर संपन्न किया। लिखना नाट्य समीक्षाओं से ही प्रारंभ हुआ। पूरे उत्तर भारत में तब शायद बीकानेर का रंगकर्म सर्वाधिक सक्रिय था। लगभग प्रति सप्ताह ही एक नया नाट्य मंचित होता था। वहाँ और देश के दूसरे स्थानों पर भी नाटकों को देखने के बाद अंततः यही समझ आया कि नाट्य संस्थाओं के अपने नाटककार हैं, अपने प्रशंसक हैं। उनसे इतर उनका कोई और जहाँ नहीं है।

जबकि नाट्य ही एकमात्र वह कला है, जिसमें काव्य की लय होती है, संगीत होता है, नृत्य होता है, गायन-वादन होता है और मूर्ति शिल्प तो अभिनय का मूल है ही। इसलिए नाट्यकला को कलाओं के संगम की दीठ से देखे जाने और समाज के अधिक जुड़ाव की कला के रूप में स्थापित होना चाहिए था। विडंबना यह है कि नाटक होते हैं, परंतु उनकी प्रस्तुति को वृहद समझ से व्याख्यायित नहीं किया जाता। कभी रघुवीर सहाय ने रंगमंच के गुणों का इस्तेमाल कविता को अधिक ग्राह्य बनाने के लिए किया था। इसलिए कि वह

कविता आवृत्ति की दृश्यात्मकता को आवश्यक मानते थे। क्या ही अच्छा हो, दूसरी जो कलाएँ हैं, उनकी दृश्यात्मकता के लिए रंगकर्म का इस्तेमाल होता, परंतु ऐसा नहीं हुआ है तो इसका एक बड़ा कारण यह भी है कि हमारे यहाँ नाट्य आलोचना स्वतंत्र रूप में विकसित कभी हुई ही नहीं।

नाट्य आलोचना की पुस्तकों को छोड़कर बात करें तो पत्र-पत्रिकाओं और प्रसार माध्यमों में जो कुछ नाट्य-प्रस्तुतियों के बारे में प्रकाशित-प्रसारित होता है, उससे लगता है, नाटक मनोरंजन है। पर नाटक मनोरंजन भर ही नहीं है। नाटक कलाओं का सर्वांग है। मनोरंजन के लिए तो सिनेमा का बड़ा परदा और टी.वी. चैनलों के निरर्थक कहन के धारावाहिक पहले से ही मौजूद हैं। नाटक के बरक्स सिने परदे और टी.वी. चैनलों के धारावाहिकों को नहीं रखा जा सकता। वहाँ रिटेक के अवसर होते हैं। नाट्य दर्शकों के समक्ष सीधे होता है, इसलिए वहाँ कलाकार की कला ही प्रमुख होती है। निर्देशक की कसावट को वहाँ दर्शक अनुभूत करते हैं। पार्श्व प्रभाव को वहाँ साक्षात् महसूस किया जाता है। अभिनय में कहीं किसी रिटेक ही वहाँ गुंजाइश नहीं होती। इसलिए रंगकर्म के संकटों की जब बात की जाए तो दर्शकों के संकट को सिने परदे और टी.वी. चैनलों से जोड़कर देखा ही नहीं जाना चाहिए। और हाँ, यह जब लिख रहा हूँ तो मन में कहीं यह भी है कि नाटक उपन्यास या कहानी नहीं है। वह केवल अभिनय भर ही नहीं है। वहाँ कथन के साथ वैचारिक उन्मेष भी होता है। वैचारिक दीठ से मौलिक नाट्य होता है तो उस पर लिखा, प्रकाश में क्यों नहीं आता, इस पर गंभीरता से विचार करने की जरूरत है।

शायद इसका बड़ा कारण यह है कि नाटकों में विचार गौण हो रहा है। रंगकर्म में आनंद के साथ विचार भी निहायत जरूरी है। निर्देशन और अभिनय में भी। ब्रेख्त ने रंगकर्म में अलग-अलग समय में आनंद का स्वरूप उस समय की समाज व्यवस्था के अनुरूप होने पर जोर दिया था। अब उलट हो रहा है। नाटक हो रहे हैं, पर सभी कथ्य के जीवंत प्रदर्शन में अपनी ताकत झोंके हुए हैं। इसीलिए नाटक देखने के बाद बहुतेरी बार कथा तो याद रहती है, परंतु उसमें निहित विचार कहीं नहीं ठहरता। इसके कारण हो यह भी रहा

है कि नाट्य आलोचना के केंद्र में भी निर्देशक, अभिनेता की वैचारिक नाट्य सूझ भी इस समय में कहीं दिखाई नहीं देती।

भले ही यह कहा जाए कि नाट्य के तीन उपादान रस, पात्र और वस्तु हैं, परंतु नव उन्मेष की अनंत संभावनाएँ नाट्य प्रस्तुति में होती हैं। भरतमुनि का नाट्यशास्त्र हमारा मूल है, परंतु यह केवल नाट्य ही नहीं विविध कलाओं, विविध शास्त्रों और विद्याओं का विश्वकोष है। भरतमुनि नाट्यशास्त्र के प्रणेता रहे हैं, परंतु बाद में भी इसका निरंतर विकास होता रहा है। कहें, पीढ़ी-दर-पीढ़ी आंतरित होता चला आया है नाट्यशास्त्र। इसीलिए यह आज भी प्रासंगिक है, सार्वकालिक है। भास की कृतियों में मृत्यु के मंचन का वर्णन है, पर आप देखिए, नाट्यशास्त्र मृत्यु के मंचन की इजाजत नहीं देता। वहाँ बहुत सारे निषेध हैं। पर भास सुंदरता से कर्ण और दुर्योधन की मृत्यु को दरशाते हैं। अर्जुनदेव चारण ने मृत्यु पर गाए जानेवाले हमारे पारंपरिक गीतों का नाट्य संगीत में बेहद सधे तरीके से प्रयोग किया है। याद है, भारत भवन में एक बार उनके राजस्थानी नाटकों की प्रस्तुतियाँ हो रही थीं, उनमें राजस्थानी हरजस 'म्हाने अबकी बचाए म्हारी माँ, बटाऊ आयो लेवण ने' का मार्मिक प्रयोग अनुभूत किया। यह ऐसा है, जो आज भी मन में कहीं बसा है। यह सही है, नाटक नियम-अनुशासन से बँधे होते हैं, उनसे विलग हम हो नहीं सकते, परंतु वे आदेशात्मक नहीं होते। नाटक पर लिखे में न जाने क्यों इन सबको हम कहीं रेखांकित नहीं करते हैं।

बहरहाल हमारे यहाँ नाट्य आलोचना के अतीत पर जाएँगे तो पाएँगे प्रेमचंद, आचार्य शिवपूजन सहाय आदि ने पारसी नाटकों के भारतीय दौर में नाटकों पर बहुत कुछ महत्त्वपूर्ण लिखा है। जयशंकर प्रसाद ने नाटक भी लिखे हैं तो नाट्य समीक्षाएँ भी लिखी थीं। उनकी पुस्तक 'काव्य कला और अन्य निबंध' में 'नाटकों का आरंभ', 'नाटकों में रस का प्रयोग' तथा 'रंगमंच 1939' शीर्षक से तीन निबंध हैं। इनमें नाटकों के इतिहास के साथ ही नाट्य संप्रेषण पर विशद वर्णन है। जयशंकर प्रसाद के नाटकों का अधिक मंचन नहीं हुआ, परंतु उनकी मंचीय संभावनाओं पर सुप्रसिद्ध रंग समीक्षक महेश आनंद ने अपनी आलोचना कृतियों में गहन सूझ से लिखा है। उनकी प्रकाशित

'जयशंकर प्रसाद-रंग दृष्टि' और 'जयशंकर प्रसाद-रंग सृष्टि' इस दृष्टि से महत्त्वपूर्ण पुस्तकें हैं। प्रसाद के नाटक 'स्कंदगुप्त' पर वीरेंद्र नारायण ने कभी 'कल्पना' के पाँच अंकों में लगातार लिखा था। देवेंद्र राज अंकुर ने कभी अभिनय, रंगभाषा और स्पेस के नए प्रभावशाली स्वरूप के अंतर्गत कहानी का रंगमंच की शुरुआत हमारे यहाँ की थी। उन्होंने 180 कहानियों और 13 उपन्यासों का नाट्य मंचन किया। निर्देशक के तौर पर उनकी गहन समझ से संबंधित कहानीकारों, आलाचकों की प्रतिक्रियाओं के साथ ही देवेंद्रराज अंकुर की रंग दृष्टि, भाषा और दृश्यात्मक अनुभव को केंद्र में रखते हुए उनकी रंगयात्रा का लेखा-जोखा महेश आनंद ने अपनी संपादकीय सूझ से 'कहानी का रंगमंच' पुस्तक में किया है।

किसी एक निर्देशक की रंगयात्रा के विविध पक्षों का यह महती नाट्य आलोचना पुस्तक है। स्वयं देवेंद्रराज अंकुर की भी नाट्य आलोचना की 'दर्शन प्रदर्शन' पुस्तक इस मायने में विशिष्ट है कि उन्होंने इसमें रंगकर्म से जुडे तमाम आयामों के साथ ही नाट्यालोचना पर भी विशद विमर्श किया है। नाट्य आलोचना के अंतर्गत नाटक के पाठ और प्रदर्शन के बाद की समीक्षा के आलोक में भारतीय रंगकर्म का सांगोपांग विश्लेषण इसमें है। डॉ. गिरीश रस्तोगी की 'रंगभाषा', 'वीरेंद्र नारायण की 'रंगकर्म' में नाट्य के नेपथ्य पर विचार की और नेमीचंद जैन के साथ ही इधर संगीता गुंदेचा की नाट्य निर्देशकों से संवाद की पुस्तकें नाट्यालोचना में महती है। नेमीचंद जैन की पत्रिका 'नटरंग' नाट्य आलोचना की दृष्टि के साथ ही नाटक से संबंधित विविध पक्षों का समावेश करनेवाली एकमात्र पत्रिका कभी रही है। हालाँकि यह अब भी प्रकाशित होती है, परंतु इसका भी दायरा सीमित है। जयदेव तनेजा की 'आधुनिक भारतीय रंग परिदृश्य' इस रूप में महत्त्वपूर्ण है कि इसमें रंग-निर्देशकों को केंद्र में रखते हुए नाट्य पर गंभीरता से विचार किया गया है। कुछ बरस पहले एक पुस्तक पढ़ी थी, शायद उसका शीर्षक 'नाट्य का पार्श्व' था। एन.बी.टी. ने शायद इसे प्रकाशित किया है। इसी तरह एक पुस्तक मैंने अकेले नाट्य के संगीत पक्ष पर पढ़ी। क्या ही अच्छा हो नाट्य आलोचना में इस दृष्टि से भी विशद विमर्श हो।

बहरहाल पत्र-पत्रिकाओं में नाट्य आलोचना की बात करें तो अव्वल तो यह परंपरा हमारे यहाँ है ही नहीं, परंतु जो थोड़ी-बहुत है, उनकी बड़ी सीमा यह है कि नाटक की कथावस्तु, चरित्रों और मनोविज्ञान का विश्लेषण तो लिखे में बहुत से स्तरों पर होता है, परंतु नाटक के दृश्य, संगीत, रस पक्ष या कहें उसके समय सरोकारों के साथ दर्शकीय संप्रेषण पक्ष पर प्रायः चर्चा नहीं होती। आलोचना के अंतर्गत सैद्धांतिक समीक्षा का आधार भी साहित्यिक अधिक है। पश्चिम या नाट्य शास्त्र का आधार थोड़ा-बहुत कहीं है भी तो उसमें आधुनिकी गौण है। नाटक के रूप-स्वरूप की चर्चा तो होती है, परंतु उसकी रूढ़ियाँ, नकल की वृत्ति पर कोई ध्यान नहीं दिया जाता।

'हिंदु' में हर शुक्रवार 'आर्ट रिव्यु' परिशिष्ट प्रकाशित होता है। (हिंदी समाचार पत्रों में तो केवल कलाओं पर इस तरह की कहीं कोई पहल है ही नहीं) इसमें और कुछेक साहित्यिक पत्रिकाओं में लिखे की बात करूँ तो मुझे बहुतेरी बार यह भी लगता है कि नाटक प्रस्तुति के बाद उस पर लिखे को भी पश्चिम की आँख से ही अधिक देखने की हमारे यहाँ वृत्ति है। कहें, रंगमंचीय विवेचन से जुड़ी भारतीय नाट्य आलोचना का हमारे यहाँ इस समय मे सर्वथा अभाव है।

नाट्य आलोचना में रस जरूरी है। यह नहीं कि नाट्य प्रस्तुति का वर्णन भर हो। नाट्य समीक्षा विजुअली लिटरेट करनेवाली हो। माने किसी नाट्य समीक्षा को पढ़ते हुए भी नाटक को पाठक देख सके। जयपुर में पणिक्कर नाट्य समारोह का आयोजन भारत रत्न भार्गवजी के प्रयासों से हुआ था। उसी दौरान पणिक्करजी से संवाद का भी सुयोग हुआ। मुझे याद है, एक रोज 'कर्णभारम्' नाटक की प्रस्तुति हो रही थी। रवींद्र मंच पर नाटक देखने आगे की पंक्ति में हम बैठे हुए थे। भीम के पुत्र घटोत्कच की भूमिका निभानेवाला पात्र पहाड़ उठाने का अभिनय कर रहा था। अभिनय इतना सशक्त था कि उसके पहाड़ उठाने के दृश्य को देखते बारंबार यह सिहरन हुई कि कहीं थोड़ी भी चूक हुई तो पहाड़ हमारे ऊपर आकर गिर सकता है। असल में जबकि वहाँ पहाड़ था ही नहीं, उसे उठाने का अभिनय भर था, परंतु यह अभिनय का, कुशल निर्देशन का कमाल था कि दर्शक नाटक देखने के समय में

रूपांतरित हो गए थे। यह सही है, सशक्त नाटक देखनेवालों को रूपांतरित कर देता है। काल के अनंतर तब नाटक अपना अलग समय गढ़ता है। पर इसका आस्वाद नाट्य समीक्षा में भी होना चाहिए, यह होता है, तभी उसकी सार्थकता है।

इसीलिए मुझे लगता है, नाटक पर लिखने से पहले उसका दर्शक होना जरूरी है। आप नाटक को पूरी तन्मयता से देखेंगे तो बहुत कुछ अच्छा निकलकर सामने आएगा। पर यह धैर्य कहाँ से आए!

इसी संदर्भ में एक प्रसंग याद आता है। दिनेश ठाकुर 'हम दोनों' के मंचन के लिए जयपुर आए थे। दिल्ली से प्रयागजी ने फोन करके उनके आने की सूचना दी थी। जवाहर कला केंद्र में नाट्य मंचन से पहले उनसे मुलाकात हुई। हिंदी रंगकर्म पर ढेर सारी बातें हुईं। पता ही नहीं चला, दुपहरी से साँझ हो गई। नाट्य मंचन से कोई एक-दो घंटे पहले हम जब साथ थे, औचक एक प्रतिष्ठित दैनिक समाचार पत्र का रिपोर्टर उनके पास आया था। आते ही उसने दिनेशजी से कहा, आप जल्दी से अपने नाटक के बारे में सारा बता दीजिए। उसके कहने का अर्थ था, नाटक की विषय-वस्तु, पात्रों के अभिनय और तमाम वह सब जो दूसरे दिन अखबार में छापा जा सके। दिनेशजी ने अचरज से पूछा, 'आप नाटक नहीं देखेंगे?' रिपोर्टर का जवाब था, 'नहीं, सर, देखना नहीं होगा। आप बता देंगे तो अच्छा सा छाप दूँगा।' दिनेशजी ने पूछा, 'नाटक बगैर देखे आप कैसे लिखेंगे?' जवाब था, 'वह आप मुझ पर छोड़ दीजिए।' दिनेश ठाकुर ने स्पष्ट मना कर दिया। कह दिया, नाटक यदि नहीं देखकर लिखते हैं तो फिर कुछ भी मत छापिए। पर यह उसी दिन का सच नहीं था। लगभग रोज का आज का कथित नाट्य समीक्षा का सच यही है।

बीकानेर में कभी रंगकर्म सर्वाधिक सक्रिय था। मेरे लेखन की शुरुआत नाट्य समीक्षाओं से ही हुई थी। बीकानेर में तब अनुराग, संकल्प, मरुधरा, आयाम आदि बहुत सारी नाट्य संस्थाएँ थीं। लगभग हर सप्ताह ही कोई नई नाट्य प्रस्तुति होती। तब दैनिक हिंदुस्तान के लिए सांस्कृतिक रिपोर्टिंग करता था। याद है, एक दिन टाउन हॉल में 'यूजीन ओ नील' का एक नाटक मंचित होना था। उस दिन बड़ी तेज की आँधी और वर्षा हुई। टाउन हॉल शहर

से काफी दूर है। लोग नाटक देखने आए ही नहीं। नाट्य प्रस्तुति की सारी तैयारियाँ धरी रह गईं। तय यह हुआ कि उस दिन नाटक मंचित नहीं होगा, परंतु दूसरे दिन इसके बावजूद बड़े अखबार में उसकी कथित समीक्षा प्रकाशित हुई। यह सूचनात्मक होती तब तो और भी ठीक था, परंतु उसमें लिखा था, 'फलाँ अभिनेता का अभिनय बेहतरीन था, फलाँ का औसत। नाटक की विषयवस्तु के बारे में भी यह था कि पहली बार किसी भिन्न विषय के नाटक का आयाम ने मंचन किया।

मुझे लगता है, जितना महत्त्व नाट्य मंचन का है, उतना ही महत्त्व उस मंचन पर सूझ से लिखे जाने का भी है। यदि नाटक देखा नहीं जाता है तो कैसे यह संभव हो सकता है कि हम उस पर विचारात्मक कुछ लिख सकें। ऐसा भी नहीं है कि बगैर नाटक देखे ही सभी लिखते हैं, बहुत से रिपोर्टर बाकायदा नाटक देखते हैं। उस पर लिखते हैं, परंतु यह लिखा भी अधिकतर सूचनात्मक होता है। माने नाटक की कथा, उसके पात्रों और मंच व्यवस्था पर थोड़ा कुछ अच्छे से छायाचित्र के साथ पत्र-पत्रिकाओं में छपता है, परंतु गंभीर नाट्य समीक्षा इस दौर में नहीं के बराबर आ रही है। सोचिए, नाटक पर सूझ से यदि लिखा नहीं जाता है तो क्योंकर वह चाक्षुस यज्ञ रूप में अनुष्ठान रूप में स्वीकार होगा।

लिखे में नाट्य की वैचारिकी लगभग इसीलिए गौण है कि हमने नाट्य आलोचना को गंभीरता से नहीं लिया। मंचीय प्रस्तुतियाँ दूसरी भाषाओं के साथ हिंदी में भी कम नहीं हो रहीं, परंतु रंग चर्चाओं में नाट्य आलोचना शायद इसलिए नहीं है कि जो कुछ नाटकों के बारे में छपता है, वह सूचना देने से आगे अभी भी बढ़ नहीं पाया है। भव्य मंच सैट, पात्रों की भंगिमाएँ, प्रयोगधर्मिता, संस्थापन आदि की शानदार छवियाँ तो अखबार छापते हैं, परंतु समीक्षा जैसा वहाँ कुछ नहीं होता। इसका बड़ा कारण यह भी है कि सांस्कृतिक समीक्षाओं के लिए अखबार सजग नहीं है, क्राइम रिपोर्टर या एग्रीकल्चर को कल्चर बीट देने का रिवाज आम है। इसलिए जो कुछ छपता है, उसमें लिखनेवाले का भी दोष नहीं है। इसके इतर जो थोड़ा-बहुत छपता है, वह भारतंगम या नाट्य समारोह की नाट्य प्रस्तुतियों के बहाने किन्हीं

साहित्यिक पत्रिकाओं में प्रकाशित होता भी है तो उसमें परंपरागत लेखन अधिक होता है।

अज्ञेय ने कभी कहा था कि हिंदी में आलोचक हैं, आलोचना है, परंतु आलोक नहीं है। नाट्य आलोचना के परिप्रेक्ष्य में तो और भी बुरी स्थित है। न आलोचक हैं और न ही आलोचना। आलोक का तो फिर सवाल ही कहाँ पैदा होता है।

इसलिए हमें यह कहने में कोई संकोच नहीं होना चाहिए कि नाट्य समीक्षा का कोई स्वतंत्र अस्तित्व हमारे यहाँ अभी तक बना ही नहीं है। जरूरत इस संदर्भ में इस बात की है कि नाट्य प्रस्तुतियों के साथ ही नाट्य विमर्श की भी सार्थक पहल हो। दो साल पहले 'जयरंगम' जब हुआ था, तब एक सत्र नाट्य और दूसरी कलाओं के विमर्श का भी हुआ था। बतौर सत्र-संयोजक मैं आमंत्रित था। नाट्य पर चर्चा के उस दौर के बाद यह सुखद है कि आज फिर से इस तरह का कोई संजोग बना है। भले ही पत्र-पत्रिकाओं में नाट्य आलोचना का स्पेश घट गया हो, परंतु क्या यह नहीं हो सकता कि हम विमर्श में इसे निरंतर जीवंत रखें। नाट्य-प्रस्तुतियों के साथ ही अभिनय, कथा, दृश्यबंध, निर्देशकीय प्रयोग, पार्श्व परिकल्पना, लोक, शास्त्रीयता और रंग आधुनिकी आदि के संबंध में विमर्श की राहें खुलें। संवाद में इन सबको केंद्र में या किसी एक को केंद्र में रखते हुए यदि कुछ किया जाता है तो पत्र-पत्रिकाओं में भी बहुत कुछ बेहतर भविष्य में आ सकता है। मेरा यह मानना है कि इसी से नाट्य-आलोचना के बंद दरवाजों के तालों को खोला जा सकता है।

कहते हैं, नाटक जीवन है। तो कुछ हम जीएँ उस पर चिंतन तो होना ही चाहिए न! भले वह नाट्य समीक्षा रूप में नहीं होकर विमर्श के किसी दूसरे रूप में ही हो! इसलिए कि नाटक का प्रभाव सूक्ष्म, अस्पष्ट परंतु सर्वव्यापी होता है। यह सही है, टी.वी. और सोशल मीडिया के बढ़ते प्रभाव के बावजूद नाटक जारी है! तो क्यों नहीं नाट्य आलोचना भी जारी आहे!

□

लोक का आलोक

भारतीय कला लोकोन्मुखी है। हमारे यहाँ शास्त्रों में भी जो कुछ चित्रित होता रहा है, उसके बीज लोक में ही रहे हैं। लोक, यानी इंद्रियगोचर प्रत्यक्ष अनुभव। लोक के संबंध में मन जब भी विचार करता है, तुलसीदासजी का लिखा जेहन में कौंधने लगता है। वह लिखते हैं—'लोकहु वेद सुसाहिब रीती। विनय सुनत पहिचानत प्रीती।' गौर करेंगे तो पाएँगे, लोक की सत्ता यहाँ पर वेद की महत्ता के साथ प्रकट हुई है। वेद और लोक दोनों ही हमारी समृद्ध परंपरा, विरासत और संस्कृति को आलोकित करनेवाले हैं।

लोक में व्याप्त दृष्टि ही हमारी सनातन संस्कृति है। मुझे लगता है, भारतीय संस्कृति से राग-अनुराग कराती यह लोककलाएँ ही हैं, जो अंतर्मन को दृश्य में प्रकट करती हैं। आचार्य नरेंद्र देव ने संस्कृति को चित्त की खेती कहा है, यानी मन में जो कुछ उपजता है, वही हमारी संस्कृति है। लोक और संस्कृति का इसीलिए परस्पर अन्योननाश्रित संबंध रहा है। लोककलाएँ जीवन का आलोक है। लोक का वैदिक अर्थ है—प्रकाश। संपूर्ण यह दृश्य जगत्। वहाँ जीवन का नाद है। जड़त्व के बजाय प्रवाह है।

मुझे लगता है, यह लोककलाएँ ही हैं, जिनमें मनुष्य ही नहीं, तमाम उसके परिवेश, पशु-पक्षी, प्रकृति और उससे जुड़ी अनुभूतियों का सब व्याप्त है। भोर का उजास, साँझ की ललाई और प्रकृति से जुड़ी तमाम अनुभूतियों का अंकन लोककलाओं में मिलेगा। हाँ, वहाँ अंधविश्वास भी है, रूढ़ियों का रूप-विधान भी है, परंतु वह सब अनुष्ठानमूलक या फिर अवसर विशेष को व्यंजित करने का हेतु है। पर मानव ने जो ईश्वरीय किया, लोक में वह सदा पूजा गया। इसीलिए पाबूजी, गोगाजी, आल्हा-ऊदल, बाबा रामदेव के रूप में

लोकदेवता जीवन को आलोकित ही नहीं करते रहे हैं, बल्कि उनकी गाथाओं के अंकन में लोक हममें सदा रचता-बसता रहा है। मुझे बहुतेरी बार यह भी लगता है, इतिहास जहाँ पहुँच नहीं पाता, वहाँ लोक पहुँचा है। मौखिक परंपरा से स्मृति को चिरकाल तक जन-मन तक जीवंत रखने का कार्य हमारी लोक-चित्रकला ने ही किया है।

लोक चित्रकला की परंपरा धर्म, अध्यात्म और आस्था के साथ सामाजिक रीत-रिवाजों, तीज-त्योहारों से जुड़ी रही है। मंगल के लिए, शुभ के लिए लोग घरों की दीवारों, आँगन आदि को सजाते, लीपते, कला की हमारी इस समृद्ध विरासत को संपन्न करते आ रहे हैं। बंगाल में अल्पना, बिहार में मधुबनी, राजस्थान में माँडणा, साँझी; और भी सभी स्थानों पर लोकचित्रों की परंपरा ने जीवन की उत्सवधर्मिता का जैसे गान किया है। इसीलिए चौकपूरने, रंगोली सजाते लोककला में ही रचता-बसता है मन।

राजस्थान की लोक-कलाओं में मनुष्य ही नहीं, तमाम उसका परिवेश, पशु-पक्षी, प्रकृति और उससे जुड़ी अनुभूतियों का सबकुछ व्याप्त मिलता है। एक खास बात और कि मानव ने जो ईश्वरीय किया, लोक में वह सदा ही पूजा गया। इसीलिए पाबूजी, गोगाजी, आल्हा-ऊदल, बाबा रामदेव के रूप में लोक देवताओं के चित्रण हुए तो प्रतीकात्मक रूप में भी इन देवी-देवताओं से जुड़ी गाथाओं को गाया और लोककलाओं में निरंतर सँजोया गया है।

राजस्थान लोक कलाओं का गढ़ है। गाँव-गुवाड़ से लेकर राजमहलों, हवेलियों के प्रवेश द्वारों पर पारंपरिक द्वारपाल के चित्र मिलेंगे। हाथी, घोड़े, मोर और भाँति-भाँति के माँडणों से लोक में रचा-बसा हमारा पूरा-का-पूरा परिवेश अलंकृत होता रहा है। मोलेला में मिट्टी से बनी वस्तुओं का लोक लुभाता है तो भीलवाड़ा में फड़ की सुरम्य दीठ है, शेखावटी की हवेलियों में सजा कला का पूरा-का-पूरा जग है तो नाथद्वारा की पिछवइयाँ और गवर-ईशर का अंकन आस्था के अलौकिक लोक में हमें ले जाता है। बाँसवाड़ा, डूँगरपुर, प्रतापगढ़ आदि आदिवासी-जनजातीय कलाओं से संपन्न है तो हमारे लगभग सभी गाँवों में मृण मूर्तियाँ, मिट्टी के घड़े, दीवारों पर फूल-पत्तियाँ,

पशु-पक्षियों और मानवीय व्यवहारों के अंकन की लोक संस्कृति आज भी हमें सहज जीवन की ओर ले जाती प्रतीत होती है।

राजस्थान की लोककलाएँ प्रकृति से अनुप्रेरित रही हैं। भोर का उजास, उजली धूप, साँझ की लाली, तारों छाई रात में छिटकती चाँदनी को अनुभूत करना हो तो राजस्थान की लोककलाओं के भव में प्रवेश करना होगा। वहाँ जाएँगे तो उजास-ही-उजास पाएँगे। एक खास बात और भी कि राजस्थानी लोकचित्रों में जीवन है तो किसी एक अर्थ में नहीं है, समग्रता में है। लोककलाएँ जीवनगत सौंदर्य की सनातन दीठ हैं।

राजस्थान के ग्रामीण अंचलों में माँडणों का विरल, अद्‌भुत लोक है। महिलाएँ माँडणों के अंतर्गत अपनी अंतर्निहित भावनाओं को अभिव्यक्त करती हैं। यह कहते हुए, 'आंगरियाँ जद डूबसी जदं आसी तेवार'। यानी अंगुलियाँ जब रंगों में डूबेंगी तभी कोई नया पर्व, त्योहार आएगा। इसीलिए राजस्थान के माँडणे उत्सवधर्मिता के प्रतीक हैं। जब भी कहीं कोई खुशी का अवसर होता है, माँडणे माँडे जाते हैं। विवाह, पर्व और अन्य किसी भी उत्सव पर गोबर में हिरमच मिलाकर, खड़िया मिट्टी, गेरू का प्रयोग किया जाता है। घर के आँगन, दीवारों पर सुंदर माँडणे माँडे जाते हैं। त्योहारों पर पाँच फूल, सात फूल, चौपड़, फुलझड़ी तथा दीवार पर बनाए जानेवाले माँडणे के अंतर्गत संपूर्ण लोक जैसे उद्‌घाटित हो जाता है। लोकाख्यानों पर माँडणों का संसार भी गाँव-गुवाड़ों में निरंतर जगमगाता है। मकर संक्रांति पर सूरज का रथ तथा फीण्यां माँडी जाती है। होली पर खांडा, चंग, ढोलक आदि तथा गणगौर आदि पर गुणा माँडा जाता है।

इसी तरह राजस्थान में आदिवासी कलाओं का अपना संसार है। राजस्थान के डूँगरपुर, बाँसवाड़ा, सिरोही, उदयपुर आदि जनजातीय क्षेत्रों में भील, मीणा, गरसिया, सहरिया आदि आदिवासी कलाकारों द्वारा देवी-देवताओं की चमत्कारी शक्ति को दरशाने के ही जतन नहीं हैं, बल्कि प्रतीक चिह्नों में जीवनानुभूतियों के साथ संसार की उत्पत्ति, सृष्टि के रहस्यों का भी अद्‌भुत लोक प्रकट होता दिखता है। इसके अलावा वन्य जीव-जंतुओं, पक्षियों आदि के चित्रों की रेखाएँ और उनकी सहज बनावट ऐसी है कि मन करता है,

लोक कलाकारों के चित्र देखें और बस देखते ही रहें। आदिवासी लोककलाएँ रेखाओं की सुंदर परिणति है। प्राय: खड़ी रेखाओं के बजाय घुमावदार रेखाओं का प्रयोग कलाकार करते हैं। आकारों की सरलता व प्रतीकात्मकता में सफेद, काले, भूरे, पीले, कत्थई रंगों का प्रयोग होता है।

भीलवाड़ा के पड़ कलाकारों के जोशी परिवार की लोककलाएँ सुदूर देशों तक पहुँची हैं। पड़ असल में लोकदेवता पाबूजी एवं देवनारायणजी के भोपों की कला है। भोपे पड़ चित्रावली के चित्रों में निहित कहानियों को सुनाते हुए एक-एक चित्र की कहानी बाँचते हैं और रात-रात भर नाच-गाकर श्रद्धालु भक्तों की मनौती पूरी करते हैं। यह कितना महती है कि पड़ दृश्य कला है, परंतु बेहद मधुर स्वरों में गाई भी जाती है। मूलत: राजस्थान के भीलवाड़ा जिले का पूरा एक गाँव पड़ कलाकारों का ही है। पड़ शैली के चित्रों में बारहमासा तथा रागमाला के चित्रों की भरमार है तो पद्मिनी के सौंदर्य की गाथा भी उकेरी जाकर उसे गाया जाता है। महाराणा प्रताप, हल्दीघाटी के शौर्य की गाथाएँ पड़ बाँचते हैं तो ढोला-मारू, पृथ्वीराज जैसे राजस्थानी लोकाख्यानों पर भी पड़-चित्रांकन करनेवाले कलाकारों ने सुदूर देशों में अपनी कला के जरिए विशिष्ट पहचान बनाई है।

पड़ में ऐतिहासिक, लोकगाथाओं के साथ ही पौराणिक और लोगों में प्रचलित चरित्रों की गाथाओं का चित्रण होता है। इन्हें बाँचकर सुनाया भी जाता है। माने संगीत और चित्रकला का मेल कहीं है तो वह राजस्थान की पड़ में है। पर लोक का आलोक देखें कि एक पड़ ऐसी भी है, जो बाँची नहीं जाती, पर चोर लोग उसे अपने पास रखते हैं। कहते हैं, वह जब चोरी करने निकलते हैं तो उसकी पूजा करते हैं। विशेष रूप से राजस्थान के बावरी व वागरी लोगों के पास यह चोर पड़ होती है।

लोकदेवताओं के गाए व्याख्यानों का चित्रण पटों के माध्यम से करने की परंपरा के कारण ही इस कला को पड़ कहा जाता है। लोकदेवताओं की फड़ें जिन पर भोपे गायकी करते हैं, मूलत: दो प्रकार की बनती हैं। पाबूजी की फड़ और देवनारायण (बगड़ावत) की पड़। पाबूजी फड़ को भोपा व भोपण रावण हत्था के साथ गाते हैं, मगर देवनारायण की फड़ को केवल भोपा जंतर-मंतर

के द्वारा गाता है। इनके अलावा माताजी का चंदवा, रामदला (रामायण) व कृष्ण दला (महाभारत) कृष्ण का जीवन चरित्र भी होता है।

इसी तरह काष्ठकला के रूप में राजस्थान के लोक का आलोक कावड़ कला भी है। असल में कावड़ लकड़ी के कपाटों से बना मंदिर होता है। कावड़ बनाने में नीम वृक्ष की लकड़ी का उपयोग करते हैं। इसे बनाने में मूलत: लाल और पीले रंग का उपयोग किया जाता था। इसके हर कपाट पर भाँति-भाँति के चित्र बनाए जाते हैं। चित्रों के विषय प्राय: पौराणिक होते हैं। कावड़ दरअसल पौराणिक कथा प्रस्तुति की ही अनूठी शैली है। लकड़ी के मंदिर के एक नहीं अनेक कपाट कावड़ कलाकार बनाते हैं और इन कपाटों में परत-दर-परत कथाओं का आकाश खुलता चला जाता है। काष्ठ के मंदिरनुमा बक्से के किवाड़ असल में तीर्थ रूप में भगवान् की कथाओं को अपने अंदर चित्ररूप में समाहित किए होते हैं। रामायण, महाभारत, लोककथाओं, संत-महापुरुषों की गाथाओं के चित्रण का एक तरह से कावड़ काष्ठ का चलता-फिरता देवस्थान ही होता है। कई स्थानों पर कावड़ के अंतर्गत वंशावलियों समेत पारिवारिक गाथाओं को दरशाने का कार्य भी कलाकारों ने किया है। कावड़ में लकड़ी के कब्जेदार किवाड़ होते हैं और उन पर कथाओं का चित्रण होता है। कावड़ बाँचनेवाले कथाकार किवाड़-दर-किवाड़ खोलते हुए वहाँ चित्रित कथा का वाचन करते हैं। एक-एक कर जब सब किवाड़ खुल जाते हैं तब इस देवस्थान रूपी कावड़ का गर्भगृह प्रकट होता है। यहाँ मूल पीठासीन देव चित्रित होते हैं।

लोक में कितनी गहराई है, इसे कावड़ कला से बेहतर और कैसे समझा जा सकता है! सामान्य तौर पर कावड़ में कलाकार किवाड़ों के चित्रों में कथाओं को हमारे समक्ष रखता है और जब सारे किवाड़ खुल जाते हैं तो गर्भगृह रूप में देव के दर्शन का अर्थ है, बाह्य जगत् से अंतर की यात्रा। मुझे लगता है, राजस्थान की यह लोककला ऐसी है, जिसमें जीवन के मर्म को गहरे से समझा जा सकता है। कावड़ के मुख्य कलाकार राजस्थान के चित्तौड़-कोटा मार्ग पर स्थित बस्सी गाँव के निवासी हैं। यहाँ के निवासी कावड़ कलाकार स्वयं को देवलोक के वास्तुशिल्पकार विश्वकर्मा के वंशज मानते

हैं। कावड़िया भट कावड़रूपी देवस्थान को यजमानों अथवा ग्राहकों के घर ले जाते हैं। यजमानों को कथाएँ सुनाकर दक्षिणा ग्रहण करते हैं। यही असल में कावड़ बाँचना है।

नाथद्वारा के पास मोलेला गाँव मिट्टी की कलाकृतियों, खिलौनों और भित्ति चित्रों की मनोहारी लोककला है। मोलेला के कुम्हार मिट्टी से लोक देवी-देवताओं के साथ ही पौराणिक आख्यानों आधारित मूर्तियों का संसार सिरजते अपने देवरों में स्थापित करते हैं। मोलेला के मिट्टी के घोड़े भी सुदूर देशों तक पहुँचते हैं। इनकी पूजा आदिवासी भील, गरासियों द्वारा की जाती है। गाँववालों की मान्यता पूरी होने पर घोड़े चढ़ाए जाते हैं।

बीकानेर की मथेरण लोक चित्रण शैली कभी बेहद लोकप्रिय थी, पर अब यह अतीत होती जा रही है। बीकानेर के ग्रंथागारों और प्राचीन मिली पांडुलिपियों के संग्रहों में मथेन, मथेरण अथवा महात्मा उपनाम संबोधनों से रचित बहुत से ग्रंथों में इस लोक चित्रशैली के बेहतरीन चित्रण हैं। बीकानेर में चित्रांकन परंपरा का प्रारंभ मथेरणों द्वारा ही किया गया था। विक्रमी संवत् 1754 की बीकानेर गजल नामक काव्य रचना, जोकि मंथेन उदयचंद खर्तगच्छीय की कृति है, में चिंतामणी जैन मंदिर के पार्श्व में उल्लिखित 'मथेरणों की गली' से यह प्रमाण भी मिलता है कि बीकानेर नगर की स्थापना के 200 वर्षों के अंतराल में ही नगर में एक मोहल्ले के रूप में मथेरण कलाकारों की पहचान स्थापित हो गई थी।

मथेरण कला में लाल, नीला, पीला और सफेद रंग पेवड़ी, नील, रामरज और सफेद मिट्टी आदि खनिज रूप में ही प्रयोग में लिये जाते रहे हैं। इसके अलावा सोना, चाँदी, राँगा, जस्ता तथा भूमि से प्राप्त अन्यान्य रंगों का निर्माण भी घुटाई-पिसाई से होता। हरा भाटा, पीला पत्थर और हिंगलू पत्थर भी प्रयोग में लाए जाते तथा काले रंग के लिए काजल का इस्तेमाल मथेरण कलाकार करते। असल में मथेरण धर्मप्रधान कला रही है। जैन और हिंदू देव विषयों के चित्र इस कला के अंतर्गत बहुत से स्तरों पर सृजित हुए। जैन विषयों में तीर्थकर चित्रावली, जैन धार्मिक प्रेरक कथाओं के चित्रण और कहीं-कहीं तीर्थ यात्रा के प्रसंग भी मथेरण कला में मिलते हैं। कल्पसूत्र और पट्ट चित्रण तथा

विज्ञप्ति पत्र रूप में विषयवार मथेरण चित्रण हुआ। बीकानेर के कवि भक्त पृथ्वीराज राठौड़ रचित 'वेलि क्रिस्न रुकमणि री' भी मथेरणों द्वारा चित्रित की गई थी। वैष्णव मंदिरों में बनी चित्रावलियों में दशावतार, कृष्णलीला और राम कथा से संबंधित चित्र विशेष हैं।

मथेरण कला की बड़ी विशेषता यह भी रही है कि इसमें 'बादल, बिजली और बरसात' मिथक में सर्वत्र प्रयोग किए गए हैं। इसके अलावा तांत्रिक चित्रण और मैथुन-युग्म चित्रावलियाँ भी मथेरन में बहुतायत से मिली हैं। बीकानेर की यह लोक कला बच्चों की प्रारंभिक शिक्षा पाटी पोखण से भी जुड़ी रही है। पाटी पोखण, यानी स्लेट पर रिद्धि-सिद्धि सहित श्रीगणेश व हंसवाहिनी माँ सरस्वती का अंकन—यह कार्य मथेरण करते। यही नहीं, शादी-विवाह पर गणेश स्थापना, पिंडदान के लिए 'गंगाजी के पगलिया' आदि के साथ ही भित्तिचित्रों पर बादली, मोर, बैल आदि के साथ ही माँडणों के जरिए उत्सवधर्मिता की अभिव्यक्ति भी मथेरण कला में बहुतायत से हुई। लोक चित्रशैली की इस परंपरा में पुरानी हवेलियों, मंदिरों आदि में उकेरे चित्र भी बेहद महत्त्वपूर्ण हैं। मथेरणों द्वारा जीविकोपार्जन के लिए प्रारंभ इस लोककला परंपरा में चित्रों के भेद भी खूब मिलते हैं।

बहरहाल, राजस्थानी लोक कलाओं के संसार में जब भी मन प्रवेश करता है, लगता है, रेखाओं की लय हमसे अर्थगर्भित संवाद कर रही है। सहज, सरल आकृतियाँ। अबोधपन लिये। पर गौर करेंगे तो पाएँगे, वहाँ कहने का मर्म है। आदिवासी-जनजातीय और ग्रामीण लोककलाओं की परंपरा में जाएँगे तो यह भी पाएँगे, वहाँ उत्कट बिंब, भावों का विरल भव है। वासुदेव शरण अग्रवाल का लिखा औचक स्मरण हो आता है, 'जो शास्त्र लोक के साथ नहीं जुड़ा, वह बुद्धि का छलावा है।'

लोक से ही हम हैं पर यह विडंबना है कि आधुनिकता की आँधी लोक से जुड़ी हमारी विरल परंपराओं को तेजी से लील रही है। वैश्वीकरण ने संस्कृति की हमारी विविधता को डसना प्रारंभ कर दिया है। इसी से सामूहिकता का ह्रास हो गया है। विशेषीकरण ने लोककला के प्रकायों को ही बदल दिया है। इसी से नई पीढ़ी में सौंदर्यबोध और इतिहासबोध निरंतर गौण हो रहा है। ऐसे

दौर में जब सब ओर एकरसता है, लोककलाओं से ही संस्कृति की हमारी सनातन परंपरा से हम जुड़े रह सकते हैं।

मुझे तो निरंतर यह लगता है, लोक है तो आलोक है। ऐसा जो हमें अपनी जड़ों से जोड़े रख सकता है। साहित्य प्रत्यक्ष दृश्य नहीं है, परंतु लोककलाओं में हम इतिहास को बाँच सकते हैं। परंपराओं को जान सकते हैं। भारतीय जीवन दर्शन की समझ का संकेत कहीं है तो वह हमारी लोककलाओं में ही है। □

आँख भर उमंग

पंख खोल उड़ता मन सुने
देखा–अदेखा
जीवन संगीत।

हर बार
यात्रा ही देती है
आँख भर उमंग

यात्राएँ मन के एकांत की चाह की राह हैं। यात्रा में रमे मन के एकांत में ही प्यार और सौंदर्य के फूल खिलते हैं। हरेक यात्रा आनंद के अनूठे भव न में प्रवेश कराती है। यात्राओं के दौरान ही मन विराट् का दर्शन कर पाता है। दृश्य में निहित असीम को देख पाता है। नदी के प्रवाह को, सागर की लहरों को, आकाश में छाए मेघों की धुन को, भव्य इमारतों के वास्तु–स्थापत्य में निहित संगीत को मन यात्रा में ही तो सदा के लिए सँजोता रहा है। इसी से रस उपजता है। ऐसा जिसे केवल अनुभव किया जा सकता है, शब्दों से वर्णित नहीं किया जा सकता।

यात्राएँ पथ से गंतव्य तक पहुँचने की अधीरता हैं। जब इच्छित स्थान पर पहुँच जाते हैं, इस अधीरता से मुक्त हो जाते हैं। इस मुक्ति में ही अंतर्मन तब बज उठता है। इसीलिए कहूँ, यात्रा अपने वास्तविक 'स्व' के भीतर प्रवेश करना है। एक तरह से अपने सत्य से साक्षात्कार करना भी है। बहुतेरी बार हम अपने आप को जितना घर में रहते नहीं जान पाते हैं, उससे कहीं अधिक

यात्रा के दौरान जानने लगते हैं। असल में यात्रा में हम घर से दूर होते हैं, पर अपनेआप से भरे भी होते हैं। दूर की दृष्टि ही वास्तविक रूप में देखना है। पास की दृष्टि में मन छोटी-छोटी चीजों में उलझ जाता है। समष्टि को स्पष्ट रूप में देखने का अवकाश ही तब कहाँ मिल पाता है! पर यात्रा यह संभव करती है।

इन यात्राओं में यह भी औचक, बार-बार अनुभव किया है कि दूर किसी स्थान पर पहुँचने पर प्रकृति वही नहीं रहती, जो हमारे अपने घर में सदा हमें महसूस होती है। मेघ घटाओं, उनकी छटाओं, पेड़, फूल, दिन-रात्रि, साँझ, स्थान विशेष का वास्तु स्थापत्य, इतिहास, वहाँ का परिवेश, लोग, परंपराएँ, खान-पान आदि के भाँति-भाँति के रंगों को देखना यात्राएँ ही सिखाती हैं। सुबह की धूप, साँझ की ललाई, रात्रि के अंधकार, प्रकाश, छाया की नीरवता को यात्राओं में ही गुनते बहुत कुछ आँख अंवेरती है। इसलिए मुझे यह भी लगता है, यात्राएँ ध्यान का भी मूर्त रूप हैं। ध्यान तभी लगता है, जब मन शांत होता है। किसी स्थान पर, वहाँ रमे मन की यात्रा में भी, हर बार यह अनुभूत हुआ है कि ध्यानस्थ होकर ही हम प्रकृति से तादात्म्य कर पाते हैं। ध्यान से ही देखे-सुने और अनुभूति में घटे को हम नित्य नए रूप में आँख मूँदकर भी मन के संगीत में अनूदित कर सकते हैं। यात्राओं के इस ध्यान में ही शायद इमारतों, प्रकृति, व्यक्तियों, संस्कृतियों के साथ इस संसार के संकलित आलोक और रंगों के उस देखने को भी हम देख पाते हैं, जो प्रायः हमसे छूट जाता है।

प्रकृति और जीवन के सौंदर्य से जुड़ा भाव-भव भी प्रायः यात्राओं में ही तैयार होता है। आँख शायद तब वह भी देखने में समर्थ हो जाती है, जो दृश्य के भीतर बसा होता है। यात्राओं के अनुभव से यह भी जाना है कि हर नई यात्रा दुर्गमता से भागने के अंदर के डर को भी भगाती है। अपने साथ संसार के सौंदर्य से प्यार का भाव भी तो यात्राओं से ही उपजता है।

जिस तरह से फूल और फल ही किसी वृक्ष का एकमात्र लक्ष्य नहीं होता, वैसे ही यात्रा का भी अंतिम लक्ष्य किसी स्थान पर पहुँचकर आनंद की प्राप्ति भर नहीं है। किसी स्थान पर पहुँचकर मन के आँगन में जो फूल खिलते हैं, फल लगते हैं, वह तो एक पड़ाव है। फल अपने गर्भ में भावी वृक्ष के बीज को जैसे पका रहा होता है, ठीक वैसे ही कोई एक रमणीय स्थान की यात्रा

अपने अंदर दूसरे स्थान या स्थानों के बीजों का अंकुरण भी हमारे अंदर कर रही होती है। यात्राओं में प्राय: यह भी अनुभूत किया है कि हर यात्रा अंतर्मन आलोक तक पहुँचने का भी गंतव्य है। इस गंतव्य में बहुत सारा पढ़ा हुआ, सुना हुआ और स्मृतियों में संचित ही सबसे बड़ा पाथेय होता है। जब तक कहीं नहीं पहुँचते, उस स्थान का अनजानापन रहस्य के आवरण में घुम्मकड़ मन को और अधिक अन्वेषण के लिए उकसाता रहता है। पहुँचने पर उस स्थान का अनजानापन आत्मीयता में घुल जाता है। आँखों की उमंग के सहारे यह हमारा अपना हो जाता है।

प्राय: किसी स्थान, वहाँ के भूगोल, संस्कृति और लोगों में घुलते-मिलते यह भी अनुभव किया है कि हर यात्रा स्मृतियों में रचा-बसा छंद हो जाती है। रवींद्रनाथ टैगोर ने 'छंद का अर्थ' निबंध में बहुत सुंदर बात कही है। वे लिखते हैं, 'हम अपनी बातचीत में कहते हैं, बात को छंद में बाँधना। लेकिन यह बंधन केवल बाहर से बंधन है, भीतर से तो मुक्ति है। बात को उसके जड़-धर्म से मुक्ति देने के लिए ही छंद है। सितार में तार बँधे रहते हैं, लेकिन उन तारों से सुर निकलते हैं। छंद वही तार-बँधा सितार है, बात के भीतर के सुर को वह मुक्ति देता है। वह धनुष की डोरी है, जो बात को तीर के समान लक्ष्य के मर्म पर फेंकती है।' यात्राएँ तार बँधा वह सितार ही हैं, जिसमें से स्मृतियों के सुर शब्द-शब्द प्रवाहित होते हैं। कितने-कितने रहस्य, देखे-अदेखे दृश्यों, रंगों, प्रकृति की छटाओं और उनमें घुले मन की छंद यात्राएँ आकार-निराकार की एक तरह से महायात्रा है। देखें कि रूप सृष्टि और उसके विस्मय में भी मन यात्राओं में खूब रमता है। इसीलिए तो पथ के चित्रों को यात्री-मन निरंतर आँकता रहता है।

□□□